本书为国家社会科学基金项目"乡村治理体系现代化与基层党组织的执政转型研究"(批准号:15BZZ003)的最终成果

中国乡村治理体系现代化

朱新山 著

上海大学出版社
·上海·

图书在版编目(CIP)数据

中国乡村治理体系现代化/朱新山著.—上海：上海大学出版社，2024.5
ISBN 978-7-5671-4976-2

Ⅰ.①中… Ⅱ.①朱… Ⅲ.①农村—群众自治—研究—中国 Ⅳ.① D638

中国国家版本馆 CIP 数据核字（2024）第 096131 号

责任编辑　刘　强
助理编辑　陈　荣
封面设计　缪炎栩
技术编辑　金　鑫　钱宇坤

中国乡村治理体系现代化

朱新山　著
上海大学出版社出版发行
（上海市上大路 99 号　邮政编码 200444）
（https://www.shupress.cn　发行热线 021-66135112）
出版人　戴骏豪

*

南京展望文化发展有限公司排版
句容市排印厂印刷　各地新华书店经销
开本 710 mm × 1000 mm　1/16　印张 17.25　字数 283 千
2024 年 5 月第 1 版　2024 年 5 月第 1 次印刷
ISBN 978-7-5671-4976-2/D·262　定价 88.00 元

版权所有　侵权必究
如发现本书有印装质量问题请与印刷厂质量科联系
联系电话：0511-87871135

目录 Contents

导　论 / 1
　　一、选题缘起 / 1
　　二、文献述评 / 3
　　三、研究主题与框架 / 7
　　四、研究的理论观照 / 10
　　五、研究方法与调查对象分析 / 15

第一章　中国乡村治理体系的现状与特点 / 25
　　一、乡村治理制度 / 25
　　二、乡村治理主体 / 38
　　三、乡村治理结构与治理模式 / 73

第二章　中国乡村治理体系的输入与输出 / 87
　　一、治理体系输入与治理过程 / 87
　　二、乡村治理体系的输出（公共产品供给）/ 102
　　三、乡村治理绩效分析 / 137

第三章　中国乡村治理体系问题分析 / 145
　　一、自治权与行政权的冲突 / 145
　　二、基层政权的经济角色与政治角色之间存在紧张关系 / 147
　　三、基层公共组织改革滞后于经济基础变动 / 152
　　四、基层党组织传统功能弱化而新功能尚未形成 / 158
　　五、村民的自治权利落实不到位，村民自治走向形式化 / 161
　　六、合作组织等发育迟缓致农民组织化程度低 / 166

第四章　中国乡村治理体系转型滞后与挑战分析 / 173
　　一、还权赋能中的乡村治理 / 173

二、流动中的乡村治理 / 178
　　三、非农化中的乡村治理 / 185
　　四、村庄空心化中的乡村治理 / 189
　　五、个人自主化中的乡村治理 / 192
　　六、乡村治理体系现代化滞后于社会转型 / 194

第五章　中国乡村治理体系的现代重铸研究 / 196
　　一、探索形成自治、法治、德治相结合的现代治理格局 / 196
　　二、从整个县域层面谋划乡村治理体系的建构 / 199
　　三、公共组织向"县政、乡派、新村治"基本格局转型 / 202
　　四、民间治理资源的启动与利用 / 208
　　五、推进乡村基层治理制度化 / 211

第六章　政党组织与乡村治理体系现代化 / 213
　　一、政党本身即作为"现代化组织"出现 / 213
　　二、政党组织形成中国乡村治理体系的基本骨架 / 217
　　三、乡村治理体系现代化的政治前提 / 226

第七章　乡村治理体系现代化的前提与基础 / 228
　　一、乡村基层党组织"弱化、虚化、边缘化" / 228
　　二、现代化中的乡村基层党组织建设 / 233
　　三、深化乡村改革与作为"权力单位"的基层组织转型 / 239

第八章　研究发现与建议 / 245

参考文献 / 249

附　录 / 256
　　附录1　2016年调查问卷 / 256
　　附录2　2017年调查问卷 / 262
　　附录3　2018—2019年调查问卷 / 267

后　记 / 271

导 论

一、选题缘起

推进"国家治理体系和治理能力现代化"是党的十八届三中全会提出的"全面深化改革总目标"之一[①]。党的十九大报告进一步提出,要分两个阶段到21世纪中叶最终实现这一目标。"国家治理体系和治理能力现代化"是继农业、工业、国防和科学技术"四个现代化"之后,中央提出的"第五个现代化"。"乡村治理体系现代化"则是"国家治理体系和治理能力现代化"与"全面深化改革总目标"的基础与关键部分,事关全面建成小康社会与现代化国家建设的全局。

中国乡村存在一系列突出的问题与矛盾,如农民权益得不到有效维护与保障,乡村基层存在一定程度的混乱与无序的问题与困境,比如干部与民争利,基础设施落后与公共服务供给不足,村民自治出现变形,基层党组织弱化、虚化现象严重,等等。产生这些问题与困境的根本原因,就在于中国乡村治理体系的现代化建设滞后[②]。中国的乡村治理体系是行政主导治理模式,是旧有的动员型体制的延续,与农村社会的深度转型不相适应。解决这一状况的根本出路在于,推进中国乡村治理体系的现代化,这是解决中国乡村存在的突出问题与深层矛盾的治本之策。

当然,不同历史时期的中国乡村,有不同的治理体系。治理体系在结构上包含三要素,即制度、组织体制与主体(人员)。不同时代,中国乡村治理体系的"结构"有所不同(表1)。乡村治理体系的制度、组织体制与主体(人员)三

[①] 朱新山:《中国乡村治理体系现代化研究》,《毛泽东邓小平理论研究》,2018年第4期。
[②] 朱新山:《中国乡村治理体系现代化研究》,《毛泽东邓小平理论研究》,2018年第4期。

要素,要相适应、相协调。"制度"(基本制度)是治理体系生成的基础与定型因素,"组织体制"是治理体系的架构与运行程序,"主体(人员)"则是治理体系运转得活的能动要素。

表1 不同时期的乡村治理体系

时期	制度	组织体制	主体(人员)	追求目标
人民公社时代	土地公有公营	社队体制	"革命干部"	一大二公
改革后	土地承包经营	乡政村治	"能人"为代表的乡村干部	经济增长(GDP)
改革下一步(党的十九大后)	土地确权到户	县政、乡派、新村治+民间治理	由社会培养并从全社会吸收精英治理人员	善治

改革开放前,中国乡村实行全能型的人民公社制度,土地公有公营,社员统一出工。乡村社会的管理者是讲究出身与政治正确的"革命干部",追求的目标是"一大二公"。这套制度与治理模式的最大问题是对农民缺乏激励,结果导致普遍存在消极怠工。最终结局是制度失灵,公社解体。

突破公社体制是从分田到户开始的。从全能统制到分田"单干",中国乡村开始历史性地走向基层自治的道路。村民开始尝试"自我管理、自我教育、自我服务",为防止生产队解体后出现权力真空,当时就在大队层面探索建立以"村委会"为主的村民自治的组织形式。为与土地承包到户及基层实行村民自治的制度安排相配套,1984年国家在公社层面撤社建乡(建乡政府),中国乡村遂形成"乡政村治"的组织体制架构,并逐步衍生出"分片管理""村财乡管"等制度安排。这套制度与治理模式是在国家果断停止阶级斗争,转向以经济建设为中心,号召全民致富的大背景下生成的。乡村社会的管理者更多是经济成功的"能人",追求的目标与当时政府的导向一致,即"经济增长"(GDP)。

在短缺经济时代,社会治理以"经济增长"(GDP)为目标,具有相当的理性。不过,经过改革开放40多年的发展,中国已经"全面建成小康社会",中国社会的方方面面都已发生历史性变化。正如党的二十大报告所说,中国已

"迈上全面建设社会主义现代化国家新征程"①,这是中国乡村治理体系变革与演进的新的历史方位。然而,中国乡村治理体系变革已经滞后于经济发展与社会转型,面临着目标调整(当以"善治"为目标)与现代化的艰巨任务。

乡村治理体系变革滞后必然造成矛盾与问题堆积,而坚定推进治理体系现代化则是破解困局与进一步释放活力的唯一正确选择。

二、文献述评

关于中国乡村社会治理问题,国内外学界都相当关注,取得了丰富的研究成果。经过认真梳理,相关研究成果大致包括以下七个方面。

第一,关于中国乡村治理模式的研究。张厚安(1992)解读制度文本,最早将改革后的中国乡村治理模式概括为"乡政村治"模式。对此,学界是有共识的。但实际上制度操作起来要复杂得多,村民自治的效果千差万别,甚至发生严重变形。鉴于此,有些学者主张进一步发挥国家的作用,加强国家对乡村的行政介入。沈延生(1998)就主张将政府组织延伸至行政村,在村一级设立乡镇政府的派出机构(村公所),他提出了"乡治村政"模式。梁信志(2012)也认为"村治(村民自治)带有虚幻性",主张将政权建在村上,提出了"村政组治"的观点。国外学者 Helen Siu(1989)认为,随着1949年后中国行政力量的不断"下沉",村庄治理完成了从相对独立向行政"细胞化"的转变。Vivienne Shue(1988)认为,人民公社时期中国的村庄治理表现出一种"蜂窝结构"(honey comb-structure)的特点,国家权力尽管纵向直达基层,但横向难以扩充。而农村改革后,国家权力在纵的方面并未萎缩,横向权力却得以大大扩展,其结果是对乡村的控制进一步加强。这一分析强有力地预示了村庄治理中的行政化趋势。与"村庄国家化"观点相反,一些学者主张国家政权应从农村撤退。于建嵘(2002)、吴理财(2001)、李昌平(2004)等认为,中国乡镇体制改革的目标应是乡镇自治,主张"还权于民,让民间自治"。党国英(2005)提出乡村治理模式改革的远期目标,是在乡镇层面"建立大农村社区"。国外

---

① 习近平:《高举中国特色社会主义伟大旗帜 为全面建设社会主义现代化国家而团结奋斗——在中国共产党第二十次全国代表大会上的报告》,人民出版社2022年版,第1页。

学者 Falkenheim（1987）研究了改革后中国农村的群体政治（Group Politics）发展与公民权扩张问题。Odegaard（1992）则详细分析了中国农村的企业家精神和新型精英的生成过程，这些都内含着乡村自治力量的扩充。另有相当数量的学者持居中的观点，主张对"乡政村治"模式进行改进，徐勇（2002）提出了"县政、乡派、村治"版本，温铁军（2003）则主张"乡派、村镇自治"。应该说，这些研究观点鲜明，兼具创意与深度。美中不足的是这些观点更多着眼于县、乡、村三级的纵向行政分权。乡村治理不仅是纵向的行政分权改革问题，更包括政治改革与社会改革（解决基层政府与市场、社会的关系问题）。

第二，关于乡村治理的主体问题研究。乡村治理主体研究，包括政党组织、政府组织、市场组织与社会组织方面的研究，乡村"体制内精英、体制外精英以及普通村民"的互动，以及如何看待作为乡村人口主体的农民的自主性问题（舒尔茨有理性小农的观点，蔡雅诺夫则强调农民为自家生计生产的一面）。在乡村治理主体互动结构中，有些学者主张进一步强化行政的主导作用（沈延生，1998）；有些学者主张让乡村内生的民间组织发挥"不可或缺的基础性作用"（仝志辉，2005）；另有学者主张探索形成"多中心治理"的乡村治理范式（赵树凯，2011）。乡村治理主体间的互动研究，还可引申出横向的"两委"关系研究（景跃进，2003；陈洪生，2005）与纵向的"县、乡、村"关系研究（金太军，2005；雷志宇，2011）。应该说，这些研究相当广泛，多侧面、多角度地对治理主体进行了富有创意的分析。但在社会大转型的时代背景下，对治理主体各自的功能建构以及如何协调互补方面的研究略显薄弱。可以说，在乡村治理过程中，政府组织（党政组织）存在其局限性，有所谓政府失灵问题。反过来，市场也不是万能的，也有失灵问题。因此，理想的乡村治理体系，既包括政府组织，也包括市场组织，还要有自主社会力量，即民间组织。中国乡村治理体系的现代建构，应是政府组织、市场组织与民间组织良性互动的结果。

第三，关于中国乡村的治理机制与治理方式的研究。中国乡村治理，荣敬本（1998）等学者认为是"压力型体制"下的"驱动管制"模式；张静、赵树凯（2000、2010）等学者认为县、乡等基层政府采取了"公司化"治理模式，"基层政府在功能和行为上越来越类似于公司，具有明确或隐晦的利润导向，以 GDP 为营业额，以财政收入为利润，或者致力于追求其他具体的经济利益"[①]。

---

① 赵树凯：《"公司化"的基层政府》，《中国老区建设》，2011年第9期。

这种观点国外学者定义为"地方国家法团主义"(local state corporatism),用来描述中国基层政府的"法团化"及其在推动乡村经济社会发展中的作用(Jean C. Oi, 1992; Nan Lin, 1995、1996)。刘世军、刘建军(2014)认为,1949年以来的治理方式主要有三种:"运动式治理、技术性治理(项目制治理)和网络化治理",发展取向是"常态化治理"。这些研究均提供了一定的分析范式,具有重要的启发意义。美中不足的是这些研究只是对某一侧面或某一角度的关照。

第四,关于中国乡村治理的困境与危机研究。李周、任常青(2013)等学者认为,伴随青壮年劳动力大量外流,中国乡村治理出现"空心化"危机,影响中国农业永续发展,并使村民自治丧失主体性支撑力量。杨华认为乡村基层治理存在干部认同与合法性危机,村庄干部处于上级政府与村民"两不认同"的尴尬境地,村级组织成为夹在国家与农民之间的空壳子。赵树凯(2010)则在国外学者研究的基础上,进一步阐发了基层政权"结构性退化"("基层政府内卷化")的观点。于建嵘(2010)认为乡村基层政权较为普遍地存在财政危机,部分农村基层政权和基层组织出现了"黑恶化"问题,广大农村还发生一系列针对基层政权的农民集体抗争行动。这些关于乡村治理危机的研究,打开了新的研究视角并提供了重要的研究素材,但在系统性、整合性上有所欠缺。

第五,关于中国乡村治理的议题与领域的研究。这些研究以"三农"问题研究的形式大量表现出来,包括经济学方面的研究(如土地制度、农业经济等)、社会学研究(如农村阶层分化、农民工、乡村城镇化研究等)以及政治学方面的研究,等等。鉴于本书的研究主题,课题组主要从政治学层面对乡村治理的议题与领域作一梳理,包括乡村选举(以黄卫平《中国乡镇选举改革研究》、胡荣《理性选择与制度实施》等为代表)、乡镇改革(以赵树凯《乡镇治理与政府制度化》等为代表)、村民自治(以徐勇《中国农村村民自治》为代表)、基层政权建设(以张静《基层政权》为代表)、农民组织发育(以张晓山《连接农户和市场》、程同顺《中国农民组织化研究初探》为代表)、维权抗争与社会稳定(以于建嵘《抗争性政治》和李连江、欧博文的"当代中国农民的依法抗争"为代表)以及宗族与乡村治理(以肖唐镖、史天健《当代中国农村宗族与乡村治理》为代表)等方面的研究。另外,温铁军、项继权、周红云和贺雪峰等人,还对乡村治理的社会基础作了深入研究。温铁军(2009)在《"三农问题"与制度变迁》一节中,分析了上层建筑建基于脆弱的小农经济基础上,是造成农村治理困局的根本原因。项继权(2002)对集体经济背景下的乡村治理作了扎实的实证研究。周红云从社会资本角度,对村级治理进行了系统考察。贺雪峰(2009)则从农民行动单位的视角,探讨了村治的逻辑。比较综合的研究,以美国著名中国问题专家Kenneth Lieberthal(李侃如)为代表,他著有Governing China(《治理中国——从革命到改革》)一书,从"遗产""1949年以来的政治与政策""政治体制""挑战在前"四个方面对"治理中国"作了全景式扫描。但遗憾的是这些研究对中国乡村治理着墨甚少。应该说,这些研究各有特色,也相当深入,美中不足是在县、乡、村三级治理的整合研究上较弱。由于主导中国农村发展的是县而不是乡镇,考察中国乡村治理体系要从整个县政层面来考虑。

第六,关于基层党组织及政党执政转型的研究。李锐在国内最早提出了"从革命党到执政党"的论点,任剑涛(2002)则对这一论点从学理上作了系统阐释。王长江(1998、2004)提出了"政党现代化"的命题,并对政党的执政成本问题作了深入分析。胡伟(1999)率先开启了国内的"党内民主"研究,其后相关研究陆续跟进。王长江(2002)、黄卫平(2013)等学者对国外政党的执政方式、执政转型等问题作了较为系统的介绍分析。徐勇(2007)从"政党下乡"的角度,深入研究了1949年后中国共产党对乡村社会的整合与组织建构。林尚立(2005、2006)从政党、国家和社会关系的视角,深度剖析了政党执政的逻辑,以期实现合法与有效执政。他还就基层党组织的功能定位与功能转型问题,做了富有启发的前瞻性研究。王建国(2014)则从村级层面,探讨了新时期基层党组织与农民组织的关系。可以看出,学界从整体、宏观和理论层面,对政党执政转型问题进行了深度研究,提出了许多创新论点。美中不足的是结合现代治理理论,对农村基层党组织的运转现状与执政转型的研究比较薄弱。吕增奎(2011)主编《执政的转型——海外学者论中国共产党的建设》一书,从"思想建设""组织建设""合法性与挑战"三个方面,对海外学者对中国共产党的研究作了系统介绍。从中可以看出,海外学者对中国基层党组织尤其是农村基层党组织执政转型的研究更为薄弱。

第七,关于"乡村治理体系现代化"的最新研究。自从中央提出"国家治理体系和治理能力现代化"(党的十八届三中全会决定)尤其是提出"健全自治、法治、德治相结合的乡村治理体系"(党的十九大报告)之后,学术界关于"中国乡村治理体系及其现代化"的研究开始从无到有并不断增多(尤其2018年以后开始明显增多)。这些研究主要围绕中国乡村治理体系的构成要素、演变过程、困境、建构目标等方面展开,作了较为深入的分析。譬如,陈松友、卢亮亮(2020)的《自治、法治与德治:中国乡村治理体系的内在逻辑与实践指向》一文,认为自治、法治与德治"三者之间的关系是自治为基,法治为本,德治为先",并尝试分析了"自治、法治与德治最优融合发展的内在逻辑"。袁方成、杨灿(2018)的《从分治到融合:中国乡村治理体系之变》一文,分析了中国乡村治理体系的演变过程(三阶段),即"传统农业时代:'农本社会'的乡土治理""改革开放前:人民公社时期乡村集体化治理""改革至今:'乡村分治'的村民自治"。认为中国"新时期乡村治理体系建设的目标和方向",是"打破'以农为本'和城乡分割的二元体制的束缚,转向'以民为本'和城乡一体的体制",也即"从分治到融合(城乡融合治理)"。兰凯军(2015)的《当代中国乡村治理体系现代化路径研究》一文,就"当代中国乡村治理的困境"之原因进行了深度剖析,认为这些"原因"主要包括:乡村"体系建构与运作的行政性色彩浓厚,社会性价值被稀释;党政越位销蚀多元参与,社会协同格局的发育被迟滞;社会治理碎片化,乡村社会基础秩序的现代性重构被遗漏"。邓大才(2018)的《走向善治之路:自治、法治与德治的选择与组合——以乡村治理体系为研究对象》一文,分析了乡村治理追求的目标,指出:在实践中不应该追求"最优善治""最佳善治",而应该追求"最适宜的善治"。应该说这些研究较为深入,为本书研究的展开提供不少启发。

总体来讲,学界有关中国乡村治理及政党执政转型的研究,各有侧重,也很深入,这就为本书研究的展开提供了很好的基础和条件。然而,这些研究也存在若干不足和值得推进之处,主要包括如下三个方面:一是"三农"问题与乡村治理研究之间似存在"两张皮"现象,如何由"两张皮"变为"一张皮"是需要关注的一个问题;二是从议题看乡村治理研究存在"碎片化"现象,如何围绕一个"中心"将这些分散的研究有机整合起来,也是需要解决的一个问题;三是乡村治理研究大量聚焦村级治理,而将县、乡、村三级整合起来进行的研究(尤其是三级实证研究)仍比较薄弱。上述不足正是本书尝试加以弥补和推进之处。

三、研究主题与框架

本书坚持"问题导向",聚焦的核心主题是中国乡村治理体系及其现代化。

在研究过程中，始终保持清晰明确的"问题意识"，围绕"两大问题"展开：中国乡村治理体系为什么要现代化？中国乡村治理体系怎样现代化？在回答这两个问题的过程中，形成本书的基本框架结构。

本书的框架结构主要包括如下六个部分。

第一，中国乡村治理体系的现状与特点分析。治理体系在结构上包含三要素，即制度、组织体制与主体（人员）。不同历史时期，中国乡村有不同的治理体系。中国的乡村治理体系，从性质上看，是行政主导治理模式；从结构上看，是政权组织为主体的单中心治理；从功能上看，是动员与组织为核心的功能结构（改革前是政治动员与组织，改革后是生产动员与组织。不过，伴随稀缺资源由国家控制向社会回流，政权组织的这一功能在衰退，但其适应市场经济与和谐社会需要的公共服务功能却未能有效建立起来）；从运行机制看，是自上而下的压力型体制，是管理大于治理，控制多于服务。

第二，中国乡村治理体系的输入与输出过程分析。乡村治理体系的状况与绩效如何，最终要看体系输入与输出过程，尤其是看体系输出的结果（公共产品供给）。通过实证调查，系统梳理：村民迫切的需求是什么？这些需求，能否有效输入治理体系？治理体系的回应如何？调查研究发现，农民的需求与体系输入存在脱节现象。更为严重的问题是，由于各种原因，村庄治理日益变为"难以产出的治理"。为保证一定的产出，政府就必须对村庄进行注资与工作推动，遂形成政府驱动型治理。乡村治理体系的输出（公共产品供给）则为最薄弱环节，虽然乡村公共产品的供给有了重大进展，但与广大农民的殷切期待之间尚有不少距离。农村的基础设施建设与公共安全，政府应该承担起主体责任。

第三，中国乡村治理体系问题与困境分析。中国乡村治理体系存在的问题与困境，是本书课题组2016—2019年四轮（三大一小）全国乡村调查的重点。伴随中国农村的市场化转型，中国乡村治理体系的问题与弊端不断暴露：基层政权组织退化，提供公共服务的意识与能力不足；干部与民争利，干群关系紧张；基层党组织传统功能弱化而新功能尚未形成，结果出现较为严重的"空转"与"停转"现象；村级民主试验效果不佳，村民自治走向形式化；社会组织尤其是农民合作组织发育迟缓，造成农民闯荡市场的能力不足；等等。

第四，中国乡村治理体系转型滞后分析。中国乡村治理体系已严重滞后于中国乡村经济形态与社会结构的转型。改革开放40多年,中国乡村经济与社会诸方面都发生巨大变迁。中国乡村已高度卷入市场,成为市场经济的有机组成部分。乡村生产要素包括劳动力已开始大规模流动。从社会结构看,农村社会从封闭走向开放,已开始从传统差序格局向现代平权格局转型。作为上层建筑的治理体系,要与经济形态和社会结构的变迁相适应。由于中国乡村治理体系转型滞后,由此造成一系列突出问题与困境。既有治理体系对社会问题的回应能力差,治理绩效不断下降。

第五,中国乡村治理体系的现代重铸研究。改变行政主导的单中心治理模式,形成政党组织、政权组织、市场组织与民间组织相结合的多元共治的现代治理模式。由于主导中国乡村发展的是县而不是乡镇,因此要从整个县政层面考虑中国乡村治理体系的建构,要根据市场经济形态重新确定县级政府的功能,再确定乡、村组织的功能。政权组织的改革,要探索形成"县政、乡派、新村治"的基本格局,建立政权组织的社会回应、依法运行机制。要改变把基层党组织作为权力单位来运作的模式,加快完成其适应市场经济与和谐社会需要的结构性功能转换。充分注意民间组织和市场组织等治理资源的运用,使乡村内生的自主性力量在公共服务供给和社会秩序维持方面发挥基础性作用。乡村问题要尽可能内部化和社会化,控制其政治化,凡是非政府组织能办理的,就让非政府组织办。

第六,中国乡村治理体系现代化的政治前提(基层党组织的执政转型)研究。中国乡村治理体系现代化的政治前提是党的现代化。中国乡村基层党组织(尤其是村级组织)出现了较为严重的"空转""停转"现象。出现这种异化现象的根本原因,是中国乡村在治理模式上长期把基层党组织作为权力单位来运作,而国家化的基层党组织没有伴随改革引发的社会转型,及时完成自身结构和功能的调整,结果基层党组织的传统功能(动员与组织)被颠覆而新功能尚未形成。农村基层党组织的去功能化和社会转型的不适应,必然带来其组织结构的虚化与运转形态的异化[①]。走出困局的治本之策在于,积极推动农村基层党组织的现代转型。

[①] 朱新山:《新时期农村基层党组织的运转现状与执政转型研究》,《毛泽东邓小平理论研究》,2010年第8期。

四、研究的理论观照

任何社会科学研究都不是凭空起步的,都要有前贤的学术积累与学理分析作支撑。本书研究主题的理论观照,主要是现代化理论与治理理论。当然,这些理论也有一定的局限与不足。本书的指导思想性理论为马克思主义历史唯物论。

(一) 现代化理论

"现代化"一词主要是用来描述与评估从16世纪至今的人类社会发生的重大社会变迁。众所周知,现代化率先从西欧萌发,其开端可追溯到文艺复兴、宗教改革和地理大发现。

从世界史角度看,有学者将现代化分为三个阶段:第一阶段以欧洲的西北角(英国、法国、荷兰)为主导,其代表是英国的产业革命和法国的民主革命;第二阶段以欧洲东北角(德国)的急速工业化为主导,由于民主化不平衡,这一阶段产生了纳粹的大动乱;第三阶段以第二次世界大战后的美国为主导,与欧洲相比,美国的民主革命与产业革命结合得更为紧密[①]。与三阶段相对应,"现代化理论"在形态上也呈现不同的样式。从洛克的古典市民社会理论开始,经斯密的古典经济学和孔多塞的人类精神进步史观,到圣西门、孔德、斯宾塞的实证主义工业社会理论,形成与"西北欧"(英国和法国)进行的第一阶段现代化相适应的"现代化理论"。其后,滕尼斯建立的"从礼俗社会到法理社会"发展图式,以及被韦伯归结为合理化和科层化的现代社会认识论,则是与在"东北欧"(德国)展开的第二阶段现代化相对应的又一"现代化理论"。第二次世界大战以后,以美国为主导的第三阶段现代化,开始向欠发展国家和地区推进。此时,已不能把"现代化"作为固定于欧洲的历史概念来考虑,而应该建立一个可以适用于一切社会的普遍概念。新阶段"现代化理论"的课题,在于阐明非西方发展中国家得以实现工业化和现代化的条件,并就由此产生的社会变动的性质作出提示[②]。当然,现实中的许多发展中国家是否能够真

[①] 富永健一:《"现代化理论"今日之课题——关于非西方后发展社会发展理论的探讨》,载亨廷顿等:《现代化:理论与历史经验的再探讨》,上海译文出版社1993年版,第108—109页。

[②] 富永健一:《"现代化理论"今日之课题——关于非西方后发展社会发展理论的探讨》,载亨廷顿等:《现代化:理论与历史经验的再探讨》,上海译文出版社1993年版,第109—111页。

正实现工业化和现代化,则另当别论。

应该说,通常所说的现代化理论主要是指第三阶段的现代化理论,也就是关于发展中国家转型发展的研究与学说。这一理论盛行于20世纪50—60年代,创立者以美国的一批社会科学家为代表。现代化理论的代表性人物,主要有帕森斯、罗斯托、布莱克、艾森斯塔特、阿尔蒙德、亨廷顿等。

帕森斯、阿尔蒙德属于现代化理论中的结构功能学派,他们认为现代化就是从传统社会向现代社会转型。而现代社会与传统社会的根本区别,则在于结构分化、功能专门化和社会整合。

罗斯托是现代化理论中的过程学派,他认为现代化是从农业社会向工业社会的转变过程。罗斯托在1960年出版的《经济增长的阶段》(*The Stages of conomic growth*)一书中,将社会发展分为五个阶段:传统社会阶段、准备起飞阶段、起飞阶段、走向成熟过渡阶段、高额大众消费阶段。

布莱克则属于现代化理论中的综合学派,其在1966年出版的《现代化的动力》(*The dynamus of modernization*)一书中,从政治、经济、文化、社会及心理等各个层面,对现代化进程、动力、模式等进行了系统的分析。

下面,根据现代化理论家的论述,择要对现代化理论的重要命题与观点稍作阐释。

第一,现代化是理性态度成长的过程。这种态度是在"有可能对自然和社会现象寻求合理解释"的新意识中显示出来的。这种态度认为,自然的、社会的以及心理的现象都受法则的支配,有规律可循,具有统一性和因果性,并能被人们认识,因此可以由人类的理性来调节和支配。这种理性的态度便是现代化的实质过程[①]。印度现代化研究专家德赛认为,"现代化"概念力图描绘"人类进入一个取得技艺的现代理性阶段,达到主宰自然的新水平,从而将自己的社会环境建立在富足和合理的基础之上"[②]。"理性化"贯穿在经济、政治与社会各领域。

第二,从以人力、畜力为基础的维持生存型生产经济转变为以蒸汽、电力、原子能等非生物力为基础的大规模生产经济,从第一产业占突出地位的经

---

① 德赛:《重新评价"现代化"概念》,载亨廷顿等:《现代化:理论与历史经验的再探讨》,上海译文出版社1993年版,第29页。
② 德赛:《重新评价"现代化"概念》,载亨廷顿等:《现代化:理论与历史经验的再探讨》,上海译文出版社1993年版,第26页。

济转变为第二产业和第三产业占主导地位的经济。也就是说,现代化意味着"从一个以农业为基础的人均收入很低的社会,走向着重利用科学和技术的都市化和工业化社会的这样一种巨大转变"①。

第三,建立能够为经济生产而动员土地和资本的可转让的产权制度,以及使劳动力能够自由流动的劳动市场制度和促进流通的商品交换系统;从事生产、消费、市场活动的经济角色和经济单位日益专业化。

第四,从社会结构看,现代社会与传统社会的根本区别,是结构分化、功能专门化。阿尔蒙德指出:"许多现代的社会结构都具有高度分化的特征。"②社会结构分化(分工)的优越性在于它创造了专门化的角色、结构、次体系,并使任务专门化,从而提高社会功效。作为社会结构基础的角色派定,则从归属原则(如按血缘、种姓归属来确定)转变为按个人的成就与功绩的原则(即从归属型角色到成就型角色)。

第五,社会团结原则的主要转变是:从建立在先定的、分散的、单一因素论基础上"机械性"团结转变为建立在契约的、专业普遍性基础上的有机性团结。也就是说,传统社会是"机械组合",如马克思所说的"袋装马铃薯"式小农社会,而现代社会则是"有机组合"。

第六,社会文化的世俗化,从信神、注重来世、反对变化的观点转变为世俗的、现世的、向前看拥护变革的观点。阿尔蒙德指出:"世俗化是态度发生变化的一种过程。在这一过程中,人们越来越重视在其周围世界中可以见到的因果关系。在世俗文化中,个人往往自信他们拥有改变环境的能力,并选定有助于改变环境的行动方案。"③世俗化是由传统的迷信、保守、被动、愚昧,走向理智、效能、开放、创新的过程。

第七,识字和世俗教育的普及;以各种知识训练为基础,为培养和提高专门化人才而建立的比较复杂的知识和文化制度体系。譬如,在日本,教育政策(迅速创造由欧洲最好的教授们训练出来的专家队伍并实现大众教育)是有计划的,是作为现代化努力的一个组成部分,而在政府有力的控制下

---

① 罗兹曼:《中国的现代化》,江苏人民出版社1988年版,第1页。
② 阿尔蒙德、鲍威尔:《比较政治学:体系、过程和政策》,上海译文出版社1987年版,第69页。
③ 阿尔蒙德、鲍威尔:《比较政治学:体系、过程和政策》,上海译文出版社1987年版,第23页。

实现的①。

第八，国家权力的合法性不是来自超自然的神意而是来自人民的支持；国家权力日益扩散到更大的居民阶层；法律高于其他调节系统。也就是说，建立法律与理性基础上的权威体制。亨廷顿就此指出：政治现代化涉及权威的合理化、结构的分化和政治参与的扩大②。以单一的、世俗的、全国的政治权威来取代传统的、宗教的、家庭的和种族的等五花八门的政治权威；国家主权不被地方性或区域性的权力所左右；政治现代化还包括划分新的政治职能并创制专业化的结构来执行这些职能。同时，还意味着增加社会上所有的集团参政的程度。

第九，"社会组织化"，现代组织增生。组织运行遵循科层化（权力依职能和职位进行分工和分层）、规则化（活动与关系都受规则限制）、技术化（组织成员凭专长、技术获得机会与报酬）原则。罗兹曼指出："各种组织和技能的增生及专门化，官僚科层化"，亦是体现"现代化过程的本质特征"。③

第十，现代化加速社会动员，可能造成高度紧张。政治参与和社会稳定之间存在复杂关系。欠发达社会的现代化进程存在中断的风险。现实中，发展中国家的发展进程未必是单线进化模式，发达国家的今天也未必是发展中国家的明天，鉴此，出现了"依附论"及"中心—边缘理论"等。

应该说，现代化理论的这些重要命题与观点，对我们的现代化建设具有重要启发，对当代中国正在深度展开的现代化进程也有重要的借鉴作用。

（二）治理理论

"治理理论"出现较晚。1989年，世界银行在关于非洲的报告中首次提出"治理危机"一词。此后，"治理"这个概念逐渐流行。"治理理论"的代表人物有罗西瑙（J. N. Rosenau）、罗茨（R. Rhodes）等。罗西瑙著有《没有政府的治理》，罗茨则有《新治理：没有政府的管理》。国内较早介绍"治理理论"的学者有徐勇、俞可平等。

第一，治理理论的缘起。西方的政治学家、管理学家和实务工作者之所

---

① 罗兹曼：《中国的现代化》，江苏人民出版社1988年版，第571页。
② 亨廷顿：《变化社会中的政治秩序》，上海人民出版社2015年版，第78页。
③ 罗兹曼：《中国的现代化》，江苏人民出版社1988年版，第4页。

以提出"治理"概念,主张用治理代替统治,是在社会资源配置中看到了"市场失灵"与"政府失灵"的现象。鉴此,"愈来愈多的人热衷于以治理机制对付市场和国家协调的失败"①。治理概念勃兴的另一原因,是其适用范围比"统治"更大,可超越政府的管理领域,小到公司、社区,大到国际社会。

第二,"治理"的概念与特征。1995年,全球治理委员会发表了《我们的全球伙伴关系》的报告,其对"治理"的定义具有代表性与权威性。全球治理委员会认为,"治理是各种公共的或私人的个人和机构管理其共同事务的诸多方式的总和,它是使相互冲突的或不同的利益得以调和并且采取联合行动的持续的过程"②。它既包括有权迫使人们服从的正式制度和规则,也包括各种人们同意或认为符合其利益的非正式的制度安排。它有四个特征:治理不是一套规则,也不是一种活动,而是一个过程;治理过程的基础不是控制,而是协调;治理既涉及公共部门,也包括私人部门;治理不是一种正式的制度,而是持续的互动③。

第三,治理与统治的区别。治理虽然需要权威,但这个权威并非一定是政府机关,但统治的权威必定是政府。统治的主体一定是社会的公共机构,但治理的主体可以是公共机构,也可以是私人机构,还可以是公共机构与私人机构的合作机构。统治的权力运行是自上而下的,通过政府发号施令、制定和实施政策,对社会公共事务实行单向度的管理。而治理则是一个上下互动的管理过程,通过合作、协商、伙伴关系、确立认同和共同的目标等方式实施对公共事务的管理④。治理的实质在于建立协商规则、公共利益和认同之上的合作。

第四,"治理"的目标与途径。治理的目标应该是"善治"。善治是使公共利益最大化的社会管理过程,其本质特征是政府与公民对公共生活的合作管理⑤。实现善治的途径或者说是善治的构成要素,主要包括合法性(增加共识与政治认同)、透明性(相关信息及时传递给公民)、责任性(管理人员与机构履行责任义务)、法治性(官员与公民皆须依法办事)、回应性(对公民的要求

---

① 杰索普:《治理的兴起及其失败的风险:以经济发展为例的论述》,《国际社会科学》(中文版),1999年第2期。
② 博克斯:《公民治理:引领21世纪的美国社区》,中国人民大学出版社2013年版,第10页。
③ 俞可平:《权利政治与公益政治》,社会科学文献出版社2003年版,第132—133页。
④ 俞可平:《权利政治与公益政治》,社会科学文献出版社2003年版,第134页。
⑤ 俞可平:《权利政治与公益政治》,社会科学文献出版社2003年版,第136页。

作出及时与负责的反应)与有效性(提高治理绩效)。

第五,治理理论的限度。正如存在"市场失灵"与"政府失灵",也可能存在"治理失灵",因此,治理理论有其限度。正如曹霈霖所说,在西方,治理是对政府自上而下统治的激烈变革,让国家的职能只限于创造一个能使市场和公民社会发挥自身创造性的环境,也就是说,国家"退居二线",做幕后推手。但是,最近几年通过对治理的反思,他们意识到这个倾向有所偏颇了[①]。

(三)"中国乡村治理体系现代化"的研究预设

如上所述,现代化理论与治理理论有许多创新论点,对本书深入研究中国问题有启发。结合中国乡村社会转型的实际,本书对"中国乡村治理体系现代化"问题作出如下研究预设。

第一,中国乡村的非农化、市场化普遍发展,会推动乡村治理体系往现代方向转型。中国乡村治理体系已滞后于乡村经济形态与社会结构的转型,必须积极推动中国乡村治理体系的现代化。

第二,中国乡村治理体系现代化的构成要素,主要包括乡村治理体系结构分化(分工发展)与功能专门化(乡村专业合作组织的发展就是这方面的动向);乡村治理与权力运行制度化、法律化;乡村民间组织与公民精神不断发展,治理主体往多元、合作、共治方向发展;治理过程中现代技术、现代手段不断运用,协商精神不断发展,信息交流更为顺畅,治理主体的责任性与回应性不断增强;等等。

第三,中国农民行为态度更为理性化,政治参与不断扩大,为中国乡村治理体系现代化不断注入新动力。中国农民是中国乡村的真正主人,必须依法保障农民权利(尤其是保护农民的土地财产权与自由流动权)、维护农民权益,不断提高农民的主体性。

五、研究方法与调查对象分析

本书综合运用实证调查、文献研究与比较研究的方法,研究聚焦农村现实,以实证调查素材为基础,将理论分析与实证调查有机结合起来。考虑到

[①] 曹霈霖:《制度的逻辑》,上海人民出版社2019年版,第309页。

访谈(点上深入但面上不够深入)与问卷(面上展开但不能深入下去)各有局限性,本书课题组在2016—2019年四轮全国乡村调查(三大一小)中,做到定性与定量相结合(四轮调查横跨中国东、中、西部19个省市区的90多个县市的乡村)。

本书课题组的实证调查,采用费孝通提出的"从实求知"①的调查方法。课题组在四轮乡村调查前,均对调查员(四轮共有100余人)进行了系统培训,要求他们入村调查时不要先入为主,不能带任何成见,(创造性地对照访谈提纲)在与农民"闲话家常"的过程中,对农民所思所想、所了解的情况如实进行描记。

调查发现,基层的一些"书面数据"(如村干部提供的村庄年总收入和村民人均收入)多不可靠,正如课题组成员访问山东日照LD村(行政村,人口953人)时会计徐×所说:

问:村里有没有统计过总收入和人均收入?

答:每年统计站统计的收入都是虚的,因为要保证百分之几的增长,而实打实的收入还真没有统计过。

(访谈时间地点:2016年1月7日,于受访者家中)

而且,统计数据上的"虚高"带有一定的普遍性。2018年1月,课题组成员调查的吉林省吉林市QL村(行政村,人口1 800余人)的情况就有代表性。下面是对该村小组长张××(原治保主任,61岁)的访谈片段:

问:现在新闻上报道,延边州那边做得挺好。

答:说的和现实永远都是两回事。比如咱县的收入,在账本上的和真实的,它就不一样,它得高于实际30%左右。村里的数字也一样嘛。

问:没有人查吗?

答:谁查,查哪? 早在人来之前,账都做好了。查不就查账吗,所有的账都是和上边统一的。老百姓也不管,和自己一点关系也没有,我收入100块,你报1 000块,跟我有什么关系。干部就是搞政绩,年年多报一点,

---

① 薛和:《江村自治》,江苏人民出版社2004年版,第1页。

好晋升。

问：是不是村民政治敏感度不高？

答：不是不高，你也管不起。上报的也不是每户具体情况，而是上报人均。一个村子上报人均4 000元，看着脱贫了，快奔小康了。谁去求证呢？你要是去了，人家说所有收入都算在内，不算你花销，种子化肥农机等花费不算，你就能达到！干部们在乎的是政绩，数字越高，政绩越大。

（访谈时间地点：2018年1月16日，于受访者家中）

因此，本书课题组更注重深度访谈的结果（问卷的可靠性要低于深度访谈，因为受访者不能完全排除顾虑。同时，对干部提供的书面数据持谨慎态度），对同一问题，均找各方面熟悉情况的多位干部与群众以"闲话家常"的形式反复求证比较。

本书课题组围绕"中国乡村治理体系与治理绩效"这一主题，分别于2016年、2017年、2018年与2019年初（各1个月左右），对中国东、中、西部的乡村进行了四轮较大规模的入村问卷调查和深度访谈。

关于本书研究展开的问卷调查区域分布，在中国东、中、西部省份农村的选择上，坚持均衡原则（因为中国东、中、西部农村发展不平衡，均衡原则是为了更具代表性）。譬如，2016年（即第一轮）的全国乡村调查，本书课题组选择调查了中国东部5省（市）9村、中部4省14村、西部6省（区）11村（具体情况下面详述），可以说，东、中、西部省份农村的选择较为均衡。2017年（即第二轮）的全国乡村调查，课题组则调查了中国东部4省（市）9村、中部3省12村、西部4省（区）11村，也相对较为均衡。

关于村庄问卷调查发放数量与方法问题，课题组要求每位调查员对调查的村庄发放20—40份问卷（每村至少保证20份，可根据村庄人口数量情况适当增加）；村庄问卷调查发放方法，则是根据村庄村民户口簿采取均衡间隔抽样法进行调查。

当然，中国作为一个超大型社会，中国的乡村地域极为广阔，课题组的四轮全国乡村调查，共跨越了中国东、中、西部19个省（直辖市、自治区），覆盖了全国90多个县（市）的共计103个村庄。当然，之所以尽量扩大调查的覆盖面，无疑是为了使调查更加深入和切合实际。下面对四轮全国乡村调查的具体情况予以说明。

第一轮从2016年1月下旬到2月底展开,对全国15个省(直辖市、自治区)的34个行政村进行了深入调查。具体包括:东部5省(市)9村,即山东3村、浙江3村、上海、福建与河北各1村;中部4省14村,即河南4村、安徽6村、山西3村、江西1村;西部6省(区)11村,即贵州3村、云南2村、广西3村、四川、甘肃与内蒙古各1村。本轮调查共发放问卷720份,回收有效问卷531份,回收率为73.8%(包括剔除回答不全的废卷)。同时,经过系统培训的调查员分别进村,对上述全部村庄的各方面有代表性的村民与村干部进行了深度访谈。

第二轮在2017年初展开(为期1个月),对全国11个省(市、区)的32个行政村进行了系统调查。具体包括:东部3省1市9村,即山东3村、河北4村、上海与浙江各1村;中部3省12村,即河南6村、安徽5村、山西1村;西部4省(区)11个行政村,即四川4村、贵州5村、陕西与新疆各1村。第二轮调查共发放问卷870份,回收有效问卷688份,回收率为79.1%(包括剔除回答不全的废卷)。经过系统培训的调查员还对上述全部村庄进行了深度访谈调查(访问包括村庄主要干部与一般村民、村庄权威人物与意见领袖、富裕户与贫困户代表等)。

第三轮在2018年1—2月展开,对全国13个省(直辖市、自治区)的27个村庄(包括行政村25个、自然村2个)进行了深入调查。具体包括:东部2省1市4村,即山东1村、河北1村与上海2村;中部4省12村,即山西1村、吉林3村、河南3村与安徽5村;西部6省(区)11村,即贵州3村、云南2村、广西2村、陕西1村、甘肃2村与内蒙古1村。第三轮全部27个村庄的具体情况(包括村庄人口、耕地、党员数量及土地确权)见表2。第三轮调查共发放问卷563份,回收有效问卷396份,回收率为70.3%(包括剔除回答不全的废卷)。

表2 2018年第三轮全国调查的村庄情况

村庄	性质	所在地区	人口(人)	耕地(亩)	党员(人)	土地确权
GH村	行政村	山东潍坊	1 580	800	54	颁证到户
DS村	行政村	上海浦东	3 700	3 321	—	访谈未及
CB村	行政村	上海嘉定	2 600	3 260	—	尚未完成
FJ村	行政村	河北石家庄	4 120	5 255	—	尚未完成

续 表

村庄	性质	所在地区	人口(人)	耕地(亩)	党员(人)	土地确权
QB村	行政村	山西忻州	1 821	5 150	55	尚未完成
QL村	行政村	吉林省吉林市	1 800	5 100	44	尚未完成
CJ村	行政村	吉林省吉林市	2 179	8 760	—	尚未完成
QJ村	行政村	吉林通化	1 250	4 965	—	尚未完成
AJ村	行政村	河南周口	3 800	1 500	—	颁证到户
MZ村	自然村	河南周口	700	1 000	—	尚未完成
MP村	行政村	河南安阳	1 150	—	52	颁证到户
LA村	行政村	安徽宿州	5 040	6 100	191	颁证到户
LH村	行政村	安徽宿州	5 070	8 240	—	尚未完成
LC村	行政村	安徽合肥	3 080	2 233	—	访谈未及
GT村	行政村	安徽芜湖	7 000	4 200	137	访谈未及
GL村	行政村	安徽蚌埠	2 356	6 739	36	颁证到户
SB村	行政村	贵州黔南	1 800	2 000	27	访谈未及
YB村	行政村	贵州毕节	2 187	—	38	颁证到户
XL村	行政村	贵州遵义	2 900	580	—	访谈未及
SX村	自然村	云南昆明	648	—	21	颁证到户
YL村	行政村	云南楚雄	6 300	5 053	189	尚未完成
TJ村	行政村	广西南宁	2 490	3 798	73	颁证到户
YF村	行政村	广西钦州	3 200	—	—	访谈未及
XY村	行政村	陕西西安	3 160	2 784	94	尚未完成
QQ村	行政村	甘肃酒泉	1 780	7 246	101	访谈未及
ED村	行政村	甘肃白银	885	1 235	—	尚未完成
NL村	行政村	内蒙古呼和浩特	1 366	8 723	—	访谈未及

资料来源：课题组2018年调查

第四轮调查规模相对较小,于2019年1—2月展开。课题组对甘肃兰州、河北唐山、江苏扬州、山西太原、安徽蚌埠、河南周口、内蒙古呼和浩特及贵州黔东南各1村(共8省8村)进行了重点调查,并尝试用Matlab等软件对8个村的治理绩效进行计量分析。因为本轮调查的最终目的是对治理绩效进行测量,因此调查的村庄必须有较好的区分度,故课题组在最终展开调查前对所要调查的村庄进行了情况摸底和类型学分析。课题组根据村庄的"地理位置"(是否城郊)、"经济发展"(人均收入情况)、"民主发展"(竞争性选举程度)等情形,对要调查的村庄进行了类型学分析,并最终选择了在村庄类型上有一定代表性的8个村庄(即东部2省2村、中部3省3村与西部3省区3村)进行了重点调查与测量分析(详见第二章第三节)。

同时,课题组还重点对上海、山东、河南、安徽的4个乡镇与2个县(市),进行了乡镇与县政层面的重点调查。以实证调查素材为支撑、用第一手调查事实作例证,构成本书研究的基本底色。

由于前两轮调查(2016年与2017年)问卷中,专门设有调查对象"基本情况"的内容,因而下面对前两轮全国乡村问卷调查对象情况进行概略性分析。

(一)调查对象性别分布

表3　调查对象性别(2016年)

选　项	人数(人)	比例(%)
男	322	60.6
女	209	39.4

资料来源:课题组2016年问卷调查

表4　调查对象性别(2017年)

选　项	人数(人)	比例(%)
男	428	62.2
女	260	37.8

资料来源:课题组2017年问卷调查

从表3与表4看,在2016年与2017年两轮调查中,男性受访者占比要比女性占比分别高出21.2与24.4个百分点。本是入户随机调查的,但男性占比为何明显偏高?最初课题组的问卷调查是要安排在春节前后(在外民工大多返乡),以提高问卷样本在性别、年龄段分布的平衡性。同时,要求调查员入户问卷时,不管一户人口多少最多只能填写1份问卷,以保证问卷在访问村庄有最大的覆盖性。然而,问题是户主男性居多。当访问到女性时,也经常遭遇这种情况:"与孩他爸聊,让他填吧,俺不大了解情况。""男主外,女主内"仍是乡村占多数的情形。这是问卷填写者男性明显偏多的重要原因。

(二)调查对象年龄分布

表5 调查对象年龄结构(2016年)

选项	人数(人)	比例(%)
20岁以下	61	11.5
21—40岁	180	33.9
41—60岁	205	38.6
61岁以上	85	16.0

资料来源:课题组2016年问卷调查

表6 调查对象年龄结构(2017年)

选项	人数(人)	比例(%)
20岁以下	56	8.1
21—40岁	206	29.9
41—60岁	311	45.2
61岁以上	115	16.8

资料来源:课题组2017年问卷调查

从表5与表6看,调查样本的年龄段分布比较合理,21—60岁受访者占主体(占70%—75%)。

（三）调查对象文化程度

表7　调查对象文化程度（2016年）

选　项	人数（人）	比例（%）
大专以上	75	14.1
高中	107	20.2
初中	205	38.6
小学	86	16.2
文盲半文盲	58	10.9

资料来源：课题组2016年问卷调查

表8　调查对象文化程度（2017年）

选　项	人数（人）	比例（%）
大专以上	114	16.6
高中	133	19.3
初中	289	42.0
小学及以下	152	22.1

资料来源：课题组2017年问卷调查

从表7与表8看，中国实行九年义务教育已取得明显成效，初中以上文化程度已占受访者的70%以上（2016年调查为72.9%、2017年调查为77.9%）。出乎意料的是，大专以上学历的受访者前两轮调查都达15%左右（2016年为14.1%、2017年为16.6%）。这说明，中国大学教育大众化的成果已经外溢到乡村（毕业生城市就业难，造成大学生"哪里来到哪里去"，回乡就近就业，甚或乡居）[①]；加之，行政村中有一定数量的驻村干部或大学生村官；再者，问卷安排在春节前后，部分回家过年的大学生成为受访对象。

---

① 2016年2月2日，本书课题组成员访问广西玉林DG村（行政村，人口8 170人），在回答"怎么看待回村大学生"时，该村村民肖××（女，55岁）就说："现在村里面好多大学生了，有文化就是不一样。他们回来也是好事，教育教育我们这些没有文化的。现在好多东西我都不会弄，我隔壁家的那个女孩就是刚毕业回来的，教会我们好多东西。"

(四)调查对象的政治面貌与宗教信仰

表9 调查对象政治面貌(2016年)

选 项	人数(人)	比例(%)
中共党员	116	21.8
共青团员	106	20.0
民主党派	0	0
群众	309	58.2

资料来源:课题组2016年问卷调查

表10 调查对象宗教信仰(2016年)

选 项	人数(人)	比例(%)
基督教(含天主教等)	26	4.9
伊斯兰教	3	0.6
佛教	63	11.9
道教	0	0
民间信仰(如信鬼神)	73	13.7
其他宗教	8	1.5
无宗教信仰	358	67.4

资料来源:课题组2016年问卷调查

课题组2016年问卷调查,设计了"政治面貌"与"宗教信仰"专题(表9、表10)。表9"政治面貌"调查显示,2016年的问卷调查注意到了各部分人群的代表性与平衡性(受访者中中共党员占21.8%、共青团员占20.0%),当然,毫无疑问是以普通群众的调查为主体的(普通群众占受访者的58.2%)。调查也显示,乡村没有民主党派成员,说明中国的民主党派成员是从较高的城市知识群体里发展的。

表10"宗教信仰"调查显示,宗教尤其是基督教在中国乡村有较大发展(信基督教者占受访者的4.9%)。应该说,问卷调查与课题组成员的入户访谈结果是一致的。

（五）调查对象家庭人口规模

表11　调查对象的家庭人口数量（2017年）

选　项	人数（人）	比例（%）
1人独居	8	1.2
2人	55	8.0
3人	83	12.1
4人	210	30.5
5人	147	21.3
5人以上	185	26.9

资料来源：课题组2017年问卷调查

2017年，课题组就"家庭人口规模"问题进行了问卷调查（表11）。调查显示，农民家庭普遍小型化，3—5人的核心家庭已占大多数（3—5人组成的家庭占全部受访农户的63.9%）。

（六）调查对象家庭年收入情况

表12　调查对象全年家庭总收入（2017年）

选　项	人数（人）	比例（%）
5000元以下	74	10.8
5000—10000元	106	15.4
1万—3万元	168	24.4
3万—5万元	156	22.7
5万—10万元	100	14.5
10万—20万元	58	8.4
20万元以上	26	3.8

资料来源：课题组2017年问卷调查

2017年的全国问卷调查（表12）显示，家庭年收入高于20万元的富裕农户仍属凤毛麟角（占受访者的3.8%），而年收入低于1万元的农户则占受访者的26.2%，说明中国乡村的发展任务仍很艰巨。

第一章
中国乡村治理体系的现状与特点

目前中国的乡村治理体系,从性质上看,仍是行政主导治理模式。本章从乡村治理制度、治理主体、治理结构与治理模式诸方面,对中国乡村治理体系的现状与特点进行具体分析。

一、乡村治理制度

乡村治理制度与社会基本制度(治理体系生成的基础与定型因素)不同,也就是所谓的治理体制,构成中国乡村治理的基本程序与规范。具体来说,乡村治理制度包括乡镇建政制度、村民自治制度、分片管理制度、村财乡管制度、服务下渗制度(七站八所)、村建支部制度等。

(一)乡镇建政制度

由于传统中国社会不以发展为目标,而以"天下太平"为目标,所以国家政权机构的层级较少,规模较小,否则以小农为基础的社会供养不起。著名历史学家钱穆就认为,中国国家大,地方行政之好坏,关系最重要。中国历史上搞得最好的朝代是汉唐,因为其地方政府制度最好,均是郡(州)县两级制,地方政治简明而有弹性[①]。"皇权不下县"是传统中国固有的传统,县以下不再设正式机构。县级衙门的正式雇员仅有包括知县在内的5人左右,至于官署中协助办理文案、刑名、钱谷等事务的幕友(师爷)之类,则属县太爷私人延聘,既无官职,也不拿国家俸禄。

清末尤其是进入民国以来,国家开始以发展与现代化为目标,为此不得不

---

① 钱穆:《中国历代政治得失》,生活·读书·新知三联书店2001年版,第114页。

进行底层社会动员,国家机构就不断向社会下渗。民国时期,开始在中国乡村基层推行生硬的保甲制度(有保长、甲长等行政人员),甚至开始了建设乡级政权的尝试。然而,由于缺乏财政汲取与供养能力,新中国成立前最多实现了乡级政权的半官僚化。乡级政权建设真正有所突破,要到新中国成立后,尤其以20世纪50年代完成三大改造、成立人民公社(1958年)为标志。

20世纪50年代,三大改造(尤其是农业社会主义改造)完成,一切生产资料归公,这就为政权有效下渗创造了条件。新的乡村基层政权是以社队体制的形式出现,实行政社合一,社队集生产、分配、管理等多种功能于一体。在这种全能型的政权组织下,政府一竿子插到底,管到了农民家庭。社员出工由生产队统一组织,有事需请假批准。长期来看,客观上限制了农民的生产积极性,公社解体的风险始终存在。

改革开放后,允许包产到户(1978年安徽、四川等地农村率先包产到户),公社解体与转型的时代就到来了。转型的基本方向,就是剥离公社体制的生产组织功能,变全能政府为有限政府。1979年,四川省广汉县率先实行政社分开,将人民公社改为乡。稍后,广西宜山、罗城两县则开始探索在大队层面建村委会,实行村民自治。1983年10月,中共中央、国务院发出《关于实行政社分开建立乡政府的通知》[①]。1984年,政社分开、重建乡镇政府工作全面推开,人民公社正式退出历史舞台。重建乡镇政府,实行乡镇建政制度(国家政权上收到乡镇,其下实行自治),奠定了今天中国乡村基层"乡政村治"的基本治理格局。

《中华人民共和国地方各级人民代表大会和地方各级人民政府组织法》(2022修订)规定了乡镇人大与乡镇政府的产生、组成与职权,是乡镇权力机关与行政机关运行与管理的根本依据。如该法第七十条规定:"县、自治县、不设区的市、市辖区的人民政府分别由县长、副县长,市长、副市长,区长、副区长和局长、科长等组成。"该法对县级政府的组成规定较详细,不仅有正副首长,而且包括各职能部门的负责人(局长、科长、主任)组成,说明县级政府是一级"完全政府"。但该法对乡镇政府如何组成规定较简单,仅有一句(第七十条),即"乡、民族乡的人民政府设乡长、副乡长。民族乡的乡长由建立民族乡的少数民族公民担任。镇人民政府设镇长、副镇长。"至于乡镇政府是否设立职能部门、设立什么样的职能部门,则付之阙如。这就决定了目前乡镇政府性

[①] 《中共中央、国务院关于实行政社分开建立乡政府的通知》,《中华人民共和国国务院公报》,1983年第23期。

质与处境的尴尬,其既是当代中国最低层级的一级政府,又不是一级"完全政府",因此在实际运作过程中更像县级政府的派出机构。

关于乡镇政府的职能,该法第七十六条规定:乡镇政府"执行本行政区域内的经济和社会发展计划、预算,管理本行政区域内的经济、教育、科学、文化、卫生、体育等事业和生态环境保护、财政、民政、社会保障、公安、司法行政、人口与计划生育等行政工作"。不过,该法并未规定乡镇政府与村委会的关系以及如何管理村庄。对乡镇政府与村委会的关系予以明确的是《中华人民共和国村民委员会组织法》(2018年修订,以下简称《村委会组织法》),该法第五条规定:"乡、民族乡、镇的人民政府对村民委员会的工作给予指导、支持和帮助,但是不得干预依法属于村民自治范围内的事项。村民委员会协助乡、民族乡、镇的人民政府开展工作。"可见,乡镇政府与村委会之间是"指导与协助"的关系,并不是上级对下级的领导与管理的关系。然而,现实中两者的关系往往超越"指导与协助",朝着"领导与管理"方向逼近。下面是2018年本书课题组成员就基层政府与村庄关系问题,对云南与山东两个村庄的干部进行访谈的片段,有一定代表性。

对云南昆明SX村(自然村、村民小组,人口648人)村民小组副组长徐××(党员,54岁)的访谈:

问:县乡政府如何管理农村?

答:垂直管理,一级一级管理,县管乡,乡管村委会,村委会再管村民小组。上级让干啥,我们就干啥。

(访谈时间地点:2018年1月17日,于受访者家中)

对山东潍坊GH村(行政村,人口1 580人)支部书记兼主任刘×(63岁)的访谈:

问:村里与乡镇里还有哪些业务联系?

答:平时就是跟着党委、政府走,上级下达什么任务,我们就贯彻落实好。按上级要求,严格落实计划生育是常态工作。每个村都有妇女主任,每个月都对育龄妇女随访,看看有没有超生怀孕,或者是有超生想法的;组织育龄妇女定期体检。再就是落实新农合缴费任务。每月还有环卫一体化活动。修的广场和路,也是村干部向上争取来的。维稳、防火工作也是上级要求去做的。

（访谈时间地点：2018年2月22日，于村委会办公室）

可见，虽然实行村民自治，但村干部主要还是根据乡镇干部的部署开展工作的。不过，自2006年国家取消农业税后，乡镇政府与村庄的业务联系日渐稀少，昆明SX村副组长徐××就说："上面干部没事不下来。村里要啥没啥，搞点公共建设缺钱，就得打报告向上级申请拨款。"因此，村庄虽号为自治，然却内在动力不足，而乡镇建政一直提供着外在驱动的基本机制。

（二）村民自治制度

村民自治是改革开放后的新生事物。传统中国是"皇权不下县"，县以下实行的是士绅主导的地方自治。由士绅主导的地方自治到村民自治（由士绅为民作主到村民自我作主），是中国乡村治理模式的历史性巨变。

从安徽小岗村开始的土地承包到户，对原来政社合一的人民公社体制造成巨大冲击。分田到户的第一个结果，是生产队解体。生产队不存在了，原来的大队马上就变成了空架子。因此，分田到户后的乡村基层如何治理，就成了一个严重问题。1982年的中央1号文件指出："最近以来，由于各种原因，农村一部分社队基层组织涣散，甚至陷于瘫痪、半瘫痪状态，致使许多事情无人负责，不良现象在滋长蔓延。"[①]广西宜山、罗城两县一带农民就自我管理的组织形式率先进行了探索，当时所用名称尚不统一，既有叫"村民委员会"的，也有叫"村管会"的。这一"摸索"引起了中央高层的重视与支持，随后在地方政社分开探索中，在乡以下展开建立村民委员会的试点[②]。毫无疑问，村委会的出现为村民自治提供了组织准备和依托。

1982年12月通过的新宪法第一百一十一条规定："城市和农村按居民居住地区设立的居民委员会或者村民委员会是基层群众性自治组织。"1982年宪法对"村委会"会作了准确定性，无疑对村民自治的兴起具有决定性意义。1987年11月，六届全国人大常委会第二十三次会议通过了《中华人民共和国村民委员会组织法（试行）》，该法第一条就规定"保障农村村民实行自治，由

[①] 中共中央文献研究室编：《三中全会以来重要文献选编》（下），人民出版社1982年版，第1061页。
[②] 徐勇：《中国农村村民自治》，华中师范大学出版社1997年版，第27页。

村民群众依法办理群众自己的事情",标志着中国村民自治进入制度化运作时期。经过十几年的艰辛探索与稳步推进,中国的决策层基本形成共识:要稳定农村秩序,推动乡村发展,必须在乡村实行民主选举、民主决策、民主管理、民主监督①。1998年11月,九届全国人大常委会第五次会议通过了正式的《中华人民共和国村民委员会组织法》,标志着中国村民自治进入全面提升、规范操作的新阶段。其后,该法又经两次修订(2010年与2018年)。村民自治的组织建构(包括村民会议、村民代表会议、村委会、村务监督委员会等)更为齐全,村务决策、管理与监督流程更为科学有效。

可以说,村民自治制度是构成今日中国乡村治理的框架结构制度之一。村民自治制度实行40多年来,取得的巨大成就有目共睹,包括:调动了亿万农民群众建设家乡的积极性;进一步规范了村庄公共权力运行;对亿万农民进行了有史以来最大规模的民主启蒙,广大农民学会了并反复进行民主操作,在国家公共权力的末梢层面奠定了深厚的民主基础。本书课题组2016—2019年的数轮全国乡村调查发现,"能不能当村主任,村民说了算;能不能当村支书,党员说了算",正成为当代中国农村的基本国情(上级政府对村干部产生的干预已经日趋减少)。2018年2月16日,课题组成员入访山西忻州QB村(行政村,人口1 821人,耕地5 150亩),当询问"村干部选举有没有竞争性?"时,村民霍××(女,58岁)回答说:"可有多人竞争,都快打起架来了。"

不过,尽管目前村干部在产生方式上主要是村民、村庄说了算,但并不能说村庄的公务运作与村干部的行为模式已经转化为自下而上的民主运作模式。

表13 村中大事是如何决定的?(2017年)

选 项	人数(人)	比例(%)
村支书个人说了算	71	10.3
村干部决定	139	20.2
召开村民代表会议协商	299	43.5
全体村民投票	13	1.9
不清楚	166	24.1

资料来源:课题组2017年问卷调查

---

① 朱新山:《村民自治发展的制度困境》,《开放时代》,2000年1月号。

表13的全国问卷调查显示,毫无疑问,村务决策过程中以"村民代表会议协商"的形式反映村民意愿的环节在加强,这也反映了村民自治实施取得的进步。但认为村中大事由"村支书个人说了算"或"村干部决定"的仍占30.5%,况且24.1%的受访者对"村中大事是如何决定的"回答"不清楚",也说明村务决策过程相当不透明。课题组成员在入户深度访谈中发现,不少地方的所谓"村民代表会议"往往仅具形式,譬如,山东潍坊K村(行政村,人口845人)2018年1月产生的30名村民代表(其中女代表10名),就全部是由村干部"指定"的。K村的"村民代表会议",村干部虽然也召集,但作用如何可以想象。表13还显示,认为村中大事由"全体村民投票"决定的仅占1.9%,说明村民自治现状与制度设计的"直接民主"初衷差之甚远。

本书课题组在调查中还发现,村庄层面由于公共资源稀缺(尤其是村庄普遍财政紧张,需要上级政府注资)、功能空心化、村干部考核以上级考核为主(村庄主要干部的工资由上级政府发放且与考核挂钩),以及"村财乡管"等原因,造成目前村庄公务运作的基本模式仍是行政主导为主,且靠自上而下的行政推动。

(三)分片管理制度

根据原农业部网站提供的数据,2016年全国有乡镇20 883个、村民委员会559 702个,平均每个乡镇下辖26.8个行政村(设村委会)。目前,中国的乡镇与行政村经过多轮合并,越并越大。从2014年到2015年中国并掉乡镇12 168个,从2015年到2016年行政村则并掉20 873个(表14)。

表14 全国乡镇与村委会数量

	2016年	2015年	2014年
乡镇数(个)	20 883	20 515	32 683
村委会数(个)	559 702	580 575	585 892
乡镇均辖村委会数(个)	26.8	28.3	17.9

资料来源:农业农村部网站公开资料《中国农业统计资料2015》《中国农业统计资料2016》(中国农业出版社2016、2017年版)

中国乡镇政府管理的地域范围越来越大、人口越来越多。譬如,山东潍坊S镇所在县级市的乡镇改革,其经前后两轮合并(2001年与2007年),已由2001年前的全市36个乡镇,并为现在的8个镇与4个街道办事处,平均算来是每三个就要并成一个。S镇就由原来的三个乡镇合并而成,其由20世纪80年代初管理30个行政村2万人,到目前管理92个行政村6.9万人。那么,乡镇政府如何管理日益庞大的农村呢?措施之一便是分片管理。

调查发现,分片管理(划分片区、管区或社区)是中国基层乡镇政府采取的比较普遍的乡村治理措施。譬如,课题组调查的安徽阜阳一带农村,乡镇下面划分若干片,每片有包片干部对下辖村庄进行管理。再如,山东潍坊一带则在乡镇与行政村之间建立社区管委会,社区再下管若干村庄。调查发现,管片(社区)主要负责人一般都由乡镇副职领导担任,管片设置的主要目的是在乡镇与村庄之间发挥衔接作用,主要任务是按照乡镇党委的部署,督促完成各项工作。管片有日益正规化的趋势,部分管片有自己的办公楼,配备一整套工作班子。管片制度的强化与大规模的乡镇合并有内在联系,正在成为新的机构生长点和干部扩张渠道[①]。接下来,以山东潍坊S镇一带的分片管理为例进行具体分析。

潍坊S镇划分8个社区,每个社区建管委会,配备10名左右干部(包括社区书记、社区管委会主任和副主任等),下管9—13个行政村(表15)。

表15　山东潍坊S镇社区(8个)构成情况

社　区	ST	XS	MS	YH	YW	LS	KC	WC
行政村数(个)	13	13	11	9	10	11	13	12

资料来源:2018年8月课题组对潍坊S镇的调查

譬如,S镇XS社区下辖13个行政村,总人口9 874人(2018年8月调查),社区工作人员有10名,包括社区书记、社区主任和副主任在内的4名正式工及6名临时工(5名镇聘与1名社聘人员)。XS社区具体工作人员及分工见表16。

---

① 赵树凯:《乡镇治理与政府制度化》,商务印书馆2010年版,第183—184页。

表16 XS社区工作人员（10名）及分工

姓名	工作性质	职位及分工	联系部门	包靠村庄
D1	正式工	社区书记（副镇长兼），主持社区全面工作		H村
D2	正式工	社区主任，牵头社区、村日常性工作协调调度	党政办、考核办	XM村
D3	正式工	社区副主任，牵头环卫综治、农业安全、精准扶贫等	农业办、环卫办、扶贫办	Y村
D4	正式工	安全、基建专干	水利站、农业办、市政办、安监环保所	W村
D5	镇聘人员	信访、财务专干	经管站、信访办、司法所、诉调站	N村、K村
D6	镇聘人员	城建、经贸专干	规划办、执法队、经贸办	M村、YL村
D7	镇聘人员	社会事务专干	党政办、社事办	DM村
D8	镇聘人员	群团事务专干	计生办、妇联、团委	SS村、HS村
D9	镇聘人员	党建、文化专干	党建办、文化站	Y村、G村
D10	社聘人员	专职文书		

资料来源：2018年8月课题组对潍坊S镇的调查

从表16看，XS社区干部对各村实行包村制度，同时与镇上也有对口联系部门。社区干部定时进村，对村干部进行指导监督。2018年8月23日，课题组成员在进行社区调查时，社区书记刘×说："社区书记、主任、副主任帮包难点村和重点村，实行'分村负责、全程帮包、一包到底'制度，社区干部加强对帮包村基层党建、村级事务等工作把关。"从表16可看到，社区10名工作人员除专职文书外，每人至少帮包1个村（其中有4名专干各包2个村）。

（四）村财乡管制度

"村财乡管"萌生于20世纪90年代初，刚开始是"单代管"（乡镇政府只代理村庄会计账目），随后普遍发展为"双代管"（村庄账目与资金全被代管）。"村财乡管"有两轮发展高潮，即90年代中后期与21世纪初。根据课题组调查,"村财乡管"在全国乡村地区几乎"全覆盖"。

在"双代管"体制下,村委会所有的资金、账目都上交给乡镇的经管站与财政所管理,村里用款先由村委会提出申请,再报乡镇经管站、财政所及乡镇政府领导审核、批准。陕西宝鸡H村(行政村,2017年人口2 874人)的"村财乡管"就具有代表性,下面是课题组成员对该村村委委员、原村会计张××(55岁,党员)的访谈片段:

问:村上(集体)的钱财如何管理?
答:现在村上的账由镇财政管。如果说今天干了个啥有开销,要有正式发票,需要村支书村长签字,合理了才能报,不然就不行。
问:那村上的钱在村里还是在镇上?
答:钱在镇财政所。
问:那拿多少钱有没有监督?
答:村上有监委会。
问:监委会有多少人?是咱村的?
答:是村上的,有7个人,也是选出来的。

(访谈时间地点:2017年1月30日,于受访者家中)

宝鸡H村案例说明,村上的钱、账都由镇上管着,财务资金如何使用、报销有一套审核、监督的流程。

2018年8月,课题组成员对山东潍坊S镇的"村财乡管"进行了重点调查。S镇全部92个行政村的公共资金都保存到镇财政所里,各村账目则放在镇经管站。各村需用款项先提出申请,经乡镇层面的相关领导批准后,款项就由财政所划拨到经管站,村里再到经管站进行报账处理(当然要有正式发票,村里要经村支部书记、村委会主任和村监督委员会主任签字)。

根据S镇的财务管理规定,村庄报销金额500元以下,村里审核自理(需要经村庄主要领导和村监督委员会主任签字);报销金额500—2 000元(不含),需经社区领导审批;报销2 000—5 000元(不含),需经镇政府分管领导(镇党委常委或副镇长)审批;报销金额5 000—10 000元(不含),需经镇长审批;报销金额10 000元以上,需经镇党委常委会研究审批。

应该说,实行"村财乡管"对减少村干部乱开支、抑制村庄腐败有重要作用。调查发现,目前乡村干部公款吃喝现象明显减少,重要原因是报账的难度相比以前明显增大。

当然,实行"村财乡管"也对现行法律规定的"村民自治"秩序造成一定冲击。因为《村委会组织法》规定村民委员会是基层群众性自治组织,依法享有"管理本村属于村农民集体所有的土地和其他财产"(第八条)的权力。因此,村民经过村委会对村级财务实行自我管理,乃法律规定的自治事项,是村民自治的题中之意。然而,"村财乡管"的本质,是村级所有开支必须经过乡镇财经管理部门审核和主要领导审批,破坏了村民集体财产(包括公共资金)所有权的完整性。实行"村财乡管",还加大了乡镇层面的管理成本(必须设置并增加经管人员),同时放大了其责任与风险。毕竟,村里的钱在乡镇的"口袋"里放着,乡镇一旦急需,就难免挪用、借用。2018年8月,课题组成员到S镇调查时,多位村支书反映:"各村今年的玉米保险费(每亩保费3.6元),镇经管站不打招呼,直接从各村账上划去了。"另外,由于村里的钱在镇上放着,镇领导对村里钱多钱少一清二楚,因此,当镇上财政困难时,镇领导更是不愿把本属村里的钱下拨。Y村支书就抱怨说:"现在村里也没有钱,几次向镇领导反映,要求镇政府下拨本属村集体的征地款(征地采用了"以租代征"方式,市开发区每年按亩数将征地款下拨到镇上,镇政府再分到被征地各村,其中大部分款项给征地农户但有小部分需拨给村集体,给村里的补偿款是每亩每年1 000斤小麦的市场价),但他始终不予理睬。目前,征地款已拖欠我们三年的了。"

再者,根据法律规定,乡镇政府与村委会本是指导与协助的关系,实行"村财乡管"严重扭曲了村委会作为自治组织的性质,使乡镇政府与村委会变为事实上的上下级领导关系,村民自治出现严重变形,往行政化方向发展。

(五)服务下渗制度

在现代化进程中,国家对乡村社会的改造与整合,既有管制下渗方式,也有服务下渗(提供公共服务)方式,目的是赢得农民认同[1],增强政权合法性。这种服务下渗的表现形式,就是"七站八所"。可以想象,近代以来,邮政、供电、工商、信用、卫生等服务,肯定先是在县城发展,然后,伴随现代化的推进,

---

[1] 徐勇:《"服务下乡":国家对乡村社会的服务性渗透——兼论乡镇体制改革的走向》,《东南学术》,2009年第1期。

这些服务再向更大的地域拓展（包括下乡），而服务拓展的形式就是设立派出或分支机构。这就是"七站八所"的由来。

所谓"七站八所"，是指设在乡镇一级的社会管理与公共服务机构，通常称之为事业单位。它们是县及以上组织设立的派出或分支机构，其上各有对口部门。这类机构，通常在20个左右。这样，乡镇政府横向的管理机构加上纵向的"七站八所"，就形成乡镇层面"条块结合"（条条块块，或谓内部单位与垂直单位）的治理结构。譬如，山东潍坊S镇2017年共有"七站八所"类机构22个，具体来说包括如下三类：一是以"条条管理"为主的机构，包括税务所、邮政局、移动联通、供电所、工商所、信用社等；二是以乡镇管理为主，包括经管站、计生办、农机站、环卫所等；三是县（市）乡（镇）双重管理，包括派出所、司法所、土管所、财政所、卫生院等。应该说，这些机构是政府主办的，但行使的主要不是政治统治职能，而是社会管理与公共服务职能[①]。

鉴于目前的乡镇政府还不太像一级"完全政府"（独立性弱，更像是县级政府的派出机构），提供公共服务的部门不多、更不全，因此，以"七站八所"形式提供下渗服务的制度结构仍将长期存在。下渗服务制度（七站八所）主要存在如下问题："条条块块"使乡镇层面的管理机构叠床架屋，增加农民的供养成本；条块间往往存在矛盾，体制运行不顺；"七站八所"的官办性质，造成对市场和农民需求反应不灵敏，提供服务的渠道单一、服务质量不高，另外，一些机构还存在重管理轻服务的倾向。

改革发展趋向是对乡镇层面的"条块"服务机构进行有机整合，可探索往乡镇"三大服务中心"（即乡镇"经济发展服务中心""社会事务服务中心""公共安全服务中心"）方向转型。

毫无疑问，服务下渗制度是当代中国乡村治理体制的组成部分，"七站八所"也是参与乡村社会治理的重要主体。

（六）村建支部制度

正如，"支部建在连上"保证了党对军队的绝对领导，"支部建在村上"也是党在乡村的基本组织建制，保证了党对乡村的领导。为了达到更有效地动员乡

[①] 徐勇：《"服务下乡"：国家对乡村社会的服务性渗透——兼论乡镇体制改革的走向》，《东南学术》，2009年第1期。

村资源的目的,就必须更有效地组织与管控村庄,并将其整合到国家的行政系统中去。晚清以来,国家权力的下渗打破了原来村内权力的平衡,导致原有"绅治式"的自治日益隐退,事实上造成"一方面是半官僚化、雇员增生、财政需求扩大;而另一方面,上层政权却缺乏控制这些机构和人员贪污中饱的能力,这使国家政权的深入最终蜕化为将赢利型经纪体制推进到社会的最下层"①。中共建政后对农村基层的动员与领导,均比北洋政府和国民党政府更加有效。但直到1958年人民公社化以前,中共的"政治结构未能完全深入村一级,通常停留在上一级的乡"。在这30年(从1927年开始深入农村始)中,中共在农村的政权组织既不统一也不稳定,尽管在人员上实现了精英替代,但在结构上沿用了旧的半官僚化的国家经纪模式②。不过,1958年的人民公社运动是党的基层组织(也包括国家政权组织)下渗的突破,当然,这一下渗经历了一个过程。

根据乡村调查,大体言之,党在乡村的党员发展与组织建制,一般是伴随着土地改革(北方的老解放区土改较早,南方新解放区稍迟,而1950—1952年则在全国普遍推开)和其后的农业集体化(1953—1956年)展开的,再到1958年随着人民公社运动的推进,基本完成了"支部建在村上"的组织建制,保证了党对乡村社会的有效动员与领导。直至今天,村建支部仍是中国乡村治理的基本制度构造。

山东潍坊K村(1948年人口410人,2017年人口845人)的支部建构比较典型,我们以此为例作些分析说明。1946年春,K村所在区共产党干部进村发动群众,击毙了反动伪村长,建立了K村农救会与自卫团。同年秋,形势恶化,还乡团杀回,上述组织解散。1947年春,村长和自卫团团长回村活动,结果被还乡团杀害。1948年,K村彻底解放,所在区党组织进村重建农救会,为K村最高权力机构。K村土地改革由此展开。进村干部召集村民大会,发动贫下中农诉苦,调查和划定K村的阶级成分(地主、富农各1人,富裕中农和反革命各2人)。然后,确定了没收、征收和分配土地及财产的方案③。最终,K村原来以耆老、乡贤为骨干的旧式权威被以农救会为中心重建的以贫下中农为主体的乡村权力结构所取代。

---

① 杜赞奇:《文化、权力与国家——1900—1942年的华北农村》,江苏人民出版社1994年版,第226页。
② 沈延生:《村政的兴衰与重建》,《战略与管理》,1998年第6期。
③ 朱新山:《康村组织变迁》,《学术交流》,1999年第6期。

应该说，土改的展开与党组织的乡村建构是同步进行的。进村干部启发贫雇农的阶级觉悟，并物色土改积极分子，从中发展了K村第一批党员4名，1949年K村建立了党小组，由区委下的乡党支部领导。同年，K村还建立了第一届妇救会。1951年，区团委委员进村发展了K村第一批团员4名。这样，K村党（党小组）政（农救会）及党的后备组织（共青团、妇联）开始成形。

其后，伴随农业社会主义改造的推进，党组织开始有集体经济组织作支撑，K村党的组织建设也由党小组阶段（1949—1954年K村都是党小组）迈进到支部阶段（1955年建立村支部）。1953年，K村开始农业社会主义改造，当年建立了3个互助组，有15户参加。1954年，互助组维持既有水平。1955年，在外部的压力和推动下，K村成立了合作社（全村1个），有114户528人加入（村民几乎全部参加）。1956年，K村合作社有115户529人（村民全部加入）（表17）。1955年，K村党员发展到6名，成立党支部。

表17　K村互助组、合作社情况①

年　份	互助组		合作社	
	1953年	1954年	1955年	1956年
年底个数（个）	3	3	1	1
参加户数（户）	15	15	114	115
参加人数（人）	75	77	528	529

资料来源：K村所在县级市档案馆档案第123卷

从1957年开始，合作社进一步往"一大二公"方向发展，除土地外，村民的其他生产资料如耕畜、农具及果树，也以投资入股的形式归入合作社（当然，最后全部生产资料实现了集体化）②。包括K村在内的附近3个村合建1个高级社。1958年，高级社的发展更上层楼，成立人民公社，3个村合为1个营。1959—1960年，3个村合为1个大队，并合建党支部（K村党组织重回到党小组）。在"大跃进"遭受挫折后，1961年，社队开始压缩规模，缩小核算单位，实行"三级所有，队为基础"，K村单独为1个大队，并再单建党支部。

---

① 朱新山：《康村组织变迁》，《学术交流》，1999年第6期。
② 朱新山：《康村组织变迁》，《学术交流》，1999年第6期。

伴随全部生产资料归公,集体组织日益强势,以集体经济组织为有力支撑,从1958年起,党支部开始承担起全面领导使命(领导3个村,K村一带的自然村都较大)。1961年,支部重新建在村上,保证了党对农村的有效动员与领导。1962年1月30日,毛泽东在扩大的中央工作会议上指出:"工、农、商、学、兵、政、党这七个方面,党是领导一切的。党要领导工业、农业、商业、文化教育、军队和政府。"① 遵照毛泽东的指示,各个层面的党组织(包括村党支部)都是领导一切的。从1961年支部重新建在村上以后,K村大队管委会、小队队委会、民兵连、共青团、妇代会(妇联)、贫协等组织都由党支部领导,从组织上保证了党对村庄的绝对领导以及大队权力的高度集中。党支部的权力很大,它的职能无所不包,有权制定村庄发展的大政方针,对其他组织下达工作指令,有权直接介入其他组织的活动,左右其他组织领导人的任免,直接支配大队的资源与人员。由于通过大小队体制掌握了一切生产资源,因此,包括村党支部书记在内的村干部极具权威。

土地承包到户后,生产队解体了,原来支部权威所依托的集体组织构造(大小队体制)不复存在,村党支部的权威在一定程度上有所削弱,一些地方还出现瘫痪、半瘫痪状态。不过,由于乡村土地在法律上仍是集体所有(村民拥有使用权,集体则掌握所有权),政社分开改革在村庄层面也不彻底,村干部对集体资源仍有较大的管控权,因此,村党支部依然是村庄层面权力最大的治理主体,村党支部书记仍是村中的一把手。

虽然《村委会组织法》(第五条)规定了乡镇政府与村委会之间是"指导"与"协助"关系,乡镇政府"不得干预依法属于村民自治范围内的事项",但该法(第四条)同时也规定,村党支部与村委会之间是领导关系,"中国共产党在农村的基层组织,按照中国共产党章程进行工作,发挥领导核心作用,领导和支持村民委员会行使职权"。由于当代中国党政之间是领导与被领导关系,是以党领政,因此政权仍可通过党的纵向组织系统直插到底,深入社会基层。

二、乡村治理主体

中国乡村社会结构的基本特点,表现为在大地上铺展开来的为数百万的

---

① 毛泽东:《在扩大的中央工作会议上的讲话》,《人民日报》,1978年7月1日。

村庄聚落。因此,中国乡村治理的着眼点与落脚点,是具体的村庄与村民。所谓乡村治理主体,必须是有效作用于村庄与村民的相关组织与行动者。

关于乡村治理主体的研究有多种维度,譬如,政党组织、政府组织、市场组织与社会组织方面的研究,乡村"体制内精英、体制外精英以及普通村民"的互动,以及如何看待作为乡村人口主体的农民的自主性问题(舒尔茨有理性小农的观点,蔡雅诺夫则强调农民为自家生计生产的一面[①])。在乡村治理主体互动结构中,有些学者主张进一步强化行政的主导作用[②],有些学者主张让乡村内生的民间组织发挥"不可或缺的基础性作用"[③],另有学者主张探索形成"多中心治理"的乡村治理范式[④]。乡村治理主体间的互动研究,还可引申出横向的"两委"关系研究与纵向的"县、乡、村"关系研究。这些研究相当广泛,从多侧面、多角度对治理主体进行了富有创见的分析。但在社会大转型的时代背景下,对这些主体各自的功能建构及如何协调互补方面的研究略显薄弱。可以说,在乡村治理过程中,政府组织(党政组织)有其局限,有所谓的政府失灵问题。反过来,市场也不是万能的,也存在失灵问题。因此,理想的乡村治理体系,既包括政府组织,也包括市场组织,还要有自主社会力量,即民间组织。中国乡村治理体系的现代建构,应是政府组织(村委会可视为准政府组织)、市场组织与民间组织多主体良性互动的结果。

(一)村级公共组织

"公共组织"是指从事社会公共事务管理,以提供公共产品与公共服务、维护和实现社会公共利益为目的,拥有法定或授予的公共权力的组织实体。在中国乡村基层,"公共组织"主要包括党政组织(如乡镇党委、政府与村党支部、村委会等)与非营利性组织(当然,非营利组织发育迟缓,较为稀缺)。

根据《村委会组织法》,村庄级公共组织主要有村民会议、村民代表会议、村党支部委员会与村民委员会、村务监督委员会、村民小组等。毫无疑问,它们是村庄层面最为基本的治理主体。

目前,村级公共组织存在的主要问题是,别看其数量不少,而能够真正、实

---

① 黄宗智:《华北的小农经济与社会变迁》,中华书局2000年版,第1—2页。
② 沈延生:《村政的兴衰与重建》,《战略与管理》,1998年第6期。
③ 仝志辉等:《农村民间组织与中国农村发展》,社会科学文献出版社2005年版,第12页。
④ 赵树凯:《农民的政治》,商务印书馆2011年版,第153页。

质性运转起来的却很少。

1. 村民会议

村民自治制度的设计初衷是"由村民依法办理自己的事情",也就是村民要"自我管理、自我教育、自我服务",治理方式是"直接民主",基本形式是召集"村民会议"。"村民会议"的召集,是在设有村委会的行政村层面展开。不过,近年由于行政村越并越大,"村民会议"的召集也越来越难。《村委会组织法》第三条规定:"村民委员会根据村民居住状况、人口多少,按照便于群众自治,有利于经济发展和社会管理的原则设立。村民委员会的设立、撤销、范围调整,由乡、民族乡、镇的人民政府提出,经村民会议讨论同意,报县级人民政府批准。"可见,"村民委员会的设立、撤销、范围调整"比较容易,在县政府层面便可操作。课题组在全国乡村调查中发现,大多数省区的行政村经过了多轮合并,越并越大。只有少数省区如山东省,由于原有村庄规模较大(大多既是自然村又是行政村),未采取并村措施。在课题组前两轮调查(2016年与2017年)得到准确数据的全国29个行政村中,人口最多的行政村达9 500人(河南洛阳YM村),次多为8 170人(广西玉林DG村),再次为7 130人(贵州遵义LF村),人口最少的行政村845人(山东潍坊K村)、次少为953人(山东日照LD村),29个行政村的平均人口为3 028人。

调查发现,由于村庄越并越大,事实上大部分行政村"村民会议"无法召集,因而制度设计的"直接民主"就变了形(名不副实)。仅以29个行政村中人口最少的潍坊K村为例,有选举权(年满18周岁)的村民715人,2018年1月17日(选举日定在农历年末以保证最大的参选率)举行的村委会选举中,陆续到场投票者200余人加上委托投票共投出有效选票596张,村民的参选率为83.4%。可以想象,如果有选举权的715人全部到场开会,那么就需一个很大的会议场所,然而K村事实上没有也不具备条件建造这样一个场所(如大礼堂,甚至连容纳这么多人的场院都没有)。经调查,村委会选举是一届村委任期内(三年)村民参与率最大的事件,其他时间则难以召集村民会议。严格来说,村民参加村委会选举也不能说是召集了村民会议,因为大部分村民是陆续到场,而且不到场的委托投票者超过了到场人数。另外,大量青壮年农民长年在外务工,如果选举日不放在农历年末,K村这样的参选率也是根本无法保证的。

可见,人口最少的行政村的村民会议都难以召集,其他越并越大的行政村的村民会议的状况就不难想象了。按K村有选举权的村民(715人)与全体村民(845人)的占比推算,河南洛阳YM村(人口9 500人)的村民会议规模为8 037人,广西玉林DG村(人口8 170人)的村民会议规模为6 912人(一个3 000人的行政村,村民会议规模也达2 538人),因此,YM村与DG村要召开村民会议,没有北京人民大会堂这样规模的会议场所是根本不能办到的,况且两村村民会议的规模是全国人大全体会议(法律规定全国人大代表总数不超过3 000人)规模的两三倍。

毋庸置疑,行政村越并越大,村民会议难以召集、无法召集的现实,就与村民自治制度设计的直接民主渐行渐远了。虽然《村委会组织法》第二十三条规定"村民会议审议村民委员会的年度工作报告,评议村民委员会成员的工作;有权撤销或者变更村民委员会不适当的决定",然而村民会议的难以召集、无法召集,就使其对村委会的监督成为具文。

2. 村民代表会议

从《村委会组织法》看,村民代表会议地位尴尬、职权模糊。首先,看其设立。《村委会组织法》第二十五条规定:"人数较多或者居住分散的村,可以设立村民代表会议,讨论决定村民会议授权的事项。"法律用词是"可以"设立,而不是"必须"。其次,看村民代表会议的性质与地位。《村委会组织法》并没有定性描述(譬如,并没有讲"村民代表会议是村民会议的常设机关,或是村级权力机关的常设机关,即也是村级权力机关"。另外,该法甚至对村民会议的性质也没有定性描述)。再次,看村民代表会议的权力来源。《村委会组织法》规定,其职权是"讨论决定村民会议授权的事项"。由于村民会议事实上难以召集、无法召集,因而其"授权"就成了无源之水、无本之木。复次,看村民代表的产生与数量。《村委会组织法》第二十五条规定:"村民代表由村民按每五户至十五户推选一人,或者由各村民小组推选若干人。"譬如,陕西宝鸡H村2017年有人口739户2 874人,下分9个村民小组。如果按该法条第一部分的规定,那么H村村民代表当在49—148名之间。如按法条第二部分,由于法律规定比较模糊(各村民小组推选若干人),那么H村村民代表的数量就有很大弹性(如果每组2名代表,代表总数为18人;每组3名代表,总数则为27人)。这就给村干部确定代表数量预留了很大空间(就是定的代表数量较少也不违法)。另外,尽管法律规定代表产生要"推选",但事实上很少是选出来的。最后,看村民代表会议的组成与召集。《村委会组织法》第二十五条规定:"村民代表会议由村民委员会成员和村民代表组成,村民代表应当占村民代表会议组成人员的五分之四以上,妇女村民代表应当占村民代表会议组成人员的三分之一以上。"该法第二十六条规定:"村民代表会议由村民委员会召集。"可见,村委会成员是村民代表会议的法定成员,加之村民代表会议还由村委会召集,缺乏自主运行机制,就造成其易受村干部控制,往往沦为形式。

表18 村里是否成立村民代表会议组织?(2016年)

选项	人数(人)	比例(%)
有	307	57.8
无	224	42.2

资料来源:课题组2016年问卷调查

表18的全国问卷调查显示,有42.2%的受访者认为村里未成立村民代表会议(也可能包括未感觉到村民代表会议存在的)。

由于村民代表会议地位尴尬、职权模糊(无法定职权)、组成复杂(村委会干部包括在内)、缺乏自主运行机制,因此其现实状况如何可以想象。山东潍坊K村的村民代表会议情况就有代表性,课题组成员经过深度访谈,K村干部最后坦率交了底。该村2018年1月产生的30名村民代表(其中女代表10名),并不是(由村民或村民小组)"推选"的,而是干部"内定的",主要是村支书等两名干部"找的人"①。

表19 村民代表会议代表是怎样产生的?(2016年)

选项	人数(人)	比例(%)
竞争性选举	252	47.5
干部指派	71	13.3
在一定范围内协商	93	17.5
选举只是走形式	115	21.7

资料来源:课题组2016年问卷调查

---

① 朱新山:《中国乡村治理体系现代化研究》,《毛泽东邓小平理论研究》,2018年第4期。

表19的全国问卷调查显示,认为"村民代表会议代表"不是"竞争性选举"产生的占了多数(占受访者的52.5%)。

加之,由于党支部和村委会平时都没有什么事,因此相当数量的村民与村干部更不把村民代表当回事。另外,由于法律规定"村民代表会议由村民委员会召集",因此村干部想召集就召集,不想召集就不召集。山东潍坊K村的真实情况是,干部召集"村民代表"开会时,如果感觉人数少,就拉些党员甚或一般村民过来充充数,以壮声势。可以说,是典型的"流于形式"。

表20 村民代表会议在监督村委会干部方面作用怎样?(2016年)

选 项	人数(人)	比例(%)
作用很大	118	22.2
有一定作用	235	44.3
作用较小	148	27.9
没作用	30	5.6

资料来源:课题组2016年问卷调查

通过系统调查,总的结论是:村民代表会议作为民主的正式制度建制有比没有要好,而且多多少少开始发挥些作用。不过,表20的全国问卷调查也显示,认为村民代表会议"作用较小"与"没作用"的也占了1/3(占受访者的33.5%)。

3. 村党支部委员会与村民委员会

村党支部委员会与村民委员会简称"两委",是行政村的党政领导班子。由于行政村人口与党员数量差异较大,因此村级领导班子的人数也各不相同。譬如,2017年,山东潍坊K村(人口845人)"两委"干部为5人,河北石家庄K村(人口6 202人)"两委"干部则有9人。

根据法律,村委会由村民直接选举产生,组成包括主任、副主任和委员共3—7人。村委会的法定职责包括:一是生产服务与集体资源管理,村委会"支持和组织村民依法发展各种形式的合作经济和其他经济,承担本村生产的服务和协调工作,促进农村生产建设和经济发展。村民委员会依照法律规定,管理本村属于村农民集体所有的土地和其他财产,引导村民合理利用自然资源,保护和改善生态环境"(《村委会组织法》第八条)。二是村级层面的"人民调解、治安保卫、公共卫生与计划生育等工作"(《村委会组织法》第七条)。三是乡镇政府下派的工作,《村委会组织法》第五条规定:"村民委员会协助乡、民族乡、镇的人民政府开展工作。"不过,土地承包改革和税费改革,剥离了村级公共组织的生产组织与资源提取功能后,以村委会为代表的村级公共组织实质性功能日渐稀少,因而不少处于空转状态,不少村干部无所事事。贵州遵义LF村(2017年,人口7 130人)就有代表性,下面是对该村支部委员简××的访谈片段:

问:本届村委会为村民做过哪些事情哇?

答:这个,做了哪些事情哇,听上面指挥,上面喊做哪样我们就做哪样。

(访谈时间地点:2017年2月10日,于村委会办公室)

访谈片段很有意思,课题组成员2017年2月10日访问LF村时,对支部委员简××突然发问,其刹那反应说明该村自主性的实质功能很少,如果村里有什么活儿也主要是上面安排的,即"上面喊做哪样我们就做哪样"。再看课题组成员对安徽阜阳BX村(行政村,人口3 322人)干部李×的访谈片段:

问:村干部的主要工作是什么?

答:收取新农合费用、冬季防火、夜里站岗、计划生育。

问:计划生育不是相对放开了吗?

答:现在的计划生育工作已经不再是监督已经有过孩子的夫妇,而主要是事务方面的,比如记录档案。

(访谈时间地点:2017年2月10日,于村办公室)

访谈片段表明,目前村干部的工作大多是落实上级任务(防火、站岗都是上级要求),自主性动作很少。

行政村层面除村委会外,还建有党支部(党员多的村可建党总支或党委),设支部委员会。支部委员会委员从村内党员中产生,委员尤其是书记的产生多是上级任命与党内选举相结合。有些地方,能不能当上书记是党员说了算

（近年部分农村地区推进党内民主的力度较大），还有不少地方是以上级任命为主。不过，村中党员的多少或者党员占村民比重的高低，往往决定党的干部选择余地的大小及产生的支部委员会的质量。调查发现，一些村庄党员占比长期过低（长期不发展党员），支部班子选来选去就是从那几个人里物色。表21是2016—2017年课题组深度访谈的部分行政村的人口与党员数量。

表21　2016—2017年深度访谈的部分行政村的人口与党员数量

村　庄	所在地区	人口数量（人）	党员数量（人）	党员占人口比（%）
K村	山东潍坊	845	32	3.8
LD村	山东日照	953	50	5.2
XH村	上海青浦	3 005	125	4.2
NH村	浙江绍兴	1 100	64	5.8
JX村	浙江绍兴	1 463	34	2.3
WT村	浙江台州	1 462	52	3.6
Y村	河北石家庄	1 072	68	6.3
K村	河北石家庄	6 202	110	1.8
HJ村	河北秦皇岛	1 830	38	2.1
ZK村	河南新乡	2 536	54	2.1
YM村	河南洛阳	9 500	212	2.2
NM庄	河南开封	1 486	42	2.8
BX村	安徽阜阳	3 322	90	2.7
ZH村	安徽合肥	4 500	123	2.7
S村	山西忻州	2 400	56	2.3
DG村	山西晋中	3 500	102	2.9
H村	陕西宝鸡	2 874	101	3.5
CH村	四川宜宾	1 297	30	2.3
LT村	四川宜宾	1 464	19	1.3

续 表

村　庄	所在地区	人口数量（人）	党员数量（人）	党员占人口比（%）
TL村	四川绵阳	1 570	38	2.4
TG村	贵州黔东南	1 758	48	2.7
NG村	贵州毕节	1 901	21	1.1
LF村	贵州遵义	7 130	97	1.4

资料来源：课题组2016—2017年全国乡村调查

　　从表21看，在东、中、西部23个行政村中，党员占比（党员占全体村民的比重）最低的为贵州毕节NG村仅1.1%，最高的是河北石家庄Y村为6.3%，平均占比为2.9%。调查发现，东部地区相对发达，村庄党员占比最高，东部三省一市9村党员占比平均为3.9%（明显高于全国平均水平）；中部三省7村的党员占比平均为2.5%；西部三省7村的党员占比平均为2.1%。调查还发现，党员占比明显偏低的村庄，其公共权力运行比较封闭，村庄治理较为混乱。譬如，河北石家庄K村党员占比仅为1.8%，大大低于东部平均水平，甚至还明显低于全国平均水平。K村董×自1994年任村支书，截至课题组成员2017年1月进村访问时，已连任23年。该村治理混乱，围绕征地的利益争夺激烈，"村霸"问题突出，甚至还发生过针对村支书的重大刑事案件。贵州毕节NG村党员占比在西部农村最低（也是调查的全国村庄中最低的）仅1.1%，该村是毕节最后21个无电村之一，2007年才通电。2017年1月17日，课题组成员进村调查时，发现甚至村支书一家都领着低保。支书夫妇无儿无女，就怕老无所依。相反，党员占比较高的村庄，治理状况一般也较好。譬如，浙江绍兴NH村的党员占比（5.8%）在此次调查的全部行政村中排名第二，该村发展在所在的县级市一直走在前列，是远近闻名的富裕村、文明村、样板村，先后获得省级小康示范村、省级兴林富民示范村、省级卫生村、市级先进党组织、市级村务公开和民主管理示范村、市级生态村等荣誉称号。河北石家庄Y村党员占比（6.3%）是全部村庄中排名最高的，该村尽管集体经济基础薄弱（无公共收入来源），但村干部公共意识强、办事公道、有号召力，积极主动向上级争取建设资金，村庄治理井井有条。西部三省7村中党员占比最高的是陕西宝鸡H村，其治理状况也是西部7村中最好的，是省级小康示范村。可见，村中党员占比高，党的干部产生选择余地就大;同时,党组织发挥战斗堡垒与带动作用,加强村级组织和党员的先进性建设,无疑对村庄发展有重要推动作用。

当然,村级"两委"共同组成村级党政领导班子,班子的一把手一般是村支书(除非是因为个性因素村支书太弱,不过这种情况很少)。村庄公务运作是围绕村支书为中心展开的,村支书是总调度者。毫无疑问,村级"两委"组成的党政领导班子,是村庄最为重要的治理主体。村庄治理的好坏,首先取决于村级党政领导班子的质量与作为。

4. 村务监督委员会

中国首个村务监督委员会诞生于浙江武义县后陈村,是村庄财务管理混乱、村内博弈及与外部有效互动的衍生品。毫无疑问,在村级权力运作构架中,最为薄弱的则属监督环节,由于没有给村民提供一种制度化的监督机制,结果民选出来的掌权者依然可以不对选民负责[①]。2004年4月,后陈村按照村民议事程序通过《后陈村村务监督制度》。该制度规定:村务监督委员会设主任1名,委员2名,通过村民代表会议选举产生,"候选人应是非村两委成员及其父母、配偶、子女、兄弟姐妹等直系亲属的村民代表"[②]。村务监督委员会制度创新取得一定实效后,在武义全县推广。武义村务监督创新,还对全国的村治实践产生重要影响,被吸收到新修订的《村委会组织法》中。

《村委会组织法》第三十二条规定,"村应当建立村务监督委员会或者其他形式的村务监督机构,负责村民民主理财,监督村务公开等制度的落实"。调查发现,大部分村庄都依法成立了村务监督组织,应该说有效果(毕竟增加了监督流程与环节),但不尽理想。譬如,山东潍坊K村也成立了村务监督委员会,其作用主要体现在财务"报账"时。K村一带实行"村财乡(镇)管",财务报销单需要村主任和监督委员会主任共同签字。K村监督委员会由一名老会计和两名村支委委员组成(老会计任主任),尽管人员组成符合法律规定(《村委会组织法》第三十二条规定,"村民委员会成员及其近亲属不得担任村务监督机构成员",但没规定党支部委员会成员不得担任),但毕竟是干部监督干部,监督效果就要大打折扣。

---

① 卢福营、孙琼欢:《村务监督的制度创新及其绩效——浙江省武义县后陈村村务监督委员会制度调查》,《社会科学》,2006年第2期。
② 卢福营、孙琼欢:《村务监督的制度创新及其绩效——浙江省武义县后陈村村务监督委员会制度调查》,《社会科学》,2006年第2期。

5. 村民小组

《村委会组织法》第三条规定："村民委员会可以根据村民居住状况、集体土地所有权关系等分设若干村民小组。"村民小组设组长，由村民小组会议推选，任期与村委相同，可以连选连任（第二十八条）。村民小组可以推选村民代表会议代表（第二十五条），以及村委会主任、委员（第十二条）。下面从村民小组组长层面对其运作情况进行分析。

课题组调查发现，一些地方为降低村庄公共组织运行成本，村民小组组长多由村"两委"委员兼任，并非"推选"，其运行状况大致分为三种情况。

第一，名义上存在，事实上取消了。譬如，山东潍坊K村一带为降低村庄层面的行政成本，对村干部进行了大力精简，所有小组长（已无实质性功能）都由村支书指派"两委"委员兼，因此小组长名义上在，而事实上没有了。K村（行政村，人口845人）2017年有村干部6人，即村支书兼村主任1人、支委委员2人、村委委员2人与会计1人（会计与邻村合用1人）。2017年2月，当访问该村一位支委委员问及小组长情况时，他回答："村里小组长没有了。"就此问题再向村支书兼村主任求证，他说："小组长还有，是支委与村委委员兼着。"调查发现，是村支书独自指定"两委"委员兼的，当然有些委员对自己是不是兼着小组长并不是很清楚。由于小组长已无实质性功能（过去仅有的功能是向组里村民"下通知"），因此根本没人把它当回事。

第二，虚拟运行，似有似无。譬如，安徽合肥ZH村（行政村，人口4 500人）一带便是这种情况。该村下辖XHW村等十几个自然村，各自然村"村长"（当地称呼，实为小组长）无补贴，无人愿当，抓阄产生。下面是课题组成员就小组长情况对XHW村（自然村，人口40多户）两位村民（其中一位为在读大学生）的访谈片段。

> 对村民王××（53岁，打工）的访谈：
> 问：村里有哪些村干部？
> 答：仅有村长（实为小组长，下同），以前还有会计。
> 问：那村长有哪些补贴？
> 答：村长是无偿的，也没有什么要求，也不用一直待在村子里。
> 问：那村长是不是选上来的？
> 答：村长是抓阄产生，即大队在村中物色数人，再由他们抓阄，然后

轮流担任。

（访谈时间地点：2017年1月24日，于XHW村）

对村里大学生王××（20岁，大一学生）的访谈：
问：村长（实为小组长，下同）是不是选举上来的？有无竞争性？
答：不是，没有竞争性。
问：那说一下具体情况。
答：没有选举，挨家挨户轮流当，我还当过村长呢。

（访谈时间地点：2017年1月24日，于XHW村）

访谈片段表明，小组长无报酬，不用待在村里，无人愿当，而且是用抓阄方式产生。ZH村书记孙××（54岁）接受访谈时也说："村长（实为小组长）主要协助村委会开展一些工作，宣传计划生育、养老保险这些政策。现在都没有人愿意当，不是投票产生，而多是'你去年干得还不错，那今年你继续吧'。"

第三，实质运行（小组层面甚至还是集体土地的发包主体，小组长仍有一定的权力）。河南洛阳YM村（行政村，人口9 500人）的小组长就处于实质运行状态。所在镇的工业园设在该村，征地很多，该村处于向城镇化快速转型阶段，包括小组长在内的村干部掌握较多资源，且有一定补贴。YM村下分26个组，每个组长平均管理接近400名村民，每月补贴1 100元（村支书补贴更高，为1 800元）。2017年1月21日，课题组成员入村访谈时，部分村民反映："村民为争夺小组长的位置而反目成仇的也不少。"

（二）民间组织、民间精英与村庄权威人物

在传统中国，乡村基层实行的是士绅主导的地方自治。当时的民间组织，主要是传统宗族及一些自助、祭祀与娱乐性的乡社组织。当然，特殊情况下也会有一些会道门组织。这些组织经过一轮轮的革命与改革，大多式微或消亡。譬如，今天乡村中的宗族组织已普遍式微，作用微弱。下面是课题组成员就今日宗族状况与作用问题，对四川宜宾LT村（行政村，人口1 464人）两位老村民的访谈片段。

对村民柳××（90岁，低保户）的访谈：

问：我发现村里很多姓柳的，应该是大家族吧，有没有族谱和祠堂？

答：没有，说起来是一个家族的，但是时间久远，一代代分支下来就分散了。族谱这些也没人带头去整理，只能靠一辈一辈的人念叨有哪些亲戚。祠堂这种东西就更不说了，早被拆毁了。

（访谈时间地点：2017年1月21日，于受访者家中）

对村民柳××（86岁，原大队长）的访谈：

问：像你们家族在村里算是大的，那家族对村庄治理发挥怎样的作用呢？

答：这个怎么说呢，没有什么直接影响，但是我们柳家的人还是有当过村长的，党员也有好几个，算是多少有点作用。

（访谈时间地点：2017年1月22日，于受访者家中）

市场经济是利益关系，宗族组织是血缘关系，市场经济是瓦解宗族组织的利器。从访谈片段看，改革开放40多年，市场经济蓬勃发展，对血缘宗族关系的涤荡相当深刻。宗族在今日乡村社会中的作用日趋微弱，正如陕西宝鸡H村（杂姓村，人口2874人，有李、张、王、罗、刘诸大姓）干部所说："大家族里只要不打架就算团结了。"

改革开放后，社队体制解体，原来集体控制的生产资源（包括土地）大规模向农户回流，乡村中组织衰弱的迹象明显（如村委会难以管控村民），基层党组织的瘫痪与半瘫痪问题亦突出。因此，目前中国乡村空前缺乏组织资源，普遍出现"社会原子化"现象。正如宜宾LT村村民柳×（58岁，务农兼打零工）在访谈时（课题组成员问及"村里有没有什么非政府组织"）所说："村里什么都没有，大家各顾各的，干活都来不及，还搞这些不实在的。"

可见，民间组织在今日中国乡村亦极为稀缺，最多是由政府扶持的"老年协会"（南方较多）与"红白理事会"（北方较多）的发展。譬如，山东潍坊K村的红白理事会有4名组成人员，村委会给他们每人每年发放补贴500元。

老年协会的主要功能，是在青壮年普遍外出务工的大背景下，为留守老人提供活动空间与精神慰藉的场所。浙江台州WT村（行政村，人口1462人）的老年协会就办得不错，2016年2月11日课题组成员访问该村老年协会会长何××（72岁，党员）时，他就说："我们村里为老年协会提供了很多方便老人的东西,像洗衣机、电视、麻将桌之类的,老人活动还是很精彩的!有时候我也会组织一些活动,像老年人读报会啥的,就自己意思意思玩玩。"

红白理事会的功能则是在为村民提供红白事服务的过程中,倡导并践行移风易俗,减少铺张浪费。譬如,河北石家庄 Y 村(行政村,人口 1 072 人)的红白理事会制定了办理红白事的"条例"并严格执行,取得良好效果。2017年1月25日,课题组成员访问该村红白理事会会长刘××(66岁,任过教师、村支书),他说:"我们村对于操办红白事有一些硬性规定,主要是反对铺张浪费吧。一般来说,烟不能超过10元/盒(标准配置为"红石家庄"),酒不能超过10元/瓶(标准配置为"牛栏山")。红白事一律大锅菜,都有肉丸、豆腐、白菜、粉条,红事两锅,荤素分开,白事一锅,不分荤素。红事有炒菜拼盘,发出一张请帖统计3个人,进而安排食物桌椅。采购食物时,按照每人3两豆腐、2两肉、2.5两馒头、1两油与1两粉条进行统计。白事没有炒菜,操办较为简洁。红白事发生时,主家寻找理事会成员帮忙,一般一件事有3个人管理。"

传统中国乡村的民间精英主要为士绅阶层。民国以降,经过多轮革命的冲击,士绅阶层消亡。新中国成立后,集体化时期乡村的阶层结构变为"干部与社员",社会的权威人物则是"革命干部"(社队干部)。改革开放后,发展市场经济,乡村社会"民间精英"再次出现,主要为"经济能人"与"乡村教师"群体。

调查发现,无论是南方的"老年协会",还是北方的"红白理事会",其成员主体往往是"乡村教师"(传统读书人的延续)。不过,最近一二十年来,由于乡村小学不断合并,大多数行政村里都没有学校与教师了(学校经合并后一个乡镇甚至只有一两所小学)。村庄"教师阶层"已经出现断层,甚至可能不久就会消失。河北石家庄 K 村就出现这种情况,2017 年 1 月 14 日课题组成员访问该村时,村支书董×说:"红白理事会那些成员,以前都是由村子里有威望的老人们(主要是老教师)担任,现在那些老人们干不动啦,就由村干部兼着。"2017 年,山东潍坊 K 村一年内两名最有威望的老教师先后离世,他们本是村红白理事会的核心成员。目前,尽管该村红白理事会的主要成员还是教师,但他们在村中的威望与前届相比已差之甚远。更何况,该村 1997 年小学与邻村合并后,就没有学校了(现在整个乡镇只有一所中心小学)。至访问时20 年过去了,村内教师的存量越来越少。可见,K 村的权力结构与权威人物正在发生历史性重构。

课题组的四轮大规模全国调查发现,在问及关于"村中最为权威的人物是谁"的问题时,回答是"村支书""村干部"的越来越多。

表22　如今在村里影响最大、最有发言权的是哪些人?(可多选)(2017年)

选项	人数(人)	比例(%)
村书记、主任	544	49.1
退休老干部	104	9.4
乡村教师	28	2.5
退伍军人	42	3.8
族中德高望重的老人	150	13.5
经济成功的能人	164	14.8
回村大学生	31	2.8
其他	45	4.1

资料来源:课题组2017年问卷调查

表22的全国问卷调查显示,当被问到"如今在村里影响最大、最有发言权的是哪些人?"时,选择"村书记、主任"的人数和比例遥遥领先。这可能由于乡村教师人数日渐减少,以致其在村中的影响大不如前。

下面是就"村中权威人物"话题,对四川宜宾LT村村民柳×(58岁,务农兼打零工)的访谈片段,有一定代表性。

问:根据您这么多年在村里的所见所闻,我们村哪些人拿得起话说?
答:肯定是村干部,像有些事他们不说我们肯定也不知道,有什么问题还是要靠他们解决。有些事情,村干部先说行,你才有机会。

(访谈时间地点:2017年2月14日,于受访者家中)

课题组成员对陕西宝鸡H村的调查发现,村中权威人物是村支书以及为村发展作出贡献的老干部(农村干部都没有退休金),计有五六人。下面是对村委委员张××(55岁,原村会计)的访谈片段:

问：咱村子有权威的都是哪些人啊？

答：还是村支书说的算。

问：村子如果有人反对呢，像那些退休老干部。

答：这些人说话也有一定权威，支书还要给人家点面子，有些重大事情还要叫这些人。

问：这些人有多少？

答：大概有五六人，说话有人听。他们都是些能人，有头脑，做过干部，是对村子有过贡献的人。

问：村子里现在有没有把事情干成的大学生？

答：大学生把事干成的我还记不起有谁。

（访谈时间地点：2017年1月30日，于受访者家中）

访谈片段说明，伴随作为传统读书人延续的乡村教师不断减少，乡村权威的来源越来越单一与正式化。不过，干部有权力不等于有权威，只有与村庄的贡献结合起来才产生权威，说话（包括退休后）才有人听。而纯粹的"经济能人"，尽管赚钱不少，但道德、文化担当不足（对村庄无贡献），事实上权威亦不足。一句话，中国乡村权威结构正进入深刻的重组时期。

不过，值得注意的是，"经济能人"与基层组织"结合"（"富人治村"，东部发达地区相对突出），产生的能量将成倍放大。从逻辑上说，地方政府追求GDP，必然倡导（"经济能人"）"带头致富""带领致富"，进而衍生出较多的"富人治村"现象，固然其有带动村庄表面"繁荣"的一面，但也往往有严重的负面作用。因为"富人治村"遵循的往往是交换逻辑，即基于自身利益与基层政权相交换，基层政权得到政绩，富人（企业家）得到项目资源与发展机遇，而不是"公共逻辑"，即以提供公共产品与公共服务为依归。很清楚，乡村治理遵循的基本准则应该是"公民治村"，而不能强调基层权力主体的阶层属性，尤其是不能把"富人治村"作为组织路线（村庄政治的公共性将丧失）[①]。

[①] 袁松：《富人治村——城市化进程中的乡村权力结构转型》，中国社会科学出版社2015年版，第283—284页。

(三) 乡镇政府与社区（片区、管区）管委会

乡镇政府与社区管委会（实为乡镇政府的派出机构）作为最低层级的政府机构，代表国家直接与村庄、村民打交道。它们的乡村治理，有相应的领导班子、组织建构与管理机制。具体来看，主要包括如下几点。

1. 乡镇层面工作是党政一体，通过"党政联席会议"（或类似形式）议决，党政领导班子成员分工负责落实

调查发现，乡镇党政领导班子成员（组成"党政联席会议"）多在11—19人，主要包括书记、乡（镇）长、人大主席、副书记、副镇长、党委委员等科级与副科级干部。安徽宿州L镇党政领导班子成员分工（2017年调查）就有代表性（表23）。L镇全镇土地面积147平方千米，下辖18个行政村（行政村经多次合并），114个自然村，总人口7.8万人。L镇地处平原，农民以发展农业与外出打工相结合。近年来，L镇党委、镇政府提出，以"工业经济兴镇，现代农业强镇，劳务经济富镇，环境优美靓镇"为经济社会发展总思路。

表23 安徽宿州L镇党政领导班子成员（11人）分工

姓名	职务	职责分工
A	党委书记	主持镇党委全面工作
B	党委副书记、镇长	主持镇政府全面工作
C（女）	人大主席	主持人大工作，分管计划生育、美丽乡村工作，分管计生办
D	党委副书记	协助书记抓好党委日常工作，分管组、宣、检、扶贫开发、百日攻坚、工业经济工作
E	纪委书记	主管纪律检查工作，分管纪检监察、党务公开、信访维稳工作，分管"三资"管理办公室、供电站、农经站、农机站、水利站、林业站、畜牧站
F	党委委员、副镇长	主管财贸税收、安全生产工作，分管财政所、地税分局、市场监督管理所、粮站、农行、邮储银行、信用社
G	党委委员、组织委员	主管党建、组织人事工作，分管统战工作
H（女）	党委委员、宣传委员	主管宣传教育、工会、劳动保障、精神文明建设工作，分管社保所、镇直机关支部、文广站、卫生院、中心校、邮电局

续表

姓名	职务	职责分工
I	党委委员、武装部部长	主管人民武装、政法、土管、城建、交通工作,分管土地所、城建所、应急办、派出所、民政所、司法所
J	副镇长	主管招商引资、重点项目工作、扶贫开发工作
K	副科级干部	主管信访稳定工作

资料来源:课题组成员2017年调查

L镇党政领导班子成员共有11人,从分工看,书记、镇长"抓总"(各主持党委、政府全面工作),其他干部各分管相关工作与部分职能部门(包括对农部门)。譬如,人大主席除主持人大工作外,还分管计划生育、美丽乡村工作(分管计生办);纪委书记除主管纪律检查工作外,还分管"三资"管理办公室、供电站、农经站、农机站、水利站、林业站、畜牧站等;副镇长主管财贸税收、安全生产工作,分管财政所、地税分局、市场监督管理所、粮站、农行、邮储银行、信用社;党委委员(宣传委员)主管宣传教育、工会、劳动保障、精神文明建设工作,分管社保所、镇直机关支部、文广站、卫生院、中心校、邮电局;武装部部长主管人民武装、政法工作,分管土管、城建、交通工作(分管土地所、城建所、应急办、派出所、民政所、司法所)。由此看出,乡镇层面的工作明显是党政一体,党委书记统领,包括党委副书记、纪委书记与党委委员等党的干部是党、政、经、社工作全抓。

再看看河南南阳Z镇党政领导班子成员分工情况(表24)。

表24 河南南阳Z镇党政领导班子成员(15人)分工

姓名	职务	职责分工
A1	党委书记	负责主持全镇全面工作
A2	党委副书记、镇长	负责镇政府工作、协作书记抓全面工作
A3	人大主席	负责人大工作;信访工作;改善农村人居环境、美丽乡村项目;土地和三项整治工作 联系单位:国土所

续 表

姓名	职 务	职 责 分 工
A4	专职抓党建副书记	负责全镇组织工作：党员发展、党费收缴、党员培训、干部申报、党政宣传、党刊征订、日常党务工作；人事工作：工资审批、津贴调整、职级评定、继续教育；宣传、统战工作；集镇规范整治工作；公路建设工作；主要交通沿线整治；六城联创工作 联系单位：村镇中心、工商所、电管站、交管站、房管所、国土所
A5（女）	党委副书记	负责全镇政法、综治工作；计生工作；老干部日常工作；档案规范管理工作；全镇政协、共青团、妇联、工会、精神文明等日常工作 联系单位：计生服务中心、派出所、司法所、法庭
A6	党委委员、纪委书记	负责监督全镇各项工作制度运行；基层党风政风监督检查机制建设；党风廉政建设监督；狠刹"四风"问题；全镇村级"三资"管理工作；全镇村务监督委员会管理及培训；全镇案件办理；全镇纪检信访工作；脱贫攻坚和土地确权
A7	党委委员、副镇长	全镇科技工作：科技知识宣传、推广、应用；文化工作：文化宣传、检查；教育工作：协助教育部门提高教学水平、教育质量；卫生工作：新农合收缴、协调卫生院完成镇工作；镇政府官方微信和平安大喇叭宣传工作 联系单位：文化服务中心、中心校、卫生院、民政所、人社所
A8	副镇长	全镇大农业工作：高标准粮田建设、三项补贴、一喷三防工作、高产示范创建、夏秋两季秸秆禁烧；畜牧工作：做好新建项目厂工作、春秋两季防疫、畜牧贴息贷款、基础用牛（牛犊）登记及政策资金发放；水利工作：全镇水利规划、安全饮水、防汛抗旱、水利项目；林业工作：林业规划、林防、创建省级造林模范乡镇、今冬明春造林；统计工作：工业统计、农业统计 联系单位：种子站、粮管所、供销社、食品站、棉花厂
A9	副镇长	全镇工业经济工作：工业日常监管、服务；全镇国土管理、商贸流通、物价管理、三项整治；协助抓好村镇管理；协助抓好综合治理 联系单位：村镇中心、国土所、三大通信公司、邮政支局
A10	党委委员、组织委员	协助抓好组织工作；协助抓好科教文卫工作

续　表

姓名	职　务	职　责　分　工
A11	党委委员、武装部部长	全镇武装工作：民兵整组、民兵登记、征兵；民政工作：低保、五保、优扶对象等动态管理、敬老院管理、临时救助；劳保工作：农村养老保险、职工医疗保险管理服务等社保工作 联系单位：民政所、人社所
A12	主任科员	负责机关事务；安全生产、监督管理；财政工作 联系单位：财政所、国税所、地税所、信用社、食品药品监督管理所
A13	副主任科员	协助做好机关事务、党政办工作
A14	农业中心主任（副乡级待遇）	协助抓土地确权工作；协助抓大农业工作
A15	副乡级待遇	协助镇长抓土地流转工作

资料来源：课题组成员2017年调查

Z镇全镇总面积80平方千米，辖19个行政村，人口近6万人。近年围绕"农业强镇、工业大镇、财政富镇、明星集镇"的发展思路，不断往前推进。从表24看，Z镇党政领导班子成员有15人，党政一体的特点更为突出，镇党委书记是一把手，"负责主持全镇全面工作"；镇长是二把手，"协作书记抓全面工作"。乡镇重要事务通过"党政联席会议"议决，党政领导班子成员分工负责落实。

从宿州L镇与南阳Z镇的实证调查看，乡镇党委与乡镇政府（尤其是党委）掌握着乡镇的基本权力，而作为权力机关的乡镇人大功能更多是形式上的。乡镇人大主席团没什么独立职能，而是根据乡镇党委的安排开展工作，一年之中除组织一天的人代会外，再无与人大相关的活动。乡镇人大主席并不做专门的人大工作，其主要工作内容是按照党委的安排做与人大没有关系的工作。譬如，宿州L镇人大主席的最主要工作就更多是"分管计划生育、美丽乡村工作"。同样，纪委书记、武装部部长的主要工作内容，也是做与纪检、武装没有关系的工作。可见，乡镇的各机关基本都是围绕乡镇党委展开的行政分工，尤其是乡镇党委书记的集权程度相当高。

2. 建立行政执行与办事机构

乡镇层面的决策，最终要借助相应的行政执行与办事机构（职能部门）来落实,调查发现,这些执行与办事机构多以"办公室""中心""所"的名义出现。

河南南阳Z镇的行政执行与办事机构(其称"内设机构")包括党政办、经济发展办、社会事务办、文化服务中心、农业服务中心、计生服务中心、村镇发展中心、民政所、人力资源与社保所、武装部等(表25)。

表25 河南南阳Z镇党政中层干部分工

姓名	职务	职责分工
B1	武装干事	武装工作:组织民兵教育培训、民兵整治、兵役登记、组织民兵参与禁烧、指挥冬季巡逻等;人大工作:组织代表参加会议、视察工作、协调代表议案、民主评议;全镇土地整治工作;全镇人居环境工作;分包TY村
B2（A10兼）	工会主席	工会日常工作;综治办日常工作:综治、维稳、反邪教、国安等;精神文明工作;微信公众平台编辑;分包HY村
B3（女）	纪检副书记、妇联主席	妇联工作:推动妇女儿童发展运动、维护妇女儿童合法权益;纪检工作:协助纪委书记做好纪委各项工作;分包ZZ村
B4	宣传干事	全镇文化宣传、组织文化活动;反邪教、维稳宣传、档案整理等日常工作;分包TZ村
B5（女）	人大专职秘书	党政办信息文字工作:市两办信息上报、各级新闻媒体新闻宣传及党委政府交办的临时性文字材料;各级信访案件的结报工作;全镇科普宣传、先进农技培训、新品种推广;纪委案件的调查办理;分包GDH村
B6（女）	团委书记	团委日常工作;协助镇书记组织做好老干部的日常工作:杂志征订、老人节、春季的慰问等;协助人大主席做好信访工作:案件办理、档案资料整理;分包YY村
B7	经济发展办公室主任	全镇烟花爆竹的市场安全管理;危险化学品的经营安全管理;人口密集场所如养老院、卫生院、商场、宾馆的安全监督管理;全镇各线生产过程中的安全监督管理;全镇道路（乡村）养护管理、道路桥涵普查、道路的修建管理;分包XQ村
B8	组织干事	负责工资审批、津贴调整、职级评定、继续教育、遗属补助;党员发展、组织关系转接、党费收缴、宣传教育;分包SM村
B9	统战干事	全镇统战工作:统战宣传、佛教、基督教、伊斯兰教、侨胞的待遇问题;分包YJ村

续表

姓名	职务	职责分工
B10	党政办主任	分包KZ村,负责KZ村日常工作
B11	党政办副主任	负责公文材料写作、编写印发简报、村百分目标管理汇总等;协助机关招待;党委会议记录;纪检档案资料整理、汇报材料、工作总结等写作、基层党风政风监督检查机制建设相关资料整理、各种上报信息、纪委信访矛盾排查;综治服务中心触摸屏内容修改;分包CT村
B12	党政办副主任	协助办公室主任做好文字材料工作;协助妇联主席开展好妇女儿童运动、维护妇女儿童合法权益;负责工业产值、能源贸易、固定资产投资的数据采集上报;负责政府网站、微信公众平台信息编辑、上传、维护工作,平安大喇叭广播录音、播放工作;协助办公室主任开展土地流转工作,负责文字材料的整理归档;分包GD村
B13	社会事务办公室主任	负责镇JP社区前期的土地收储,后期的土地挂牌、招标、出让工作;分包SZ村
B14	社会事务办公室副主任	党员发展、党员培训、党政宣传等党务日常工作;协助综治办副主任,综治档案资料整理、国安信息上报;分包GL村
B15	村镇建设发展中心主任	全镇范围内的村镇总体规划,详细规划的组织、编制与实施工作;全镇范围内单位建设工程选址、定点、审核,呈报市建委核发村镇建设工程许可证;全镇范围内市政工程实施和市政设施管理;全镇范围内房屋建设管理工作(含质量、安全),核发村镇工程建设许可证和签发施工许可证;全镇农村建筑工程的管理工作;负责查处房屋建设中的违章、违法行为,房屋建设中的信访、投诉工作
B16	计生服务中心主任	负责计生服务中心全面工作
B17	文化服务中心主任	开展科普教育活动和群众性的文化体育活动;组织举办各种艺术展览和各类文化艺术讲座、培训班,辅导和培训农村基层文艺骨干及农村文化能人;普及科学文化知识,传递经济、科技、文化信息;搜集、整理民间文化遗产,开展好文物保护法宣传,做好辖区内文物、非物质文化遗产的保护管理工作;配合上级主管部门,做好文化市场的管理工作
B18	民政所所长	全镇优抚抚恤工作;救灾救济工作、社会救助工作:城乡低保、孤儿救助等;殡葬管理工作;全镇地名管理工作

续表

姓名	职务	职责分工
B19	人力资源与社保所所长	负责全镇新型城乡居民社会养老保险(新农保)、居民医保工作
B20	农业服务中心副主任	负责政府统计工作;全镇水利工作;全镇扶贫工作
B21	农业服务中心副主任	负责全镇耕地支持保护补贴工作;全镇一喷三防补贴工作
B22	计生服务中心副主任	协助计生中心主任抓好全面工作;分管计划生育协会、流动人口管理等项工作;包片、包村工作

资料来源:课题组成员2017年调查

从表25可看出,Z镇的行政执行与办事机构,主要由中层干部(22人)牵头组织与支撑。中层干部的工作也是党政一体,他们中大多数干部除了主管工作外,还各分包1个行政村(Z镇共有19个行政村)。包村干部将上级任务下达到村里,比如征兵工作,村干部再对村内适龄青年进行宣传和动员,协助乡镇政府完成年度征兵任务。再如计划生育工作,村干部生活在村里,了解村内流动人口与育龄妇女情况,能够提高政府计生工作的有效性与针对性。

山东潍坊S镇(下辖92个行政村)的机构设置也比较典型,我们课题组做了重点调查。S镇(及经济发展区,镇党委书记兼发展区党委书记)党政领导干部有19人,乡镇党政重要事务通过党委会或党委扩大会议的形式议决。2018年,S镇全部管理及辅助人员共有206人(见表26)。

表26 2018年山东潍坊S镇党政机构管理及辅助人员(在编)构成[①]

人员分类	行政编制	事业编制	事业控编	镇聘人员	合计
人数	42	36	22	106	206

资料来源:课题组成员2018年调查

[①] 朱新山:《中国乡村治理体系现代化研究》,《毛泽东邓小平理论研究》,2018年第4期。

从S镇的机构设置看,主要包括三大块:

第一,党政综合内设机构(共设9个办公室),包括党政办公室、经济发展办公室、社会事务办公室、乡村规划办公室、社会治安综合治理办公室、安全生产监督管理办公室、政协委员联络室、农产品质量安全监督管理办公室、综合执法办公室。

第二,事业单位(共设5个服务中心),即农业综合服务中心(编制8人,在编8人)、财政经管服务中心(编制10人,在编7人)、计划生育服务中心(编制14人,在编11人)、劳动保障管理服务中心(编制5人,在编5人)、文化体育服务中心(编制5人,在编5人)。

第三,XS经济发展区(所在县级市工业园建在该镇,镇政府配合设有相关的管理机构):(管理人员)事业编制15人,实有人数13人。目前,该经济发展区占地20多平方千米,已有入驻企业118家。经济发展区管理人员:领导职位,包括书记1人(镇党委书记兼)、副书记1人、管委会主任1人、副主任2人(党政有兼职,领导人数实有3人);办事机构,包括办公室(实有2人)、招商业务科(实有3人)、规划建设科(实有3人)、农村工作科(实有2人)。

从S镇全部管理与辅助人员编成看,党政领导班子成员(领导干部)全部都在行政编制内,行政管理方面的"办"与"所"的主要人员也属行政编制,各个"中心"的主要人员一般是事业编制,而司机、食堂、卫生等工勤人员则属镇聘人员。

当然,S镇行政执行与办事机构的设置,可能带有更为综合的特点。譬如,设"财政经管服务中心",将财政所、经管站等部门集中统一办公,提高办事效率;设"社会治安综合治理办公室",将派出所、司法所、法庭、信访等部门的功能整合起来。

3. 在乡镇与行政村之间建立社区(片区、管区)管委会,分片进行管理

山东潍坊S镇(下辖92个行政村)就下分8个社区,每个社区分管9—13个行政村。社区各建管委会,配备10名左右干部(包括社区党总支书记、管委会主任、副主任、干事等)。关于"社区(片区、管区)"的性质,现行法律并未有相关规定,从实际情况看,其有点类似乡镇政府的派出机构。2018年8月23日课题组成员访问S镇XS社区党总支书记刘×(36岁)时,他就说:"社区身份、地位不明,处境尴尬,社区工作形同鸡肋。社区干部事多、责大、权小,权责很不相称。严格说来,社区干部没有任何执法权,只有忽悠权,就是忽悠

着村里干部把上级任务落实了。""乡镇政府的任务和上级政府通过'七站八所'下来的活儿,全部都是下统到社区,然后再通过社区去找村干部予以落实。"社区干部是"天天胆战心惊、如履薄冰。不出问题还好,出了问题,就找我们。"

S镇XS社区定期召集各村负责人会议,调度乡村治理工作。社区对各村工作每月进行一次百分制考核,每半年对村干部进行一次述职评议,另外,还有年终考核并与工资奖金挂钩。如何管理村庄是一门艺术,社区党总支书记刘×受访时就指出:"为让村干部积极配合,乡镇与社区的办法就是进行工作排名,定期评比,并把评比与奖惩挂钩。"

(四)县级政府及更高级政权

众所周知,县这一行政层级是中国历史上最为稳定的。从秦始皇推行郡县制以来的两千多年间,中国县的总数一直保持在1 100—1 500个之间。

中国作为超大型国家,从中央到地方,管理幅度越来越宽,管理距离越来越长,因而中央政府的控制力度也就逐级递减,到了县级几成强弩之末[1]。因此,中央政策能否落实好,中国乡村基层治理状况的好坏,关键在县[2]。朱镕基曾感慨:"我到国务院工作八个年头了,深刻地感到,出个主意是非常容易的。主意可以出得很多,可以天上地下、博古通今、引经据典;定个政策也不是很难,只要你虚心听取各部门的意见,群策群力,也可以出台一个好政策,但是要落实就难得很。那不是你写一大篇批示,下面就会照着做,根本不是那么回事,最难就在于落实。我八年来的体会,就是要办一件事,不开八次十次会议就没法落实。如果发一个文件,能兑现20%就算成功了,不检查落实根本不行。""要落实、落实、再落实,你的文件发下去以后,你不下去跟着检查,没有多少人理你。"[3]可见,地方政府尤其县级政府有较强的独立性,导致了它执行中央政策的选择性[4]。

---

[1] 党国英:《农村改革攻坚》,中国水利水电出版社2005年版,第87页。
[2] 朱新山:《积极推进县市级政治体制改革》,《毛泽东邓小平理论研究》,2011年第4期。
[3] 2003年1月27日,朱镕基卸任总理时在国务院第九次全体会议上的讲话。
[4] 朱新山:《积极推进县市级政治体制改革》,《毛泽东邓小平理论研究》,2011年第4期。

表27 您认为中央政府的政策和活动对您的日常生活有影响吗？（2016年）

选　项	人数（人）	比例（%）
非常大	126	23.7
有一些	241	45.4
基本没有	136	25.6
完全没有	28	5.3

资料来源：课题组2016年问卷调查

表28 您认为当地政府的政策和活动对您的日常生活有影响吗？（2016年）

选　项	人数（人）	比例（%）
非常大	92	17.3
有一些	299	56.3
基本没有	115	21.7
完全没有	25	4.7

资料来源：课题组2016年问卷调查

表27、表28与表35的全国问卷调查显示，对农民日常生活影响最大、最直接的是村干部，接着依次是中央政府、县（市）政府、乡镇政府、省政府。中央政府对农村政策定基调，譬如，决定"土地承包关系稳定并长久不变"、取消农业税、农民也享有养老金，等等。但中央政策能否落实好，关键则在县级政府的作为。由于主导乡村发展的是县而不是乡镇（乡镇政府的独立性很弱），因此县级政府在乡村治理中地位关键。美国学者李侃如指出："县在中国的行政管理中扮演着强有力的角色。通常，来自上级的指令要求在政策实施中考虑地方特色，因此，县在其管辖范围内常常行使着相当大的酌处权。此外，县越来越多地被给予追求自身经济发展战略的余地，许多强有力的县领导人已经采取主动以改造其辖区。"[①]由此可见，基层治理有两个关键点：一是扎实推进

[①] 李侃如：《治理中国——从革命到改革》，中国社会科学出版社2010年版，第184—185页。

基层民主,从而形成对乡村干部的选择压力;二是要自上而下形成逐层推动政策执行的力度,保证中央决策在基层落地生根。

2018年8月,课题组成员重点调查了山东Q市(县级市,人口95万人,面积1 569平方千米),该市下辖8个镇、4个街道与1个开发区。中共Q市市委常委会有11人(包括市委书记1人、副书记2人)组成;市政府常务会议组成人员则有7人(包括市长1人、副市长6人,市长与常务副市长为市委常委会组成人员)。Q市重大工作部署,往往以市委常委会扩大会议(党政联席会,共有17人组成)的形式推进。Q市的党政主要领导各再分包1个镇(或街道与开发区),以保证市委市政府各项决策的落实。同样,如前所述,乡镇(街道)与社区主要领导则实行包村制度,如此便形成从上到下推动工作落实的完整链条。2016年8月24日,课题组成员专程拜访了山东Z市(县级市,人口110万人)市委书记,他就颇为自信地说:"作为书记,自己有点想法、想干点事情,能够干成。"

对地方干部访谈中还发现,地方政府层级中最为超脱的是地市级政府,压力最大、"最难干的"则是乡镇政府层面。部分县、乡层面的干部反映,最该撤销的政府层级是地市级政府,认为应由省直接管县。如有干部在访谈中说:"地市级政府的工作就是开会发文件,搞评比,以及下来视察,全是表面文章,对地方与基层的发展没啥推动作用。"

(五) 村民群众

村民(农民)是中国农村真正的主人,毫无疑问是中国乡村治理的重要主体。

传统农民理论认为,农民比较落后、愚昧,主体性不足。"他们不能代表自己,一定要别人来代表他们。他们的代表一定要同时是他们的主宰,是高高站在他们上面的权威"①。不过,中国的改革实践证明,中国农民具有无穷的创造性,是推动中国前进的主体力量。中国乡村改革的最大秘密,就是农民的"自由释放"②,一经放开手脚,中国乡村的面貌很快就焕然一新。课题组的乡村调查表明,中国农民参与经济活动、发家致富的主体性相当强。

---

① 《马克思恩格斯选集》第1卷,人民出版社2012年版,第763页。
② 朱新山:《对农民自我代表与自我组织能力的再认识》,《毛泽东邓小平理论研究》,2014年第11期。

表29 您认为通过个人奋斗能改变生存现状吗？（2016年）

选 项	人数（人）	比例（%）
完全能够	152	28.6
有可能	299	56.3
不太可能	49	9.3
不确定	31	5.8

资料来源：课题组2016年问卷调查

表29的全国问卷调查显示，当代中国农民改变生存现状的愿望相当强烈，而且大多认为通过个人奋斗能改变生存现状。有84.9%的受访者认为，"完全能够"或者"有可能"通过个人奋斗改变生存现状。

表30 您认为与您的经济收入最相关的因素是什么？（2016年）

选 项	人数（人）	比例（%）
党和国家的政策	175	33.0
地方的规章制度	77	14.5
基层干部的作为	36	6.8
个人努力	228	42.9
其他	15	2.8

资料来源：课题组2016年问卷调查

表30的全国问卷调查显示，在回答"您认为与您的经济收入最相关的因素是什么"的问题时，排名第一的因素是"个人努力"（占受访者的42.9%），比排名第二的因素即"党和国家的政策"（占受访者的33.0%）高约10个百分点。

表31 您对目前的生活状况满意吗？（2016年）

选 项	人数（人）	比例（%）
非常满意	64	12.1
比较满意	313	58.9

续表

选项	人数（人）	比例（%）
不太满意	118	22.2
很不满意	36	6.8

资料来源：课题组2016年问卷调查

表31的全国问卷调查显示，当代中国农民通过个人奋斗改善生活状况的努力已经取得很大成绩，对目前的生活状况表示"非常满意"与"比较满意"的受访者占71.0%。不过，认为目前生活状况"不太满意"与"很不满意"的也占29.0%。说明改善生活状况仍有较大的努力空间。表29、表30与表31的全国问卷调查共同印证了当代中国农民具有很强的经济主体性，并在发家致富方面已取得巨大成绩。那么，当代中国农民参与政治或基层社会治理的主体性如何呢？

表32　村议事会或重大事情的协商，您愿意参加吗？（2017年）

选项	人数（人）	比例（%）
非常愿意	239	34.7
找到我，我就去	314	45.7
不愿去	39	5.7
跟自家利益相关，我愿参加	89	12.9
从不找我	7	1.0

资料来源：课题组2017年问卷调查

表32的全国问卷调查显示，村民参与基层社会治理具有"被动性"的特点。在回答"村议事会或重大事情的协商，您愿意参加吗？"的问题时，排名第一的是"找到我，我就去"，占受访者的45.7%，而回答"非常愿意"参加的仅占1/3左右（34.7%）。当然，这可能与下述原因有一定关系：对农民来说，与参与经济活动相比，参加基层治理活动的利益没有那么"直接"。

表33 您认为农民权益被忽略和侵害的主要原因是什么？（可多选）（2016年）

选项	人数（人）	比例（%）
产权不明	59	8.6
农民不知情	254	36.8
干部使用权力不当	148	21.4
政策、法律需要完善	72	10.4
农民受教育程度低	122	17.7
其他	35	5.1

资料来源：课题组2016年问卷调查

表33的全国问卷调查显示，受访者感觉权益受损的第一位原因是"农民不知情"（占受访者的36.8%），排名第二的原因是"干部使用权力不当"（占受访者的21.4%）。

表34 您了解本村村务（财务等）的渠道是什么？（可多选）（2016年）

选项	人数（人）	比例（%）
村民大会或村民小组会议	85	11.4
村中公告栏	324	43.6
村干部私下讲解	39	5.2
亲友讲述	39	5.2
村民私下议论	109	14.7
村里喇叭广播	56	7.5
农业协会等农民组织	4	0.5
其他	87	11.6

资料来源：课题组2016年问卷调查

表34的全国问卷调查显示，受访者了解"本村村务（财务等）"的第一渠道是"村中公告栏"（占受访者的43.6%），第二渠道是"村民私下议论"（占受

访者的14.7%），比前者要低很多。综合表33、表34可见，村中大事和村务，村干部想让村民知道，村民就知道；想让村民知道多少，村民就知道多少。说明目前农民参与基层社会治理仍面临一些实质性制度障碍（不过，农民的参与主体性不能否认①），比如，作为真正"权力机关"的村民会议难以召集，而作为"代议机关"的村民代表会议往往徒具形式，缺乏自主运行机制。《村委会组织法》第二十六条规定"村民代表会议由村民委员会召集"，不少村干部据此自为自利（防止其权力受到牵绊），而不愿把村民代表会议搞成实质性的。

如前所述，乡村治理主体众多，包括村级公共组织（"两委"等）、民间组织及民间精英、乡镇政府、县级政府、省级政府与中央政府等多种。当然，这些主体对村民的影响程度及村民对它们的满意度，会有很大不同。

表35 您感觉哪级政府对村民影响最大？（2016年）

选项	人数（人）	比例（%）
中央政府	167	31.5
省政府	21	3.9
县（市）政府	86	16.2
乡镇政府	72	13.6
村级政权（村支部与村委）	185	34.8

资料来源：课题组2016年问卷调查

2016年，课题组就"哪级政府对村民影响最大"的问题进行了全国问卷调查（表35），结果显示：排名第一（影响最大）的是村级政权（村支部与村委），接下来依次是中央政府、县（市）政府、乡镇政府、省政府。难怪，访谈中部分村民说"村委会就是农村中的国务院"，村干部拥有村中大事的决定权，有很大的自由裁量空间。

调查发现，村民对县乡政权的满意度不如村级政权（表36、表37与表38）。

---

① 从表32看，在回答"村议事会或重大事情的协商，您愿意参加吗"问题时，村民选择"非常愿意"与"跟自家利益相关，我愿参加"（两项）合占47.6%，超过了排名第一的"找到我，我就去"（占45.7%）。

表36 对您村的干部,您如何评价?(2018年)

选 项	人数(人)	比例(%)
非常满意	99	25.0
比较满意	177	44.7
不太满意	54	13.6
很不满意	38	9.6
不清楚	28	7.1

资料来源:课题组2018年调查

表37 对本地乡镇政府的工作,您如何评价?(2018年)

选 项	人数(人)	比例(%)
非常满意	72	18.2
比较满意	178	44.9
不太满意	84	21.2
很不满意	22	5.6
不清楚	40	10.1

资料来源:课题组2018年调查

表38 对本地县(市、区)政府的工作,您如何评价?(2018年)

选 项	人数(人)	比例(%)
非常满意	63	15.9
比较满意	202	51.0
不太满意	58	14.6
很不满意	25	6.4
不清楚	48	12.1

资料来源:课题组2018年调查

从2018年的全国问卷调查看,农民对本地乡镇政府的工作满意度(包括"非常满意"与"比较满意")为63.1%(表37),而对村干部工作的满意度为

69.7%，前者比后者低6.6个百分点。农民对本地县（市、区）政府的工作满意度为66.9%（表38），比对村"两委"（干部）满意度低2.8个百分点。2016年课题组某成员（寒假同时担任本地国家农业普查员）还对河南新乡ZK村（行政村，人口2 536人）进行了深度个案调查，发放了"农业普查"用问卷。从该村的调查结果看，村民对"县乡两级政府"的工作满意度（75%）比对"村两委"的满意度（85%）低10个百分点（该个案调查样本数较少；由于问卷调查过程中村民对干部存在一定的忌讳，因此村民对村干部与县乡政府的真实满意度可能低于问卷结果）。受访村民反映，从县乡政府得到的真实有效帮助较少；日常也很少有接触沟通的机会，缺乏有效交流；目前基层政府不少工作仍是对农村的资源提取，比如征地但对村民的补偿不到位，催缴各种保险费（山东潍坊K村一带达八九种）而农民意见较大，提供的公共物品与公共服务与村民的需求之间有差距，等等。

表39　您觉得现在去乡（镇）政府办事（如办手续、开证明等），
　　　　乡镇干部的态度怎么样？（2016年）

选　项	人数（人）	比例（%）
很好	102	19.2
比较好	314	59.1
比较差	81	15.3
很差	34	6.4

资料来源：课题组2016年问卷调查

表39的全国问卷调查显示，村民去乡（镇）政府办事（如办手续、开证明等），感受到的乡镇干部的服务意识与服务态度已有很大改进，但仍有21.7%的受访者认为乡镇干部的服务态度"比较差"甚至"很差"。

表40　在关系老百姓的生产生活的重大事情上，比如征地，
　　　　您认为当地政府重视村民的意见吗？（2016年）

选　项	人数（人）	比例（%）
很重视	83	15.6
比较重视	232	43.7

续 表

选 项	人数(人)	比例(%)
不太重视	151	28.4
根本不在乎村民怎么想	65	12.3

资料来源:课题组2016年问卷调查

表40的全国问卷调查显示,"在关系老百姓的生产生活的重大事情上,比如征地",当地政府与村民普遍存在协商不足甚至是缺乏沟通。28.4%的受访者认为当地政府"不太重视"村民的意见,认为"根本不在乎村民怎么想"的也达12.3%。

与之相比,今天村干部的角色发生重大变化:其已很难单向度从村中提取资源,而是更多地扮演向上沟通、要求政府向村庄输入资源的角色(譬如,以拉项目的形式进行村庄基础设施建设)。这也许是村民对村干部的满意度高于基层政府的重要原因。

不过,深度访谈发现,村民无论是对村干部,还是对基层政府的真实满意度,可能都要低于问卷结果(村民在回答对干部工作是否满意的问卷问题上,可能存在一定的忌讳)。下面是对陕西宝鸡H村(人口2 874人)村委委员张××(55岁,党员,原村会计)的访谈片段,能说明一定问题。

问:村干部这几年的工作,群众都满意吗?
答:满意率能达到50%吧。
问:就这个样子了?
答:嗯。

(访谈时间地点:2017年1月30日,于受访者家中)

H村是陕西省小康示范村,是2016年与2017年前两轮全国乡村调查中唯一有村办集体企业的村庄(年净利润200多万元),村庄道路硬化率达95%以上,环境整洁,建有幸福院(敬老院)、文化广场等基础设施,村集体为全部村民代交医疗保险费。这样一个省级示范村,村民对村干部的满意率也就50%左右,其他村庄如何,可以想象。不过,这也说明乡村治理仍有巨大的改进空间。

调查发现,部分村庄干群关系仍紧张,甚至发生上访事件(国家取消全部农业税费后,此类事件已大为减少)。四川宜宾LT村(人口1 464人)是省级贫困村,2017年1—2月课题组成员入村调查时,正发生村民上访要求撤换村支书的事件。下面是围绕该事件对两位村民的访谈片段。

对村民柳××(86岁,原大队长)的访谈:

问:就是说您对村干部不信任的吗?(本来说给80岁以上的人补贴一部手机,未落实)

答:我们这个村,现在就是风气不正,村长与书记一个人干,大权一人掌握,干什么都是他说了算,上访不就是去告这个事嘛。

(访谈时间地点:2017年1月22日,于受访者家中)

对村民陈×(48岁,务农)的访谈:

问:对村干部,你是怎么评价他们的?

答:在修路这个事情上我就有看法。以前在铺石子路的时候,书记发包出去的工程简直就是豆腐渣,铺的路全靠维修,十天半个月天一落雨就出问题,当初验收的时候是怎么通过的?!这个书记就有问题。国家财政拨款被三番五次的用在同一个地方,浪费资源,加上还是包给亲戚做的。我们组都去告过,后来才下来人视察,换了承包商。这次,我们要求换书记,但是上面不给回应。一直到我们去上访,那群人才意识到事情严重。只要干部不更换,我就继续上访。

(访谈时间地点:2017年1月24日,于受访者家中)

访谈案例表明,村干部职小权大,如何监督、防止腐败,确是一个大问题。2018年1月,课题组成员就村庄腐败问题对吉林省吉林市QL村(行政村,人口1 800余人,耕地1 500亩、林地5 145亩)小组长张××(61岁,原治保主任)的访谈片段,就非常形象生动。

问:村干部只要不做得太过分,也就没人举报,没人管是吗?

答:你没法查,我给你举个例子。那是集体的一片松树地,能卖多少钱呢,村里(集体)挣不了多少,但大部分都揣到干部自己的腰兜了。假如这个树能卖十块钱,他能卖四块五块都不错了。

问:不管吗?

答:你没法管,人家说这是行情,也没有国家规定要卖多少钱。买卖双方都协商好了,给多少提成啥的。给村里多少,自己留多少,给厂家多少,早就商量好了。村里报账就这些钱,没法查,查也是账上这些钱。再比如,村里建个办公室,也就几十万元,那一把手也得捞一笔。这个项目计划的时候,上报用好的材料,建的时候则用一般的。承办这个项目的,你给我多少回扣,你要是有什么没达到标准,我睁一只眼闭一只眼,不说什么。工作也做了,便宜也得了。

问:这几年反腐倡廉这么严,也没查出来?也不怕?

答:谁查?都是小钱,也没有多少人知道。以前上边查的都是大的,都是省市往上的,这几年才查到县。查也查不到,查都是账面,账面没问题就查不出来。

(访谈时间地点:2018年1月16日,于受访者家中)

三、乡村治理结构与治理模式

在对乡村治理的制度构造与治理主体深入研究的基础上,就可对当代中国乡村治理结构与治理模式的特点作些分析。总的判断是,目前的中国乡村在治理结构与权威基础上呈现碎片化,而治理模式则仍是行政主导模式。

(一)碎片化结构与一元化权力

从纵向历史角度看,县城始终是乡村社会的权力中心,"以城统乡"始终是主流。不过,在传统中国,由于治理技术不及,事实上"以城统乡"是难以"统"起来的,于是只好在县以下实行士绅主导的地方自治。

"以城统乡"在机制建设上取得重大进展,是晚清以降在县以下进行更低一级政权建设的尝试开始的。不过,民国时代的国家基层政权建设不甚成功,在新中国成立前仅仅实现了乡级政权的半官僚化。在乡镇层面完全建成一级政权,要到新中国成立后,具体是在20世纪50年代末的人民公社时期。然而,人民公社在当时的历史条件下是一种有重大缺陷的制度安排。

1983年，中国开始撤社（人民公社）建乡（乡级政权）。1986年9月，中共中央、国务院印发《关于加强农村基层政权建设工作的通知》，明确了乡镇政权建设的目标方向。改革本来是以"放权"为导向，给予乡镇政权更大的决策权力，包括理顺管理机构上的条块关系，将县级部门管理的一些机构下放给乡镇政府管理，让乡镇政府发挥更大作用。然而，30多年过去了，地方政府的实践却表现为收权，中央的预期目标没能很好地实现，乡镇政府越来越不像一级政权了①。调查中，乡镇层面的书记、乡（镇）长对乡镇的处境忧心忡忡，意见很大：现在有权有钱好的部门都划归上面管，比如工商、税务、土地、公安，而无权无钱不太好的部门就留给乡镇。如此一来，乡镇一级的权力构造更加残缺不全，社会管理难度越来越大。调查中，河南洛阳一乡镇党委书记访谈中就说："在乡镇干事，很多时候感觉体制上不顺，矛盾重重，左右为难。譬如，财政税收完成情况是县政府对乡镇考核问责的重要方面，但设在乡镇的税务所却不归乡镇政府管。"总起来看，乡镇政府的组成无非就是两部分，即内部单位（块）与垂直单位（条）。赵树凯认为，对内部单位，乡镇政府具有的是有限的人事权，能掌控的只是半盘棋（对编制内的干部，如果不合作，乡镇党委书记最多把他晾在一边）；而对于垂直单位这盘棋，乡镇政府基本上是看客，在其财权与人事权上完全缺失，无异于"一盘死棋"。在这种错位的制度安排下，乡镇政府只能在夹缝中履行渐趋瘫痪的职能②。可见，乡镇政府权力构造残缺、权威结构呈"碎片化"、职能部门设置凌乱、职责模糊，体制结构的各个部分在运作过程中缺乏协调一致。

虽然乡镇在治理结构与权威基础上呈现碎片化，但在乡镇政府内部，乡镇党政又是高度一体与高度集权的。从权力体系看，乡镇是党委政府混合运作的一体性机构。乡镇的党政一体不仅体现在机构设置、决策，而且体现在工作部署推进与人员调度上，可以说是不分彼此，浑然一体。乡镇范围内的一切工作，无论党务、政务，还是社会事业，都由乡镇党委统筹布置。工作部署的会议组织形式，一般都是通过党委书记主持的党政联席会进行，然后由各位干部及部门在书记的统一指挥下分头落实。乡镇党政也统设一个"党政办公室"，乡镇干部即使在职务上有所区别，但并没有在制度上明确划分工作职责，譬如，

---

① 赵树凯：《乡镇治理与政府制度化》，商务印书馆2010年版，第89页。
② 赵树凯：《乡镇治理与政府制度化》，商务印书馆2010年版，第147页。

乡镇人大主席日常最重要的工作并不在人大方面,而是乡镇党委书记安排的其他工作,如主管"整治农村人居环境"等。另外,乡镇层面的党政权力是高度集中的,是党委书记的一元化领导。党委书记是乡镇层面的最高决策者,是乡镇实打实的"一把手"。也许从理论上看,乡镇有两个一把手,但事实上只有一个一把手,就是党委书记。乡镇政府没有独立于乡镇党委的权力,乡(镇)长的所有权力事实上都是书记授予的。2016年课题组成员调查的安徽一个乡镇的干部公示栏上,甚至明确写着乡镇党委书记是"一把手"、乡(镇)长是"二把手"。

由于乡镇层面党政高度一体,缺少分工整合,因此党政组织往往直面基层矛盾,冲在第一线。乡镇在落实上面下达的工作任务时,往往采用"运动式"的作业推进方式。"运动"所及,用受访村民的话说:"感觉像一阵风刮进村里,如每月一到两次的环卫整治行动。"

(二)党政组织为主体的单中心治理

与党政组织的"一花独放"形成鲜明对照,乡村的民间组织与农民专业合作组织普遍发育迟缓,作用微弱。

目前,乡村的民间组织,无论"红白理事会"还是"老年协会",其成立、组织与运作,均离不开基层政府(村委会可视为准政府组织)的资助与支持(包括提供活动场所、设备等)。比如浙江绍兴JX村村委会为老年协会提供活动室,并雇用了专职保洁人员。

从老年协会与红白理事会的结构功能看,更像乡村基层政权组织的一种补充。老年协会的主要功能,是在青壮年普遍外出务工造成村居人口老龄化的态势下,为老年人提供活动平台,消除寂寞,维护社会稳定。红白理事会的主要功能,是在帮办红白事的活动中推行基层政府的移风易俗改革。河北石家庄K村(行政村,人口6 202人,2017年1月调查)支书董×说:"红白理事会的主要职责,就是监督红白事,不让大操大办。白事少放鞭炮,以前还有唱戏、歌舞呢,现在都没有了,效果还是有的。"该村甚至出现红白理事会(在其中干活的老人们年龄过大、干不动了)的工作由村干部接管的情况。

至于农民合作组织,在乡村基层更是发育艰难。针对农民合作组织发育问题,课题组也重点做了调查,发现在占比甚小的村庄中,或明或暗地存在合作组织的些微痕迹,但没有一个村的合作组织是农民自发建立的,全是政府帮助或外部力量支援建立的。总体看,这些所谓合作组织均是外部推动植入型,规模甚小,作用甚弱,甚至处于似有似无状态(详见第三章第六节相关部分)。

如此看来,农民合作组织与民间组织普遍稀缺、薄弱,是当代中国乡村的基本现实。因此,中国乡村基层社会治理的基本格局,主要表现为以党政组织为主体的单中心治理。在行政村层面,表现为以村"两委"(支部委员会与村民委员会)为组织框架的治理结构。

目前,自上而下推行、将乡村社区划分为若干网格、设立网格员的所谓"网格化管理",本质仍是党政组织为主体的单中心治理,最多是借助了信息技术平台。从网格员队伍的组成看,更是以现有村庄党政干部队伍为基础组合而来。2016年1—2月,课题组成员访问贵州黔西SM村(行政村,人口1 579人),该村支书高××(45岁)、村主任姚××(56岁)介绍说:"SM村一带实行网格化管理,各组(寨子)组长为网格员,有事召集村民讨论,大家都可发表自己的意见和建议,网格员也会做相关记录上报。"可见,SM村一带网格员直接由各组(寨子)组长兼任。再如浙江台州WT村(行政村,2016年人口1 462人),该村所在政府就网格设置提出四点要求:一是一般以自然村为单位划分网格;二是每个网格需配齐"五员"(队长、信息宣传员、村务协理员、治保调解员、民主监督员),做到底数清,情况明;三是自然村规模较大的应按照100—180户左右再划分网格,自然村实际居住人数低于100人的可与相邻网格合并;四是要在本村示意图上画出网格并编号。下面是WT村2013年网格化管理情况。

表41 WT村2013年(当年人口1 455人)网格化管理

网格编号	户数(户)	常住人口(人)	党员数(人)	服务团队人数(人)	服务团队	姓名	职务(身份)
1	110	303	9	5	队长	A	村主任
					信息宣传员	B	党员
					村务协理员	C	群众
					治保调解员	D	副书记
					民主监督员	E	副书记

续　表

网格编号	户数（户）	常住人口（人）	党员数（人）	服务团队人数（人）	服务团队	姓名	职务（身份）
2	167	547	15	5	队长	F	支委
					信息宣传员	G	委员
					村务协理员	H	委员
					治保调解员	I	支委
					民主监督员	J	党员
3	193	605	21	5	队长	K	村书记
					信息宣传员	L	文书
					村务协理员	M	支委
					治保调解员	N	委员
					民主监督员	O	副主任

资料来源：课题组成员2016年调查

从表4⁃1可看出，WT村（下辖5个自然村、12个村民小组）划分为3个网格，3个网格服务团队的队长均为村党政干部（按网格顺序分别是村主任、支委委员、村书记）。3个网格的服务团队基本上由现有村党政干部组成，其中"网格1"服务团队中有干部3名，"网格2"服务团队有干部4名，"网格3"服务团队5名成员更全部是村干部。也就是说，WT村2013年的3个网格服务团队全部15名人员中，共有村党政干部12人（该村"两委"委员共13人，支书兼村委委员，其他都不兼职）。因此，乡村所谓的"网格化管理"，仍是借助现有村党政干部团队的行政主导型治理，只不过是加强了对管理对象的标准模块划分与数字技术手段的运用，更有利于提高政府发现问题、解决问题的效率。

调查发现，除了以现有村干部为主体产生网格员外，还有上级政府直接往村中派驻网格员进行网格化管理的组织形式。不过，这种上级派驻网格员的形式，其目标更为单纯，即落实上级党政组织的阶段性任务，如扶贫工作。任务完成，即告结束，派驻的"网格员"相当于临时工。比如，2019年1月课题组成员二访贵州黔东南TG村时，发现村办公室除了5个村干部外，还有四五个"网格员"在帮助工作。下面是对网格员杜×（45岁）的访谈片段：

问：您是什么时候来TG村工作的？

答：一年前。

问：您的主要工作是什么呢？

答：网格员，什么都干啊，基本的信息调查、政策宣传、帮助扶贫，反正我们网格员的工作特别繁杂，也特别忙。

问：这网格员是怎么划分的？

答：我们相当于临时工，就是县里的派出工作人员。村庄分为几个网格，每人负责一个，直到扶贫结束。

问：你们的具体工作怎么开展？

答：首先你要摸清所在网格每家每户的基本情况，人口、收入、职业、在哪工作、住房情况如何等等，根据这些信息来确定贫困户，然后进行跟踪帮扶。非贫困户的就是信息传达，比如说，今年安装自来水，向各户告知相关事情。

问：您在工作中遇到的困难有哪些？

答：这个困难就相当多了，一言难尽啊。比如，在扶贫的时候，一些贫困户不配合工作，没有自我解困意识，总想着政府解决一切，让我们的扶贫工作很难开展下去。还有一些非贫困户的，经济条件也只比贫困户好一点，没得到相关好处，那么这些人就会不服气，也来跟我们闹。总之，困难太多了。

（访谈时间地点：2019年1月28日，于村委会办公室）

因此，不管乡村网格化管理的具体形式如何，其均体现甚至强化了党政组织为主体的单中心治理。

（三）动员与组织为核心的功能结构（公共服务功能不足）

人民公社时期，基层政府（公社与大小队）是全能型组织，其最核心的功能是政治（革命）与生产的动员与组织。土地包产到户改革推进以后，基层政府直接组织农业生产的职能被剥离，但在不少地方，基层政府开始向工业领域强势进军（发展乡镇企业）。21世纪初，乡镇企业全面改制后，基层政府也不再具有操控企业运转的功能。因此，到2006年国家停征全部农业税费前，基层政府（村委会可视为准政府）的最为重要的一项功能就是动员与组织农民收缴各种税费。

2006年,国家停征包括农业税在内的全部税费,乡村基层政府开始尝试向服务型政府转型。但是,由于自上而下的推动经济发展的任务仍极为繁重,因此这一转型并不顺畅。课题组在四轮大规模全国乡村社会调查中,也设置了有关基层政府主要职能的调查专题(是以推动发展的动员与组织功能为主,还是以公共服务功能为主)。表42是课题组成员调查得到的"河南南阳Z镇政府2016年重点工作"(表42)。

表42 河南南阳Z镇政府2016年重点工作

重 点 工 作	工 作 要 点
一、履行管党治党责任	1. 加强基层党组织建设及"两学一做"专题活动 2. 基层便民服务制度:抓好"四化双评" 3. 基层矛盾调解化解制度:五级调解、三调融合 4. 基层民主科学决策制度:巩固"四议两公开" 5. 基层党风政风监督检查制度:坚持四公开四必查
二、服务好重点项目,建设生态观光旅游大镇	1. 高铁Z镇段建设 2. JP社区城市综合体 3. 现代农业科技园 4. YJ园林生态植物园
三、服务好现代农业,建设现代农业示范镇	1. 粮食高产示范方建设 2. 土地流转 3. 以奶牛为主的畜牧业发展
四、服务好城镇化,建设美丽宜居名镇	1. 高铁新区建设规划 2. 美丽乡村项目集镇建设 3. 改善农村人居环境 4. 农村建设用地集中整治
五、服务好农民生活,建设平安幸福新镇	1. 扶贫脱贫 2. 三项文明评创 3. 研究新技术运用于社会治安综合治理 4. 抓好"三查三保",建设平安Z镇

资料来源:课题组成员2017年调查

从表42可看出,Z镇政府2016年的重点工作有五项:履行管党治党责任;服务好重点项目;服务好现代农业;服务好城镇化;服务好农民生活。应该说,第一项党建是基础性工作,而其他四项尽管都是以"服务"为名,而实质上都是推动发展的工作,比如,建设"JP社区城市综合体""现代农业科技园""粮食高产示范方建设",以及推动"以奶牛为主的畜牧业发展"。

调查中发现,推动发展的动员与组织功能仍是基层政府最为重要的职能,一些地方的乡镇政府仍跑在经济发展的第一线,甚至干预到了农户"种什么""怎么种"等微观经营问题。譬如,河南洛阳F镇2011年启动了"万亩核桃基地"和"花椒基地"发展计划。为此,辖下各村进行任务分包。GH村(行政村,2017年人口1 150人)为落实计划,发展了两片经济林。其一是种植了4 000亩左右核桃,每户根据人口多少,分到的核桃树在5—10亩左右。树苗由镇上统一订购,村里分户栽种,镇上补贴三年的产量钱(核桃树三年挂果)。其二是花椒基地,也是镇上统一订购树苗,自家种植。为促进"核桃基地"与"花椒基地"的发展,镇上拨款建水泥路,直接通到地里,地边上都有喷灌用以浇树。2017年1月课题组成员进村调查时发现,两片经济林种植已有五年,树上挂果两年。营销方式是农户自家摘取,会有买家开车到村里收购,价格自谈。不过,基层政府微观经营介入太深,也有严重负面作用:政府管得了农民种什么,却管不了市场,不能保证农民必定赚钱。就怕规模一大,产品滞销,到时群众必定怨声载道。这种现象屡见不鲜,各地多有。

应该说,推动发展的动员与组织功能仍最为突出,是各地基层政府较为普遍的现象。下面再看"山东潍坊S镇政府2016年工作要点"(表43)。

表43 山东潍坊S镇政府2016年重点工作

重 点 工 作	工 作 要 点
一、抓牢工业重点,推进企业提质增效	1. 完善园区基础配套 2. 培育壮大主导产业 3. 规范现有企业发展 4. 加快企业转型升级
二、加快新型城镇化,建设宜居宜业小城镇	1. 提升镇区形象档次 2. 完善续建社区建设
三、突出生态特色,加快发展乡村旅游和现代农业	1. 打造精品乡村旅游 2. 加快发展现代农业

续 表

重 点 工 作	工 作 要 点
四、改善民本民生,全力加快社会事业发展	1. 深入推进环卫一体化 2. 完善提升农村基础条件 3. 完成安置区学校建设 4. 新建村级小广场和农家书屋各10个以上 5. 全面做好医疗保险、养老保险及其他保费收缴等工作 6. 着力抓好精准扶贫工作
五、强化三项保障,全面优化发展环境	1. 加强作风建设 2. 强化基层组织建设 3. 夯实安全稳定基础

资料来源:课题组成员2017年调查。

S镇由于所在县级市的经济发展区设在该镇并由其管理(S镇党委书记兼经济发展区党委书记),因此该镇推动经济发展的职能更为突出。S镇把2016年的工作目标概括为"1143"工作思路,即:围绕建设全国重点镇和省级示范镇"一个中心",突出经济发展区建设"一个重点",全面推进工业转型发展、新型城镇化、乡村旅游和现代农业、民生事业"四项工作",切实加强基层组织建设、社会安全稳定和机关作风建设"三项保障",全力推动经济社会更高层次转型科学全面发展。从表43可以看到,S镇2016年重点工作包括五大部分:抓牢工业重点,推进企业提质增效;加快新型城镇化,建设宜居宜业小城镇;突出生态特色,加快发展乡村旅游和现代农业;改善民本民生,全力加快社会事业发展;强化三项保障,全面优化发展环境。最后一项是党建基础工作,为保证前四项尤其是最为重要的第一项工作(即经济发展区的工业建设)的落实与推进。为保证经济发展区招商引资的效率,S镇实施"一个项目、一名领导、一套班子、一抓到底"工作机制,确保项目及早落地建设。从表43还可看到,S镇也是以广泛动员与组织群众的方式大力推进民生事业,比如,S镇计划2016年"新建村级小广场和农家书屋各10个以上"。

从前述河南南阳Z镇与山东潍坊S镇的情况看,乡镇政府的行为模式仍具有明显的运动化特征,包括开展各种示范工程(如"粮食高产示范方")、达标工程(如"推进环卫一体化")、文明创建活动(如"三项文明评创")、农业产业化、"美丽乡村"及"宜居城镇"建设等。从政府发起"运动"的过程看,基本上都是领导要求部署启动,检查考核评比开路,宣传发动时轰轰烈烈,检查验收时浩浩荡荡①。

从"山东潍坊S镇镇政府2016年重点工作"(表43)看,乡镇政府与行政村层面的对接工作(乡镇政府通过社区干部动员、督促村庄干部落实完成)主要包括五个方面:一是深入推进环卫一体化,加强环境卫生综合整治,确保镇、村环境整洁干净;二是完善提升农村基础条件,出台鼓励措施(包括村庄基础设施建设政府出资一半),大力开展村庄街巷硬化、老化水管改造、旱厕改造和绿化美化等活动,计划完成20个村街巷硬化和老化水管改造任务,每个社区选取1—2个条件较好的村完成旱厕改造试点1000户;三是新建村级小广场和农家书屋各10个以上,组织好农民画展、送戏下乡等各类文化活动;四是全面做好医疗保险、养老保险及其他保费收缴等工作;五是着力抓好精准扶贫工作,落实党员干部结对帮扶全覆盖,分类推进产业扶贫、行业扶贫和社会扶贫。调查发现,乡镇政府与行政村对接的五项工作中,重中之重是第四项即"全面做好医疗保险、养老保险及其他保费收缴等工作",占据社区与村干部工作付出的大头。此项发现,还可得到全国问卷调查结果的佐证。

表44 就您知道的来说,乡镇政府委托村干部协助开展的工作主要有哪些?(可多选)(2017年)

选 项	人数(人)	比例(%)
落实计划生育	265	16.7
收缴医疗保险、养老保险等保费	273	17.2
维护社会治安	257	16.2
发放优抚、救灾、扶贫等款物	240	15.1
维护公共卫生	253	15.9
落实建设项目	170	10.7
其他	17	1.1
不清楚	114	7.1

资料来源:课题组2017年问卷调查

---

① 赵树凯:《地方政府公司化:体制优势还是劣势?》,《文化纵横》,2012年4月号。

2017年,课题组就"乡镇政府委托村干部协助开展的工作主要有哪些"的问题进行了全国问卷调查(表44),结果显示排名前四位的分别是"收缴医疗保险、养老保险等保费""落实计划生育""维护社会治安""维护公共卫生"。可见,乡村基层政府各项工作中"收缴医疗保险、养老保险等保费"占据了最为突出的位置。

2018年8月23日课题组成员在潍坊S镇(下辖8个社区)XS社区(下辖13个行政村)调查时,社区书记刘×就说:"取消农业税之前,社区(管区)与村里干部的中心工作是收缴税费。现在,不缴农业税费了,而收缴各种保险费却成了我们的中心工作。现在每年让农民缴的保险计有八九种之多,包括新农合(医疗保险)、新农保(养老保险)、银龄安康保险、女性安康保险、治安保险、小麦保险、玉米保险,等等。除去新农合、新农保基本做到全覆盖外,其他保险费用的收缴都有一定难度。我们一年到头都在做这种工作,成了收缴保险的机器了。"应该说,各种保险费加起来,对农民来说也是笔不小的支出。以潍坊S镇一带为例,农民每人每年要缴新农合保费180元(2018年标准)、养老保险300元(最低档,针对16—59岁的村民),另外,玉米保险每亩3.6元、治安保险每户40元,等等。

各种保险费的收缴方式,政府采取的是自上而下的动员、组织与催缴的办法,可以说是逐层向下催缴、考核。比如,S镇政府就各种保险的收缴完成情况,对下辖8个社区进行量化考核,各社区再对下辖各行政村进行量化考核。下面以治安保险费收缴完成情况作些说明(表45)。

表45 2018年山东潍坊S镇各社区治安保险费收缴完成情况(截至当年8月1日)

社区	户数(户)	任务数(元)	完成数(元)	完成比例(%)
ST	3 662	88 000	34 540	39.3%
XS	2 856	68 720	35 040	51.0%
MS	2 066	49 560	16 440	33.2%
YH	2 119	51 000	5 320	10.4%
YW	4 166	100 080	43 800	43.8%
LS	1 859	44 640	31 360	70.3%

续表

社区	户数（户）	任务数（元）	完成数（元）	完成比例（%）
KC	1 676	40 240	15 240	37.9%
WC	1 701	40 880	4 480	11.0%

资料来源：课题组成员2018年调查

治安保险费是按户缴纳的，2018年的缴费标准是每户每年40元。上级政府与保险公司是按"覆盖率60%"给各社区与行政村下达完成任务的。从表45可看出，治安保险费的收缴难度还是比较大的，S镇8个社区中完成最好的是LS社区，其完成率是70.3%；完成最差的是YH社区，其完成率仅10.4%。通过表45，S镇政府领导对各社区的完成情况一目了然（这也是年终考核的依据之一）。

另外，各社区也对下辖各村完成情况进行统计考核。下面是XS社区各行政村治安保险费收缴完成情况（表46）。

表46　2018年XS社区各村治安保险费收缴完成情况（截至当年8月1日）

村庄	户数（户）	任务数（元）	完成数（元）	完成比例（%）	分数（分）
H村	257	6 200	880	14.2%	0.7
XM村	125	3 000	2 200	73.3%	3.7
Y1村	176	4 240	2 160	50.9%	2.5
W村	300	7 200	6 520	90.6%	4.5
N村	424	10 200	8 560	83.9%	4.2
M村	403	9 680	680	7.0%	0.4
DM村	205	4 920	2 360	48.0%	2.4
SS村	122	2 960	1 200	40.5%	2.0
Y2村	310	7 440	1 680	22.6%	1.1
K村	274	6 600	2 640	40.0%	2.0
YL村	126	3 040	2 840	93.4%	4.7

续　表

村庄	户数（户）	任务数（元）	完成数（元）	完成比例（%）	分数（分）
HS村	69	1 680	1 480	88.1%	4.4
G村	65	1 560	1 840	117.9%	5.0

资料来源：课题组成员2018年调查

从表46看，2018年XS社区（社区完成率为51.0%）13个行政村中，治安保险费收缴完成情况最好的是G村，其完成率为117.9%（超额完成，上级政府定的任务是60%的覆盖率），社区给的评价得分为5分；完成最差的是M村，其完成率仅7.0%，得分0.4分。

通过调查得出的基本结论是：动员与组织功能仍是基层政府（村委会可视为准政府）的基本功能，以考核评比为核心的一轮轮"运动"压倒了常态的公共管理，结果是基层政府向公共服务功能的转型普遍滞后。动员与组织农民收缴各种保险费（达八九种之多），成了乡镇社区及行政村层面干部的"中心工作"（"中心工作"更是以"运动"形式展开），也是基层干部工作的重点与难点。

（四）自上而下的压力推动型体制

乡村社会治理从运行机制看，表现为自上而下的压力推动型体制，主要包括两个方面，一是自上而下逐层推动政策实施，二是自上而下逐层对下进行考核。下面就这两方面分别进行分析。

1. 自上而下逐层推动政策实施

中国作为超大规模的国家，如何治理广大乡村是个难题。一般情况是，中央出政策，省级政府制定实施细则，然后市县乡（镇）村从上到下逐层推动落实。比如，党的十九大报告向全党、全国提出了"乡村振兴战略"。"乡村振兴战略"的总要求包括产业兴旺、生态宜居、乡风文明、治理有效、生活富裕五个方面，可以说这是一项系统性的工程，需要分层逐步实施。

下面再以"生态宜居"为例作些分析。如何做到"生态宜居"，采取的行动策略是开展"人居环境整治行动"。这一行动，经典地体现了自上而下逐层推动的过程。在"人居环境整治行动"中，自上而下各级政府的职责分工是：

中央出政策、定目标、作部署；省级负总责，编制实施方案；县（市）级为实施与验收单位；市地级做好上下衔接、督促检查①，乡（镇）级具体组织实施，村庄承接落地。

2. 自上而下逐层对下进行考核

以鲁中一带为例，地级市政府对所辖县级政府进行"千分考核"（2 000分），年终就所辖县市落实科学发展情况分出名次。县级政府如Q市政府再对所辖乡镇政府进行"科学发展综合考核"（千分考核），并排出等次。乡镇政府如S镇政府则对下辖社区与村，进行"月度百分制考核"与"一看一述五评"考核（以"科学发展绩效考核"为基础，一年两次，分别定在6月与12月）。

社区（片区、管区）则定期召集辖下各村负责人会议，布置任务、督促落实。如S镇XS社区对各村工作每月进行一次百分制考核，每半年对村干部进行一次述职评议，另外，还有年终考核并与工资奖金挂钩。譬如，XS社区H村发生因环境问题的上访事件，在2018年6月的月度百分制考核中被一票否决，结果当月考核中名列社区全部13村倒数第一名。

---

① 中共中央办公厅、国务院办公厅：《农村人居环境整治三年行动方案》，《中华人民共和国国务院公报》，2018年2月20日。

第二章
中国乡村治理体系的输入与输出

乡村治理体系的状况与绩效如何,最终要看体系输入与输出过程,尤其是看体系输出的结果。这也是本书课题组进行四轮全国乡村调查的重点与关键所在。根据政治学经典理论,政府的存在没有其他目的,只是为了满足人民对安全、秩序、公共福利等公共产品与公共服务的需要。

一、治理体系输入与治理过程

(一)村民需求与体系输入

研究治理体系输入与治理过程,首先需要了解的是:村民迫切的需求是什么?这些需求能否有效输入治理体系?治理体系的回应如何?

调查中发现,村民生活中最为关心或最愁的问题主要包括如下几个方面:

第一,建(购)房与儿子(如有)的婚姻问题。在农村,男子没有套像样的房子,是很难结婚的。而建(购)房花费巨大,往往致使男子所在家庭花光所有积蓄,甚至因此欠下巨额债务。这个问题是村民反映比较集中的,课题组成员对河南驻马店XF村(自然村,人口258人)村民张××(43岁,务农兼村庄电工)的访谈片段就有代表性。

> 问:家里最愁的是什么?
> 答:最愁的就是儿子的婚事问题。儿子不愿意上学,也没什么技术,在厂子里打工,挣的钱只够自己花。现在都20岁了(当地未上大学的农村青年结婚普遍偏早),婚事还没个着落。现在但凡一说媒,小姑娘除了要彩礼,还要车要房。家里盖的两层小楼,姑娘们根本看不上。算下来结

个婚要几十万元啊,彩礼10万,车子10万,婚礼10万,房子首付30万,寻常农民家庭根本付不起。

(访谈时间地点:2017年1月12日,于受访者家中)

案例表明,建(购)房是农民花钱的大头,可能要花掉几代人的积蓄,甚至还要欠下一屁股债。调查还发现,不仅留在农村的青年置房难,就是通过上大学跳出农门的农家子弟留城后也难弄到房。"前20年给自己奋斗住房,后20年为子女奋斗住房,压力山大,不要说反哺父母,许多农二代还不得不剥削父母的微薄农业收入来填补城里的窟窿。"某大学毕业后留城男子如是说。最为糟糕的是,部分村民既失了地,又买不起房。譬如,甘肃白银ED村(行政村,人口885人,2018年2月调查)村民陈××(65岁)一家(5口人,夫妇与两儿一女)的情况。课题组成员入访时,陈××介绍说:"家里共有8亩地,2011年征去3亩,每亩补偿2.5万元;2013年征去了剩下的5亩,每亩补贴3万元。对两次补偿标准都不满意,但是没办法。我们世世代代是农民,失去了土地意味着什么也没有了。现在最愁的是,两个儿子没地方住,房价又太高买不起房。又没有稳定的收入,只得摆地摊或出去打点工,一年挣个两三万元。"当然,建(购)房问题主要还是一个经济收入与分配的问题。

第二,种地没出路,钱难挣。农民的本业是务农,但务农却缺乏收益。课题组成员2016年初调查的贵州黔西南SM村(行政村,人口1 579人),村民反映:"最主要的困难在于经济方面,老百姓没有固定的收入。地少,成本高,种地也没有出路。"2017年1—2月课题组成员调查的四川绵阳TL村(行政村,人口1 570人),村民普遍为"挣钱犯愁",认为"务农挣不到钱,粮食不值钱,而肥料、农药、种子贵!"2018年2月16日,课题组成员入访山西忻州QB村(行政村,人口1 821人,耕地5 150亩),村民李××(女,60岁)说:"最愁的就是种地,种玉米,一斤也就卖五六毛钱。有时候种地卖的钱,还不够化肥、种子什么的投进去的,白忙活了。"

第三,养老与看病问题。调查发现,村庄70岁以上的老人,大多都活得很孤独,没有什么娱乐活动,每天都是坐在院中"晒太阳—吃饭—睡觉"的模式。而且年龄大了,身体出现各种问题,更为严重的是越来越多的年轻人不愿与父母住在一起,儿女不孝的更是在赡养问题上将老人推来推去。国家为年老农民提供的养老补贴标准太低。2018年1月26日课题组调查河南周口LZ村(自然村,人口700人)时,该村会计张××说:"村里年过60但未到90岁的老人每人每月养老金是78元,90岁以上的每人每月130元。养老金数额仍太低,物价上涨却很快,只能勉强满足最低生活需求,不能为村民提供较为扎实的养老保障。"再者是看病问题,有的甚至三四十岁就得上了癌症。对于农村家庭来说,这个病即使能治,也没钱治,而勉强去治往往是负债累累。一些老年人得上重病,一旦花钱多,子女中断就医的情况也不少。2018年1月调查时,LZ村会计张××还反映:"去年,村民史××因得了癌症花钱太多,怕连累家人,喝农药走了。"

第四,幼童看护与入学问题。外出打工的父母想把幼童带在身边,但城市居住成本高昂且儿童入学不容易;放在农村家里,则本地教育水平偏低,加之缺少父母陪伴,又担心孩子性格有缺陷,认知能力偏低。农民常年外出务工,还附带引出家庭生活不正常、老年人日常生活孤独(自杀率上升)等问题。

第五,教育负担问题。河南商丘SL村村民聂××(43岁,矿工,2016年1月访谈)反映的情况就有代表性,他说:"小孩上小学不怎么用钱,又不要交学费。初中,小孩开始住校了,平常不回家吃饭,就开始花钱了,一学期下来也得两三千来块钱。上高中之后,花钱就厉害了,学费、坐车、吃饭都需要钱,一学期下来得五六千块左右。如上大学,那就更多了,一年两万。"然而,现在农村的教育资源却越来越匮乏,不仅好的中学往城镇集中,而且好的小学也出现这种趋势。为了孩子日后能有出息,有的家长不得不跟过去租房、照看、做饭。譬如,2018年2月课题组成员对贵州黔南SB村(行政村,人口1 800人)调查发现,由于该村离镇上学校路途遥远、崎岖,村里小孩上学就由家中长辈在镇上租房带他们读书。村支书陈×的期望之一"就是希望辍学的小孩少点,村里多出一点大学生"。再如,2018年2月课题组调查的山西忻州QB村,作为一个有1 800多人的行政村,该村小学全部学生甚至不到30人(有条件的都送子女到县城读书去了)。其中,人数最少的一个班(一年级)只有学生3名,由1名"包班"老师(代教,公办老师根本不愿下来)代上全部课程("语文、数学什么都教")。乡村教育仍为薄弱环节,教育负担依然较重(尤其是由于各种原因大量小孩"被迫"到城镇读书)。

2016年课题组就"村里目前最大的问题是什么"进行了全国问卷调查(表47),结果发现排名前四的问题分别是"发展经济帮助村民致富"、"土地问题"(尤其是征地问题日益突出,直接影响农民权益与财富分配)、"村民的养老保障及医疗保险问题"和"留守老人妇女儿童的帮扶问题"。应该说,全国问卷调查与课题组成员入村就农民"最为关心或最愁的问题"所作访谈,结果是一致的。

表47 您觉得村里目前最大的问题是什么?(2016年)

选项	人数(人)	比例(%)
土地问题(包括征地)	80	15.1
发展经济帮助村民致富	225	42.4
完善村民自治、推进村级民主	41	7.7
留守老人妇女儿童的帮扶问题	60	11.3
村民的养老保障及医疗保险问题	73	13.7
供水、修路、修塘等村庄公共产品及公共服务问题	21	4.0
办庙会等丰富农民的文化生活	12	2.3
赌博盛行	14	2.6
其他	5	0.9

资料来源:课题组2016年问卷调查

接下来的问题是:农民的需求或者说是最为关心的问题能否有效输入治理体系,得到解决或是有所缓解呢?

目前,农民的需求或意愿输入治理体系的途径主要有三种,一是民主选举,二是村民与乡村干部的私下接触,三是干部主动了解与反映村民的需求和意愿。村民与干部接触,反映的需求与意愿多是私人的、具体的,比如,开证明、划宅基地等,当然,"群众之事无小事",干部也需认真对待、解决。主动了解与反映村民的需求和意愿,往往寄望于乡村干部的素质与责任意识,缺乏刚性的制度保证。毫无疑问,民主选举是村民的需求与意愿表达的基本的制度性渠道,也是村干部产生的基本机制。

那么,村民对选举的态度如何呢?基层直选在乡村推行已30多年,总体来看,农民对选举越来越重视。

表48　您觉得选举权（投票选举村主任或人大代表）
对您来说是不是很重要？（2016年）

选　项	人数（人）	比例（%）
非常重要	203	38.2
比较重要	158	29.8
可投可不投（票）	140	26.4
完全不重要	30	5.6

资料来源：课题组2016年问卷调查

2016年的全国问卷调查（表48）显示，有68.0%的受访者认为"选举权"对自己"非常重要"或"比较重要"［当然也有近1/3的受访者认为"可投可不投（票）"或"完全不重要"］。调查发现，村民大多对选举较积极，对投票也认真慎重，四川宜宾LT村村民柳×（58岁，务农兼打零工，2017年2月14日访谈）对选举的态度就有代表性，他说："最后选哪个（候选人）就看自己了，对于我来说，我还是会认真考虑一下的。"

表49　您参加最近的村委会主任选举投票了吗？（2016年）

选　项	人数（人）	比例（%）
参加了	344	64.8
没参加	187	35.2

资料来源：课题组2016年问卷调查

2016年的全国问卷调查（表49）显示，受访者参加村委选举投票的比例为64.8%（部分受访者可能未把委托投票计算在内）。课题组成员细致调查了山东潍坊K村（人口845人）2018年1月17日的村委选举过程。该村有选举资格的村民（年满18周岁）为715人，当天举行的正式选举中，村民投出有效选票596张（到场投票200余人，其他为委托投票），参选率为83.4%。可见，该村村民的真实投票率当在60%—90%之间，应该说还是比较高的。

村民自治已经实行了30多年，以村委会为主体的村干部由村民民主选举产生的制度规范也较为稳定地扎下根来。做干部，要过选举关，已成为基层民众的基本共识。

表50 您认为能不能当上村干部最终由谁决定？（2016年）

选项	人数（人）	比例（%）
村民选举	398	75.0
乡镇任命	98	18.4
村支书决定	15	2.8
其他	20	3.8

资料来源：课题组2016年问卷调查

表50的全国问卷调查显示，有75.0%的受访者认为"能不能当上村干部"最终由"村民选举"决定。可见，民主选举已经成为村干部任职的主渠道。2017年1—2月课题组成员调查的四川宜宾LT村的选举情况也有一定代表性，下面是对该村两位村民所做的访谈片段。

对村民柳××（90岁，低保户）的访谈：

问：村干部是选上来的吗？

答：现在干部上台都是村民选举，我也投票，看谁顺眼就投谁。马上二月份又要开始选举了，想当干部的都开始活动了，就是在拉票嘛。我这么大年纪没什么盼头，好在村里对我还不错，看我情况不好，都经常照顾我。

（访谈时间地点：2017年1月21日，于受访者家中）

对村民柳×（58岁，务农兼打零工）的访谈：

问：村干部上台选举有没有猫腻，你每次都投票吗，为什么会投他？

答：选举都是公开的，先是村民自己推举候选人，接着几个候选人竞争选举。其实，候选人都是会来做工作的，最后选哪个就看自己了。对于我来说，我还是会认真考虑一下的。

（访谈时间地点：2017年2月14日，于受访者家中）

访谈片段表明，选举越来越重要，干部对选举都比较看重，有一定的竞选说服活动（应该说，没有明显的"物质刺激"，都在法律允许的范围内）。尽管极少数地方可能存在贿选的情况,但贿选的存在也说明选举在起作用。村民对选举的看法也比较理性,大多会认真行使自己的选举权利。陕西宝鸡H村村委委员、老会计张××(55岁,党员)对村庄选举情况比较了解,下面是对他的访谈片段:

问:咱村委会一共几个人?

答:7个。

问:都是投票选出来的?

答:嗯。选村主任的时候会有几个人竞争。

问:有没有贿选啦?

答:没有,没有。自从村委会最初开始选举,我一直参加这个事情,比较清楚。如说递一两根烟,这类事有。但是说给一两盒烟让多投点票,这事没有。

问:选举的时候所有人都能到齐吗?

答:都会来,弃权的连1%都不到。

(访谈时间地点:2017年1月30日,于受访者家中)

当然,村干部作为当事人,对村民选举参与率可能估计偏高。

总体来看,选举越来越重要,村民参与选举的积极性较高,干部能不能当成最终由"村民选举"决定,而且,干部为赢得当选也越来越看重村民手中的选票。如此似可推论,选举上台的村干部,会坚定地落实村民的愿望与需求,把维护大多数村民的利益放在首位。然而,调查的结果并非如此。

表51 通过选举上来的村委会主任在处理村庄公务时,您觉得怎么样?(2016年)

选　　项	人数(人)	比例(%)
能够维护大多数村民的利益	155	29.2
基本上按上级政府的意思办事	219	41.2
考虑自己或家族、朋友的利益更多,考虑一般村民的利益较少	103	19.4
还看不出来	54	10.2

资料来源:课题组2016年问卷调查

2016年课题组就"通过选举上来的村委会主任在处理村庄公务时""如何行动"进行了全国问卷调查(表51),结果排在第一位的是"基本上按上级政府的意思办事"(占受访者的41.2%),"能够维护大多数村民的利益"排在第二(占受访者的29.2%),而"考虑自己或家族、朋友的利益更多,考虑一般村民的利益较少"的选项也占受访者的19.4%。这种现象应该如何解释呢?

(二)难以产出的村庄治理

刘伟博士2010年出版《难以产出的村落政治——对村民群体性活动的中观透视》[1],受其观点启发,本书课题组提出"难以产出的治理"这一概念,作为分析中国乡村社会治理困境的工具之一。

从前述看,在村民选举作用日渐突出的态势下,村干部的行动逻辑依然没有改变:眼睛仍过多地向上看,上级让干啥就干啥,而不是主动为村民干些啥。这是为什么?课题组成员对贵州遵义LF村(人口7 130人,2017年调查)支部委员简××的访谈片段,就很能说明问题。

> 问:本届村委会为村民做过哪些事情哇?
> 答:这个,做了哪些事情哇,听上面指挥,上面喊做哪样我们就做哪样。
> 问:那我们村有哪些困难啊?
> 答:困难多咯!比如说,某些地方道路不通,饮水困难。村里没钱,这些事情都不好办呢。
> (访谈时间地点:2017年2月10日,于村委会办公室)

村干部形成"向上看"的行动逻辑,根本原因在于村庄公共组织是空壳子,既无公共收入来源,更难有公共支出,村民的意愿与需求即使能够输入治理体系,也难以有效输出,结果村庄治理变为难以产出的治理。村级治理体系欲有一定输出,村干部就必须积极扮演向上再输入的角色,要求上级政府对村庄进行资金与资源输入。

---

[1] 刘伟:《难以产出的村落政治——对村民群体性活动的中观透视》,中国社会科学出版社2010年版。

具体来说,村干部之所以形成"向上看"的行动逻辑,主要有如下几点原因。

第一,由于作为一把手的村支书未必是选举产生的,由此造成村庄选举效果的有限性。

贵州遵义LF村支部委员简××(2017年2月10日访谈)就说:"村委会干部是全村直接选举的,但村支书是党委直接委任的,不是选举的。"也就是说,村民辛辛苦苦选出来的村委会主任,是村里二把手,作不了主。

第二,绝大部分村庄公共组织都无公共收入来源,村庄公共建设与组织运转依赖上级政府注资。

课题组在2016年与2017年前两轮全国调查的六七十个行政村中,只有一个村有村办集体企业,即陕西宝鸡H村(人口2 874人,2017年调查)有村办采石加工厂,还是环境污染型企业,随时面临被关闭的风险。可见,村庄普遍缺乏公共收入来源,而通过"一事一议"的方式向村民集资也不容易,因此村庄要有有效的公共产品(譬如基础设施建设等)产出,村干部就必须积极与乡镇政府沟通,让上级组织以项目立项的形式给予资金支持。比如,四川宜宾LT村(行政村,人口1 464人),地处大山深处,交通不便,为省级贫困村。2017年1月,课题组成员入村调查,发现该村正在实施公路水泥硬化建设项目(通村的主干道已完成)。关于该项目(政府全部出资)是如何申请下来的,2017年1月20日,访问村支书兼主任曾××(53岁)时,他说:"修路是村干部提出想法,党员协商,然后在村民共同的支持下向上级政府申请,随后领导实地考察后争取过来的。"云南昆明SX村(自然村,人口648人,2018年1月调查)离县城30千米,群山环绕,彝族、撒尼族等少数民族人口占总人口的48%。村民以种植烟草为生,农业仍是靠天吃饭。村庄基础设施建设更是靠政府帮助,副组长(该自然村为小组)徐××(54岁,党员)受访时抱怨说:"村集体为一个'活动室兼待客处'建设,多次向上级申请拨款,至今无果。"2018年1月10日,SX村小组再次向本地乡政府打报告,请求通过乡政府向"民宗部门"申请项目立项,希望"解决待客处桌凳60套、碗筷80桌之经费6万元"。案例说明,村级组织公共收入匮乏,村干部只有积极与上级沟通,努力表达村庄与村民需求,才能保证有一定的公共品产出。

再如,安徽阜阳BX村(人口3 322人)近几年才修通公路,修路经费也是村干部向乡镇政府争取,才下拨了一部分。2017年2月10日调查时,该村会计金×说:"但政府出的钱不够,剩余的仍需村民自掏腰包。村民出钱的数额与自家门口需要修的路的长度有关。"山东潍坊K村2016年对村中主干道实施水泥硬化工程,共花费35万元,这也是在村干部向上活动争取下立项,结果政府出资一半。

第三,村庄主要干部的报酬由政府财政发放,考核方式也是以上为主。

村庄(行政村)治理平台是以村"两委"(支委与村委)为主的治理结构,一般包括5—11名干部(人口多的行政村村干部也可能会多一些)。村支部委员会多为3人,包括书记1人与委员2人(分别为组织委员与宣传委员)。村委多为3—5人,包括主任1人,委员2—4人(分别负责调解、治保与计生等工作)。2017年课题组调查的浙江绍兴JX村(人口1463人)有包括书记、主任在内的两委干部5人(含兼职)、四川绵阳TL村(人口1570人)有两委干部6人、贵州毕节NG村(人口1901人)有两委干部5人,而河北石家庄K村(人口6202人)则有两委干部9人。调查发现,一些地方为降低村庄公共组织运行成本,村民小组组长多由两委委员兼任。

由于大部分村庄缺乏公共收入来源,因此包括村支书、村主任在内的村庄主要干部的报酬都由上级财政发放。比如,山东潍坊Y村(行政村,2017年人口1186人)有干部6人,分别是书记(月薪1850元)、主任(月薪1295元)、会计(月薪1295元)、妇联主任(年薪4000元)及2名委员(年薪各8000元)。Y村的小组长全部由两委委员兼任,该村书记、主任、会计与妇联主任4位干部的报酬由政府财政支付,其他2名委员的补贴则由村里自筹。陕西宝鸡H村(人口2874人,2017年调查)有两委干部7人,其中村支书年薪2万元、村主任1.8万元、副主任1.6万元(3位报酬由政府财政支付),其余干部包括会计(年薪1.8万元)、委员(3人,月薪各600元)及小组长(年薪1600元)的报酬则由村里自筹。四川宜宾LT村(人口1464人,2017年调查)为省级贫困村,该村书记(月薪1600元)、主任(月薪1500元)、会计(月薪1400元)、委员(4人,月薪各500元)及小组长(月薪550元)的补贴全部由县财政下拨。

调查还发现,村干部的补贴多是按年(而不是按月)发放。2017年1月30日课题组成员到陕西宝鸡H村调查时,村委委员张××(55岁,党员,原村会计)介绍的情况就有代表性,他说:"干部补贴根据政绩考核,按年发。也就是说,上面下达的各项任务都完成了,年终这工资就发齐,支书是两万元,主任一万八,副主任一万六。"可见,村庄在公共财政上对政府有严重依赖,乡镇干部再通过村干部补贴发放与政绩考核挂钩,就对村干部的角色扮演与作为产生重大影响(村干部的日常作为更多的是落实上级任务)。

村民自治的制度构造决定了村干部的产生方式以"自下而上"为主(干部要通过村庄选举关),但村庄公共财政和干部补贴支付结构则以"自上而下"为主(政府向村庄注资和村庄主要干部的工资由政府财政发放),就慢慢重塑了村庄治理的性质与村干部的行动逻辑。

(三)政府驱动治理

既然由于各种原因造成村庄治理是难以产出的治理,因此,为保证产出,政府就必须对村庄进行注资与工作推动,遂形成政府驱动型治理。具体情形如何,只需看看各行政村与乡镇政府相干管理机构的年度具体工作内容便一目了然了。课题组成员2018年7—8月围绕乡村治理机制,对山东潍坊S镇XS社区及其下辖的13个行政村进行了系统调查。下面分别是社区所辖YL村、K村与N村2018年7月19日提交的"2018年上半年工作总结和下半年工作计划"。

YL村2018年上半年工作总结和下半年工作计划

在党委政府的正确领导下,通过两委班子及全体村民的努力工作,我村上半年较好地完成了上级政府交派的各项任务。在为民服务方面,按时做好值班坐班,走访入户了解村情民意,做到主动热情,及时帮助村民解决实际困难,发现问题,争取在最短的时间内解决好处理好,调解纠纷,化解矛盾,使全村和谐稳定,让村民满意,让领导放心。

一、自从换届选举之后,根据上级安排,按时参加了支部书记、村主任、监督委员会主任、两委成员及普通党员的培训。

二、党建工作按照要求,加强每月学习日的组织,党员积分制的管理及党费按时收缴。

三、村级事务严格按照"421"工作制度、财务严格按照要求,公开透明,坚持节俭,杜绝铺张浪费。

四、环卫工作采取落实责任,干部分片,党员带头,定时自查,发现问题及时解决,做到最快、最好。

五、计划生育工作完成了三免工作,完成了银龄安康保险费和治安保险费征收。

六、村志工作已经完成。

2018年上半年已经过去,我们将迎来2018年的下半年,今后的工作会更艰巨。面对新的挑战,我们村两委和村民将齐心协力,努力完成以下工作:

一、继续做好干部值班、坐班轮流值日,做到不离岗不缺岗。

二、及时走访入户了解村情民意和村民交流,及时帮助村民解决实际困难。

三、积极参加支部书记、村主任、监督委员会主任、两委成员及普通党员的培训,加强学习。

四、做好党员积分制管理,党费及时收缴。

五、严格按照"421"工作制度,财务严格把关,杜绝铺张浪费,做到公开透明。

六、环卫工作落实责任、干部分片、党员带头、按时检查,做到垃圾按规定位置放置,不乱扔乱放,让全体村民生活在一个舒适美好的环境中。

七、发现村民之间发生矛盾纠纷,及时做好工作,通过规劝,引导矛盾及时化解,避免矛盾升级,让村民之间更加和睦美好。

八、继续做好计划生育工作。

(资料来源:2018年7—8月课题组对山东潍坊S镇XS社区的调查)

K村2018年上半年工作总结和下半年工作计划

一、上半年工作总结

村两委按照各级领导的工作安排和要求,根据本村实际,做了如下工作:

1. 加强党的建设,坚持"三会一课"制度,定期召开支部党员大会、支委会、党小组会,每季度上一次党课,严格党员管理,组织全体党员认真学习党章、十九大精神和党的各项方针政策,不断提高全体党员为人民服务的能力。

2. 每月20日定为集体学习日,参加范围是,村两委成员、村务监督委员会成员、全体党员和村民代表。开展学习教育、开展"四议两公开一监督"活动,对本村当月的财务开支、下月预算和拟办重大村务进行预示公开,对公开和预公开的事项进行监督会审,开展义务劳动活动。

3. 通过党员义务劳动等多种形式,对村内大街小巷所有垃圾进行认真清理,使村内干净整洁,环卫进一步提升。

4. 干部带头组织人员,对本村的机井进行了维修,及时排除故障,保障了村民日常用水。

5. 认真完成了上级安排的其他工作。

二、下半年工作计划

1. 进一步加强党建工作,认真组织好党员学习,进一步提高全体党员的思想和业务水平。

2. 继续落实好党员及两委成员包户制度,做好对贫困户的帮扶和为全体村民办实事,排忧解难的工作。

3. 认真完成好上级安排的下半年的全部工作。

(资料来源:2018年7—8月课题组对山东潍坊S镇XS社区的调查)

N村2018年上半年工作总结和下半年工作计划

2018年上半年工作包括:

一、2018年上半年我们村两委班子成员认真学习贯彻党的路线方针政策,在思想和行动上同党中央保持一致,狠抓班子自身建设,经常开展批评与自我批评活动,增强了两委班子的凝聚力,提高了两委班子的执政能力和自身素质,使村两委班子团结一致、工作有序。

二、狠抓党员队伍建设,结合党员学习日,加强对党员的教育和管理,在各项工作中发挥了党员的先锋模范带头作用。

三、严格落实支部生活日制度,三务公开,阳光透明,深入推进"四议两公开一监督"制度,村内重大事项一律严格按照四二一工作制度进行,让群众充分行使村内事务的知情权和参与权。

四、严格履行两委成员坐班值班制度,通过坐班值班工作的开展,使群众有急事能得到及时解决,困难能得到及时帮助,既方便了群众又维护了社会稳定。

五、扎实推进精神文明建设,大力开展移风易俗,弘扬时代新风,深入实施"四德工程",积极开展文明家庭、诚信家庭、"敬老孝老好儿女"等评选表彰活动,及时更新"善行义举四德榜",深入推进殡葬改革,提倡婚事新办,树立良好家风、村风、民风。

六、继续抓好美丽乡村建设，推进环卫一体化工作，上半年共投资5 000多元，出工100多户，动用机械10台次，分两次对全村的垃圾死角进行普遍清理，确保环境卫生工作不下滑。

七、加强村级文明建设和改善村容村貌，硬化村委门口路面、办公室台阶和村内破损路面整修，新修生产道路以及整修道路1 000多米。

八、在社区和党委政府的大力支持下、在村两委的积极主动努力协调下，通过申请并由市主要部门批示，帮助解决建设资金15万元，作为对我村村民休闲广场和村出口处几条道路硬化的扶持资金，助推了我们村两委为村民办好事办实事的信心和决心。

九、认真贯彻落实党委政府的工作部署，按时完成了上级安排的养老保险、银龄安康、治安保险的费用收缴，村志编纂，护林防火，党建督查等工作任务。

在继续做好和有效完成以上工作的同时，下半年我们计划：

一、9月底前完成村民休闲广场和村出口几条道路的硬化工程。

二、秋收前整修生产道路4 000米左右。

三、按时完成党委政府分配的工作任务。

（资料来源：2018年7—8月课题组对山东潍坊S镇XS社区的调查）

从上述YL村、K村与N村2018年的工作内容来看，几乎全部工作都是落实乡镇政府和社区的部署与要求，包括村干部培训学习、党建及每月生活日活动、村"两委"干部轮流值班及维稳、推进"四议两公开一监督"工作制度、村庄公共卫生及环卫一体化工作、精神文明建设及移风易俗改革、计划生育、养老保险在内的多项保费的收缴工作、配合编写村志（各村都搞），等等。可见，村"两委"的自主动作与活动很少，乡村治理变为政府驱动型治理。由于缺乏公共资金，村干部如果想搞点公共建设，就得向上级政府打申请报告。譬如，N村"在社区和党委政府的大力支持下"，"通过申请并由市（所在县级市）主要部门批示，帮助解决建设资金15万元"，作为"村民休闲广场和村出口处几条道路硬化的扶持资金"。

YL村、K村与N村所在的XS社区建有社区党总支与管委会，配有10名管理干部。把各村2018年上半年所做工作与社区出台的《XS社区各村当前重点工作》(见下面调查材料)相对照,就可看出,各村的全部工作几乎都是落实乡镇政府与社区安排的各项任务与要求。

XS社区各村当前重点工作
(供各村贯彻落实用)

一、党建团建方面

1. 党建提升达标(整镇推进,全面提升)。
2. 村干部值班、坐班,三务公开,支部生活日的开展和记录规范化。
3. 团建工作。
4. 村村成立乡贤人才联谊会。

二、精神文明方面

1. 乡村文明、移风易俗、群众满意度调查。
2. 村村成立道德评议会。

三、日常工作方面

1. 防火、防汛、防溺水应急预案,应急队伍建设。
2. 环境卫生综合治理及日常保洁维护。
3. 精准扶贫工作、干部走访帮扶、危房提升改造、收入不达标兜底。
4. 信访稳定工作。
5. 月度村级百分制考核。

四、阶段工作方面

1. 各类保险费征收(银龄安康、治安保险、玉米保险)。
2. 村志编纂。
3. 年度村级观摩的准备。
4. 村级清产核资,股份制改革方案(具体由经管站操作)。
5. 各类政策宣传单公开栏附近张贴。

(资料来源:2018年7—8月课题组对山东潍坊S镇XS社区的调查)

XS社区定期召集下辖各村负责人开会、布置任务,每月对村干部进行一次"百分制打分考核",半年进行一次工作述职评议,另外还有"年终工作考核"。社区干部(各包一两个村)平时还进村指导工作,譬如每月20日的党员活动日（XS社区各村活动日统一定在每月20日）社区干部一般都要入村。村干部如果完不成下派工作任务，要受批评，年终甚至要扣相关奖金。在2018年7月19日召开的XS社区"2018年度上半年工作述职评议会议"上，各村书记先按"四诺履职"制度要求进行上半年工作汇报，随后社区领导对各村工作作点评，然后与会人员对各村工作情况进行民主评议。H村就因为维稳工作方面有纰漏，在环境卫生方面出现了上访事件，再次受到社区领导的批评。

"村民自治"的主要功能是通过选举的方式产生村干部（提供了干部产生机制），但上台后的村干部的行动逻辑则不是"自治"本身所能够决定的。事实上，村民自治的一些重要制度安排，如村民会议（由于人多，事实上难以召开）与村民代表会议，大多有名无实。譬如，村民代表的产生，尽管法律规定是由村民或村民小组"推选"，但事实上很少是选出来的。据调查，K村2018年1月产生的30名村民代表（其中女代表10名），就是干部"内定的"，主要是村支书等两名干部"找的人"。由于党支部和村委会平时都没有什么事（参见K村2018年上半年工作总结），因此，村民和村干部更不把村民代表当回事。另外，由于"村民代表会议由村民委员会召集"（《村委会组织法》第二十六条），缺乏自主运行机制，更易使其流于形式。可见，村民自治产生的内在驱动力不足，如果再缺乏自上而下的政府驱动，可以想象大部分村庄的治理会处于"空转"与"无产出"状态。

二、乡村治理体系的输出（公共产品供给）

乡村治理体系的输出反映治理体系的绩效，真实体现治理体系的状况。乡村治理体系的输出（公共产品供给），包括"乡村基础设施建设""乡村秩序与公共安全""乡村社会保障与公共服务""乡村发展扶助"等，下面结合实证调查材料予以具体分析。

（一）乡村基础设施建设

乡村基础设施建设，包括修路、供水、供电、通信、灌溉、办公设施等。以修路为例，公路是典型的公共产品。俗话说："要想富，先修路。"以乡村道路为代表的基础设施建设，是发展的基础与前提。基础设施建设好的地方，发展一般比较快。反之，基础设施落后的地方，发展往往比较慢。与城市相比，公共产品供给不足是乡村社会较为突出的问题。这是因为在城市提供公共产品是政府的职责,不需市民再掏腰包。但在乡村提供公共产品,包括政府在内的乡村公共组织并未完全承担起责任,仍需向村民进行不同程度的筹款。

毫无疑问,改革开放以来,尤其是近年随着"村村通"政策的实施,乡村的基础设施建设普遍取得重大进展。以贵州黔东南TG村(行政村,人口1 758人,2016年调查)为例。该村位于县城东南2千米,四面环山,环境优美,2015年由两个行政村合并而成。该村包括7个自然村寨,下分11个村民小组,人口是以苗、侗、布依等民族为主体的少数民族聚居村。根据对村支书、前村主任及多位村民的访谈,截至2016年春节,全村电信、联通、移动、广电通讯信号全覆盖;新建运动场所1个,垃圾池6个,配套照明路灯380盏;建设供电线路12.3千米,变电器10台;已建成通村公路6千米,通组通寨公路硬化8千米,连户路硬化5千米;新建水池4个,提灌槽2个,解决了全村1 758人的饮用水安全问题。村支书也表示,修建这些公共设施一部分是靠政府帮扶,一部分是靠村民出资,然后村民出工修建,村干部则发挥领导带头作用。遇到的问题主要是资金不够,集资困难。总体来看,TG村的基础设施建设进展良好,不过,该村稍微有点特殊,就是地近县城,政府的帮扶力度较大。

表52 您村在基本的公共产品,如供水(生活用水)、修路、灌渠维护等方面,状况如何?(2016年)

选项	人数(人)	比例(%)
供给良好	273	51.4
勉强应付	186	35.0
供给很差	72	13.6

资料来源:课题组2016年问卷调查

2016年课题组开展的全国问卷调查显示(表52),51.4%的受访者认为本村基本的公共产品(如生活供水、修路、灌渠维护等)"供给良好",说明整体上中国乡村的基础设施建设取得重大进展;但认为基本公共产品"勉强应付"或"很差"的比重为48.6%,尤其是认为"供给很差"的占比为13.6%,这说明包括乡村基础设施建设在内的公共产品供给仍是薄弱环节,尚不能满足农民群众日益增长的美好生活需要。

课题组成员通过广泛的入村调查与入户访谈也发现，基础设施建设薄弱仍是中国乡村大多数地区比较突出的问题，尤其是西部农村更为严重。譬如，贵州毕节NG村（行政村，人口1 901人，2017年调查），位于大山深处，居民主要为汉族与彝族，2007年该村才通电，是毕节最后通电的21个无电村之一。2014年首条通村公路建成，村民称之为"幸福路"。

国家虽然已将大部分行政村与公路连通，但连组（村）路、村内主干道及支路的建设与硬化仍然非常滞后，严重制约村民出行与村庄发展。这类公共产品的供给模式，（筹款上）大多是"政府出一点、村民出一点"的联合产出。在一些相对偏僻与落后的乡村地区，如果当地政府财政压力大、出资愿望不足，再加上村民集资难，其基础设施建设往往就比较落后。2017年1月课题组成员调查的四川宜宾LT村（行政村，人口1 464人），地处山沟，群山环绕，过去交通运输以骡马为主。该村为省级贫困村，生态环境恶劣，交通不便，水源亦成问题，耕地（共1 200亩）多为坡地，劳作难度大。村里无自来水通入，生活用水靠引流山水或者修建蓄水池；公路通到了行政村，但下面7个小组仍是泥石路，大部分还是山路小道；村庄无线信号极差，手机无法正常使用。再如2017年调查的四川绵阳TL村（行政村，人口1 570人，耕地1 674亩），基础设施建设也很落后。已有通村（下分10个村民小组）公路14千米，其中7.8千米水泥硬化，6.2千米仍为泥石路面。支路更是小路、土路。该村卫生室徒有虚名，村庄广播也不通，部分河流沟渠堵塞、被污染。政府无力为公路建设多出资，村民集资亦难，村干部还缺乏威信。在采访的10多个村民中，多数对干部表现出意见大、不信任的态度。很多人甚至认为干部中饱私囊，有贪污行为，其中一位受访者就反映"2008年灾后补贴去向不明"。再如，贵州黔西南XPZ村（行政村，人口3 700人，2017年调查），下分14个组，全村只有1个小组（所在县建工业园在此设安置区）为沥青道路，其他小组道路均为土路。大多数组的村民通过建设储水设施来保障生活饮用水和牲畜用水，其中1个小组的村民仍从修的井里挑水来用。又如，贵州六盘水SM村（行政村，人口1 579人，2016年调查）地处乌蒙山区南段，地势崎岖，居民分散而居，形成多个相互隔离的小寨子。2015年下半年，镇政府拨款修建了一条从镇上通往该村的柏油路，在当年12月底完工，但延伸到各寨子的支路没有修，要靠村干部和村民出钱出力，自己想办法。然而，村民大多贫困，生计艰难。SM村绝大部分人家的生活用水，都是靠自买水管接引山泉水来用。2018年2月课题组调查的贵州黔南SB

村（行政村，人口1 800人）在2017年上半年才把泥巴路翻修成水泥路，但马路仍太窄，到镇上交通仍很不方便（路途又遥远、崎岖）。该村支书陈×反映："村里存在的严重问题是缺水，村民、牲畜的饮用水相当困难（村民也是接引山泉水用）。"

调查发现，不仅西部农村，即使中部甚至东部农村的不少地方，包括道路建设在内的公共产品供给不足问题也比较突出。河南驻马店XF村（自然村，人口258人，2017年调查），村外道路已经全部修成水泥路，但村内道路仍是土路，阴天下雨泥泞不堪，电动车无法出村。村内没有固定的垃圾处理点，垃圾多被随意丢入村口的水沟里，堆积成山，臭气冲天。而且，未处理的污水直接排放，也是个大问题。村内虽然有十几户装上了网络（与外面的世界联系更加密切），但是拉网线费用较高，短期内并不能实现村内处处有无线。再如，河南新乡ZK村（行政村，人口2 536人，2017年调查），村中南北走向的主干道虽靠政府及村民筹资已硬化，但因地势较低，缺乏排水措施，一到下雨天就积水严重。另外，村中大部分道路年久失修，破损严重。生活垃圾虽有固定堆积点，但没有专人清除，常年堆积，严重影响村民生活质量。2018年2月课题组调查的山西忻州QB村（行政村，人口1 821人）在供水与交通方面均存在较大问题。下面是对该村村民张××（46岁）的访谈片段：

问：您觉得我们村里的供水怎么样？

答：不行，水质不好，每天限制供水时间两小时。

问：两小时够用吗？

答：如果储存好了就够用，不储存就没有。

问：水质差，有没有处理措施？

答：水里含氟太多，村里人很多都骨质差，腰腿疼（患氟骨病），后来引了水库里的水，但是限制时间。

问：道路如何？

答：道路太差，是沙石土路，需要大力修路。现在的路只能保障人员进出，不能保障运输，车都进不来，农产品卖不出去。

（访谈时间地点：2018年2月16日，于受访者家中）

山东潍坊K村（行政村，人口845人，2017年调查）基础设施建设也比较落后，直到2016年村中主干道才实现水泥硬化，但大部分村路仍为土路，一旦下雨，往往泥泞不堪。而农业更是靠天吃饭，无法实现自主灌溉。

调查中发现，东部省份浙江部分村庄，在基础设施建设与发展较快、相对富足之间形成了良性循环。台州WT村（行政村，人口1 462人，耕地874亩，2016年调查），背山靠水，风景宜人。该村共有5个自然村，分别是DJT村、SZ村、WT村、SLY村、XA村。SLY村生活用水来自自行建造的水库，其他几个自然村通过向自来水厂接自来水管来保障饮用水。整个村庄基础设施建设比较完善，村庄也建有专门的诊所，方便村民及时看病就医。环境卫生方面，有专门设置的超大垃圾箱、小型垃圾处理厂，每天都有专门的清洁人员来村里收拾垃圾，打扫卫生，村民们生活在一个干净舒适的环境下。绍兴JX村（行政村，人口1 463人，耕地1 697亩，2017年调查）全村共有497户，下分6个村民小组。2002年，率先在浙江进行村庄合并，由三个小行政村合并而成。该村包括村庄道路和老年活动室在内的基础设施建设均不错，环境卫生则由该村专职人员进行打扫，同时支付他们工资。

调查发现，关于村庄道路建设为代表的公共产品生产的具体出资方式多种多样。山东潍坊K村一带，是政府与村里各出一半；浙江台州一带，是政府出大头，补助在50%—80%左右；调查的河南部分村庄，则是政府出小头。河南洛阳GH村（行政村，人口1 150人，2017年调查）就有代表性，该村位于山区，与某县邻近，村子分为山上与山下两片住宅区，连接两者的通道长期为土路，直到2016年才翻修为水泥路。下面是对GH村村支书兼主任赵××（53岁）的访谈片段：

> 问：修这段路是村子里头拿钱，还是上面镇里拨的啊？
> 答：我跑了跑镇政府，死乞白赖才要回来5万元，一点都不够。最后，大队出点，每户再摊点，修了这段水泥路。劳工都是咱自己人出的，反正都是在外边打工的，也都有这技术。
>
> （访谈时间地点：2017年1月30日，于受访者家中）

村庄搞基础设施建设涉及村民出资，法定方式是通过"一事一议"，召集村民代表会议商议解决。当然，一些落后地区的农村基础设施建设，也可能完全是由政府或对口帮扶单位出资解决的。譬如，山西TZ县是国家级特困县，属燕山—太行山连片特困地区。课题组成员调查的KXT村（自然村，人口475人，2016年调查）的生活供水、水利灌溉设施由县水利局、县扶贫办等帮助解决；村庄道路则由县交通局负责建成水泥路。

表53　您认为村庄道路、文化室、健身设施等，应该由谁出钱建设？（2017年）

选　项	人数（人）	比例（%）
上级政府	336	48.8
村民自己	19	2.8
村办企业	28	4.1
村干部想办法	61	8.8
政府出一点村民出一点	244	35.5

资料来源：课题组2017年问卷调查

关于村庄道路在内的公共产品如何提供，2017年课题组进行了全国问卷调查（表53），有48.8%的受访者认为应由"上级政府"出钱建设，说明许多农民很理性，希望政府承担更多的责任；认为由村里（包括"村民自己""村办企业""村干部想办法"）出钱建设的，所占比重很低，仅15.7%，尤其是认为由"村民自己"解决的所占更低（仅2.8%）；认为由"政府出一点村民出一点"的占比为35.5%，说明许多农民的胸襟是宽广的，行为是朴实的，愿意为乡村公共产品供给有更多的付出。调查显示，绝大部分行政村没有集体企业（课题组前两轮调查的全国六七十个行政村中只有一个村有集体企业），缺乏公共收入来源，因此欲让其部分出资也往往勉为其难。安徽合肥LD村（行政村，人口7 100人，2016年调查）比较典型，2013年水泥路修到村里（主要为上级财政出钱，小部分村里凑）；村民生活用水，则是各家采用掘井打水的方式。村支书说："村里没有公共收入来源，用钱需要向上面请示，上面批示才会发钱下来。"山东潍坊K村（行政村，人口845人，2017年调查）无集体企业，2016年对村中主干道实施水泥硬化，共花费35万元，政府出资一半。尽管没让村民凑钱，剩下的17.5万元由村集体垫付，但是通过拍卖一块山前台地（共40亩，租期30年）的使用权获款30万元的方式实现的。事实上，等于变相让全体村民承担。当然，也有一些地方的基础设施建设，因村里凑不起剩余款项而作罢的。比如,河北石家庄Y村(行政村,人口4 800人,2017年调查)通往邻近某乡镇的马路,尽管上级政府已同意出修路用料,仅需村庄出工人费用,但因村委会及村民拿不出钱而作罢。再如,安徽宿州LH村(行政村,人口5 070人,耕地8 240亩,2018年调查),虽然环村路修通了,但村内仍是土路,一旦雨下大点,就是"外面进不去,里面出不来"。由于村干部从上面争取不到资金,村民也不愿集资(每人缴10元),因而长期拖着,不能解决。

可见,包括村庄道路在内的基础设施建设,是一个包括政府、村干部与村民多方互动的治理过程。村干部居中发挥沟通、协调与组织作用,包括及时将村庄与村民的公共产品需求反映给政府并提出申请争取让政府立项出资,及与村民协商、协调及组织出资甚至施工事宜,等等。不过,总体来看,基层政府的态度与出资至为关键,否则,道路建设在内的乡村公共产品很难提供。

(二)乡村公共秩序与公共安全

乡村公共秩序与公共安全,也是标准的公共产品,但比较难调查与测量。课题组在2016与2017年的前两轮乡村调查中,设计了相关问卷选题及访谈主题。比如,2017年的乡村调查访问提纲中,专列"村庄治安与公共安全"这一调查主题,要求调查员入村向村民调查如下3个问题并做好详细记录:生活在该村感觉安全吗?该村发生过哪些地痞流氓、黑恶势力、偷盗等扰民事件?改革开放以来,该村发生过哪些治安及刑事案件?通过第一个问题了解村民对村庄秩序与安全的主观感受;第二与第三个问题则统计该村发生扰民事件与治安及刑事案件的客观情况。2017年(第二轮调查)课题组成员虽然调查了全国九省一区一市的30多个村(绝大部分为行政村),但由于访问提纲所列主题很多(共18个),调查时可根据村庄具体情况有所侧重、不一定面面俱到(全问),因此,事后查阅访谈记录发现涉及"村庄治安与公共安全"这一主题并详细调查及做好记录的仅有九省一市的17个村(表54)。

表54 九省一市17村"村庄治安与公共安全"调查(2017年)

村庄	所在地区	村庄性质	总人口(人)	秩序与安全	扰民事件	刑案
ZK村	河南新乡	行政村	2 536	良好	无	无
MJ村	河南南阳	行政村	1 200	良好	无	无

续 表

村庄	所在地区	村庄性质	总人口（人）	秩序与安全	扰民事件	刑案
XF村	河南驻马店	自然村	258	良好	盗窃曾有多起，近无	无
K村	河北石家庄	行政村	6 202	较差	盗窃多发、村霸	2
Y村	河北石家庄	行政村	4 800	较差	混混滋事、村霸	1
QH村	四川广安	行政村	2 100	良好	无	无
SQ村	四川遂宁	行政村	2 300	良好	无	无
BK村	贵州安顺	行政村	1 540	一般	盗窃事件时有	无
NG村	贵州毕节	行政村	1 901	良好	无	无
H村	陕西宝鸡	行政村	2 874	一般	无	1
DG村	山西太谷	行政村	3 500	良好	偶有盗窃	无
ZH村	安徽合肥	行政村	4 500	良好	无	无
CZ村	山东烟台	行政村	1 700	较差	混混滋事，暴力讨债	无
S村	山东东营	行政村	1 000	良好	曾有混混团伙，近无	无
K村	山东潍坊	行政村	845	一般	混混及盗窃曾多，近无	4
JX村	浙江绍兴	行政村	1 463	良好	有混混，但影响甚小	无
XH村	上海青浦	居委会	3 005	一般	盗窃事件时有	无

资料来源：课题组2017年调查

村庄无"扰民事件""刑事案件"及村民感觉"安全"的，定性为秩序与安全"良好"（有些村庄历史上曾发生"扰民事件"，但近十年内绝迹的也可视作"良好"，但有重大"刑事案件"的一票否决）；村庄"扰民事件"常发甚或有流氓黑恶势力的，定性为秩序与安全"较差"；处于两者之间的为"一般"（一二十年前曾发生过重大刑事案件，但过后各方面一直表现良好的亦可视作"一般"）。按此标准，公共秩序与公共安全"良好"的有10个村，占调查村庄总数（17个）的58.8%，"一般"的有4个占23.5%，而秩序与安全"较差"的有3个村占17.6%。整体看，乡村的公共秩序与公共安全情况确实是不错的、村民是满意的，但评价"较差"的也占一定比重（尽管是少数），仍需引起重视。

表55 您认为本地的地痞流氓、黑恶势力、偷盗等扰民事件严重不严重？（2016年）

选项	人数（人）	比例（%）
非常严重	25	4.7
比较严重	80	15.1
不太严重	267	50.3
几乎没有	159	29.9

资料来源：课题组2016年问卷调查

2016年课题组就村庄"扰民事件"进行了调查（表55），结果受访者中认为"本地的地痞流氓、黑恶势力、偷盗等扰民事件""非常严重"或"比较严重"的共占19.8%。可见，2017年入村访谈获得的数据（公共秩序与公共安全较差的村庄占17.6%）与2016年的问卷调查所得数据，大体是相当的（仅差2个百分点左右）。此足说明，部分乡村地区的社会失序问题较为突出。党的十九大以后，中央果断作出在乡村进行"扫黑除恶"专项行动的决策就是对症下药。

通过访谈发现，影响乡村秩序与稳定的主要因素有混混滋事、盗窃、赌博、犯罪及村霸现象（干部黑恶化）等。"混混"或者"二流子"，用社会学术语叫"社会边缘人士"，是很难完全杜绝的一种社会现象。在旧社会，在村民眼里是"好吃懒做""不务正业""东混西混""偷鸡摸狗"的一类人，普遍遭人唾弃。新中国成立后，这类人的处境有所改善，尤其是人民公社的"大锅饭"体制，为这类人的生活与生存提供了依托。众所周知，公社体制的最大问题，就是"多劳不多得，少劳不少得"，结果普遍出现"磨洋工""集体偷懒"等现象。好吃懒做的"二流子"正好混迹其中。整体来看，20世纪八九十年代，国家控制松弛，村民自主性增强，但外面经济机会仍少，此期乡村"混混"现象较突出。但进入21世纪后，尤其是对农民也实行社会保障以来，乡村"偷鸡摸狗"的"二流子"明显减少，在不少村庄甚至绝迹。山东东营S村（行政村，2017年调查）地处黄河三角洲冲积平原，该村村支书的看法就有代表性："现在村庄让村民感觉很安全，治安状况良好。改革开放后，确实出现了地痞流氓、混混类型的团伙，但在近几年基本消失。"不过，调查中也发现，仍有个别村庄流氓、混混问题较突出。比如，河北石家庄Y村（行政村，2017年调查）某村民仗着哥哥是村支书、伯伯在县政法委工作，在村里胡作非为，简直是"村中一霸"。他强包了村里300亩地渔利,没人敢说半个不字。村里原有的戏台子、粮库和果园等,也被村支书变相"卖"给亲戚子弟。调查时,几位村民反映:村支书的混混弟弟,胆大妄为,"2011年修高铁的建筑材料,大白天就敢组织人往自己家里拉,让人举报了。结果关了不到一年就放出来了,人家县里有人么。不过,出来了还是老毛病,改不了!"再如,山东烟台CZ村(行政村,2017年调查),混混滋事问题也较突出,尤其是流氓涉黑性暴力催债讨债频发,多位受访村民认为"(该村)其实是附近最乱、暴力事件最多的一个村"。

总体上,乡村的盗窃案件的变化,大体也经历了类似的过程。公社时期,盗窃案件发生率很低。改革开启以后,尤其是20世纪八九十年代,政治环境相对松弛,农民有了一定的流动自由,大家开始能够"挣到点钱",其间乡村盗窃事件多发。进入21世纪后,经济机会增多,挣钱相对容易,大家生活越来越好,尤其是农村也有了社会保障,盗窃案件明显减少。山东潍坊K村(行政村,人口845人,2017年调查)就有代表性,20世纪八九十年代,该村盗窃案件高发、频发,两位村民还曾因"盗窃"或"敲诈(钱财)"被判刑。进入21世纪以来,该村就很少有盗窃案件发生了。河南驻马店XF村(自然村,人口258人)的变化也很典型,课题组成员在2017年初入村调查时,原村主任张××(63岁)说:"以前会有小偷在夜里把家养的土狗毒死,然后入室盗窃。近十年来,偷盗案件几乎没有发生过,而刑事案件也只是存在于电视屏幕上的饭后杂谈,离我们村很远。总体来说,生活在这村里,感觉十分安全,虽说不上夜不闭户,路不拾遗,但只要不出远门是不用锁门的。"不过,在一些经济发展较慢的农村地区,盗窃案件仍然相对高发。比如,课题组成员调查的贵州安顺BK村(行政村,人口1 540人,2017年调查),村民就反映仍有"摩托丢了""牛被偷"等事件。2018年2月9日,广西钦州YF村(行政村,人口3 200人)村民姚×(55岁)受访时抱怨说:"村庄治安不好,经常有偷狗的偷米的。"河北石家庄K村(行政村,人口6 202人,耕地5 236亩,2017年调查)盗窃问题也比较突出,课题组成员访问村民李×(76岁),她反映:"四五年前,家里丢过一辆拖拉机。"访问村民康×,他说:"两三年前,家里麦收后,麦子被偷了。"访问村民张×,他说:"2015年冬天的时候,有一天晚上,家里屋顶上的石狮子被偷。那一天我们这一片,好像一共丢了二三十个石狮子吧,应该是开车过来偷的,团伙作案。"再如,山西忻州S村(行政村,人口2 400人,2016年调查)情况更复杂些,据村民反映,村里偷窃行为十分严重,行窃者一般都是外村吸毒者等不法分子。受害人报警后，也得不到妥善解决。再者，在一些城市化速度较快、流动人口较多的乡村地区，盗窃事件也往往较多。比如，山西太谷DG村（行政村，2017年调查），户籍人口3 500人，流动人口4 000多人。多位村民反映："村庄环境安全，治安有民兵，定期巡逻，不过仍有盗窃事件发生。"上海青浦XH村（已称"居委会"，2017年调查），户籍人口3 005人，外籍来沪人员7 405人。该村公共秩序尚可，但也有部分村民认为不太安全，偷盗事件较多。如有反映"房客电瓶车被盗""家里被盗三次"，等等。

在刑事犯罪案件方面，调查的村庄（17村）中共有4村（占村庄总数的23.5%）发生8起刑事案件。具体情况如下：

陕西宝鸡H村（行政村）20世纪90年代发生1起流氓罪刑事案件。嫌犯被判无期徒刑，后改判为有期徒刑17年，2017年1月课题组成员入村调查时已出狱。该村有村办集体企业，年净收入两三百万元。村中成立了"治安巡逻队"，雇用50岁以上的赋闲村民5人组成（每人月工资400元，再年轻一点的人不愿干此活儿）。此后，村子治安状况良好，再没出现过治安及刑事案件。

河北石家庄K村（行政村）1995—2005年期间发生过2起刑事案件，一是抢劫，二是绑架。绑架案影响很大，惊动了县市两级公安。2017年1—2月课题组成员入村调查时，有村民反映说："犯罪嫌疑人的绑架目标，本来是在村中中学读书的村支书的儿子，结果搞错了，弄成支书外甥了，最后剁了两根指头，挺惨的。结果还惊动了石家庄市公安，作案那个人现在还在监狱里关着呢！"

山东潍坊K村（行政村）发生刑事案件4起，包括2起盗窃刑事案件（一起发生在20世纪80年代，另一起发生在1999年）、1起敲诈勒索案（发生在1990年）与1起命案（发生在1997年10月，震动很大，还引起一桩严重的冤假错案）。

应该说，刑事案件处理也是乡村治理过程的一部分。由于K村命案比较典型（还引起冤假错案），加之该村是课题组持续调查的重点村庄之一，在多次访谈冤案受害者及其代理律师（包括查看当年的"拘留通知书"、"逮捕证"、无号"释放证"及"解除监视居住决定书"复印件等）和多位村民的基础上，课题组搜集到丰富的资料，现对案件发生和处理过程进行梳理和概括性分析。

1997年10月29日深夜（或30日凌晨），村民康×（男，时年50多岁）在村中靠街店铺（自家开的）中被杀。30日一早，其妻发现并报警。市（潍坊市下属县级市，下通用）公安局刑警队出动，勘验、排查。结果，当天（30日）村民康××（男，时年26岁，小学文化）被抓。10月29日晚，康××等四人喝酒，他晚7点到康×店铺赊了啤酒两瓶、白酒一瓶和饼干两条，共7.5元，康×在账本上给记了账。没想到正是这一"记"，给康××带来了牢狱之灾。当时，公安民警的破案逻辑很简单，因为康××是当天账本上记的最后一个人，所以成了最大嫌疑犯并被抓。然而，康××到案后，始终拒绝承认杀人。公安民警也没找到相关物证，尤其是凶器。由于自小在村民眼里是看着长大的，康××被抓时，村民普遍私下议论："康××老实巴交，杀人绝对不可能是他干的！"但当年还没有"无罪推定"，办案逻辑往往是一旦被抓，就坚定地往"坐实"方向走。康××1997年10月30日被抓，11月2日被刑事拘留，但没有送往看守所，而是被留在市公安局刑警队审讯室被刑讯35天。至1997年12月4日，其被刑警殴打致伤［1999年潍坊市人民检察院作出的相关处理决定中有：建议市（下属县级市）公安局"对有关涉案干警的违法与违纪行为依据有关规定处理"］送往市人民医院治疗，同日被捕，1998年1月18日出院，被送进市看守所关押。在医院住院治疗共45天。1998年1月22日，经过潍坊市人民检察院批准延长羁押一个月（30天），延长到当年3月3日。事有凑巧，同村一名混混因盗窃也关在看守所，康××在放风时巧遇。他就委托该人："如果能出去，回村以后一定要告诉我哥哥，让他到潍坊（潍坊是地级市，在事发县级市找人不一定管用）帮我请个律师来处理这个案子。"最后，律师介入。该律师事后总结说："自审查起诉阶段接受委托，受托后查阅了案卷材料，会见了被捕嫌疑人，进行了必要的调查取证。经分析认定，本案认定被捕嫌疑人涉嫌故意杀人，事实不清证据不足，且公安机关在侦查过程中存在严重的刑讯逼供行为。经与检察机关办案人员沟通，意见未被采纳，随即起草了《律师辩护意见书》呈交相关机关，相关机关在第一时间成立了专案组，专案组复查结论，与本辩护人的辩护意见一致。没过多久，关押已经9个多月的被捕嫌疑人无罪释放。"1998年8月13日深夜，康××被市公安局悄悄送回村，并发给其一张无号"释放证"。1999年2月11日，市公安局在事先没有决定监视居住的情况下，向其送达了"解除监视居住决定书"。从1997年11月2日拘留到1998年8月13日释放，康××共被拘禁长达284天，在此期间并因刑讯逼供而致伤落残。自从解除监视居住后，康××就要求有关部门对这一冤假错案依法予以处理并赔偿，但迟迟没有结果。此后他开始了上访活动，近至县城，中至省城，远至北京，年年如此，连续十多年。然而，2018年2月春节过后，课题组成员入村访谈时，听到村民说："年前腊月里，康××死了，得脑瘤死了。"推算一下，康××应该是在2018年1月底或2月初"走的"，是带着莫大的失望与怨恨走的，最后竟然没有获赔一分钱，却因连年上访花掉了20万元。

从发案的4个村看，20世纪90年代是刑事案件高发期（8起刑案中5起在此期）。进入21世纪后明显好转，甚至在大多数村庄渐趋绝迹。

"村霸"尤其是村干部黑恶化，对村庄秩序与安全构成重大挑战，也是村庄公共利益的重大威胁。当然，毫无疑问，"村霸"是广大乡村中的绝对少数。不过，深度访谈的17个村中，发现2个村有"村霸"现象，占11.8%，需引起重视。如前述河北石家庄Y村（行政村，2017年调查），村支书的混混弟弟胡作非为，是"村中一霸"。村支书助纣为虐，甚至变着法子"化公为私"，让家族成员亲戚得好处（村里原有的戏台子、粮库和果园最后都变成他们自家的了）。下面是课题组成员对该村村民王×（41岁）的访谈片段：

问：咱们村原有的厂和公家地都被卖了？

答：那可不是呗！村西100多亩地被书记自家承包了，结果一承包就是100年，他自己扣了个章也就成自己家里的了。村南300多亩地，则被县领导的侄子强弄去了。村里的戏台子、粮库、面粉厂、表厂、铁厂，现在全都给卖了。卖了这么多公家的地、厂，村委还是没钱，你说钱都去哪儿了？（笑）

问：村干部有些乱来？

答：是乱来呀，现在咱们村有人花一两万买个党员，这都是真事呢！

问：咱们村治安怎么样？

答：就是有些混混，仗着自己家亲戚是当官的，在村子里横行霸道。

问：咱们村的低保户是怎么评上的？

答：谁家跟村干部走得近谁就能评上，真穷的还可能评不上。上级领导不定期下来查，也查不出什么来。如果村干部想让你被查出来，就带他们到你家转一圈；要是不想让你被查到，就提前通知你躲到老房子里或者带着领导去喝酒。

（访谈时间地点：2017年2月6日，于受访者家中）

显然,该村村支书(及其弟弟)借着权力与县上的关系,成为典型的村霸,无人敢惹。"跟他们闹不愉快,到时去扣个章、开个证明,找谁去?"

再如河北石家庄K村(行政村,人口6 202人,耕地5 236亩),村支书从1994年任职,到课题组成员入村调查时已经连干20多年,有些村民反映:该村快成"他家的天下了"。村民认为,他比较"强势",而且做干部就是为了"得好处"。该村数次征地,到目前至少被征去六七百亩,但村民们认为该村的赔付标准比其他村要低很多。比如,2011年修高速公路,K村征地500亩,每亩补偿6.8万元,但北部邻村的补偿价格要高三四倍。那多出来的钱哪里去了?一些村民反映:"反正那次征地以后,干部们的日子都好过了。"另外,该村还有部分土地"卖"给了村西的化工厂。天然气管道通过该村时,村里因之也"卖"了部分土地。但所得款项多少、如何使用,均没有公示,村民意见很大。还有一位受访村民说:"你去看看,村支书家的院子有多大,接近2亩吧。他家占地合法(都说书记县里有人),人家占地就非法。"既然对书记意见很多,那么有没有人去当面找他反映?一位村民访谈时说:"谁敢惹他啊?以前有个人惹了他,结果那人该开证明、敲章的时候,就办不了。"另外,该村还发生两起专门针对村支书的暴力刑事案件:一为绑架,就是前述本来要绑架支书儿子,最后弄成支书外甥,剁掉两根指头那一件;一为抢劫,即村支书某次在遛狗时,遭暴力打劫。两刑事案件表明,该村的矛盾冲突已经相当严重。课题组成员2017年入村调查时,也找村支书做了访谈并坦率地问了问题,下面是访谈片段:

问:您干村支书多长时间了,村委会的选举情况怎样?

答:我算算啊,我干村支书23年了。村委会的选举大致是换届不换人,中间出现过微调。

问:村里人对您和村委会成员褒贬不一,各有说法,您是怎么看的?

答:我不可能让所有人满意,就让他们去说吧,我懒得解释。

(访谈时间地点:2017年1月14日,于村委办公室)

访谈片段说明,该村支书我行我素,不太顾及村民的看法与想法。村支书之所以能够连干20多年,与村庄"民主选举"(名存实亡)被干部操控有很大关系。下面是就选举问题对该村村民康××的访谈片段:

> 问：您参加过村里的投票选举吗？
>
> 答：参加过，那是干部们拿着选票，一沓一沓的，都是找关系近的人，一填就填好多。
>
> （访谈时间地点：2017年1月18日，于受访者家中）

可见，该村选举长期被操控，村民丧失了对干部的最后制约渠道，这也是"村霸"出现的重要原因。

显然，河北Y村与K村是"村霸"现象比较典型的村庄。另外，课题组在其他个别村也发现一些不良的苗头。譬如，四川遂宁SQ村（行政村，人口2 300人，2017年调查），入户访谈时，课题组成员问："村里有什么流氓、黑恶势力之类扰民的情况发生吗？"某村民回答："没有。不过去找村支书的时候，感觉就像黑势力，办事慢，还没有好脸色。"又问："那您觉得村里影响力最大的是？"答："村支书。"该受访村民的回答，可谓意味深长。村支书作为村庄中影响最大的人，如果出现黑恶化，那么后果将是严重的，不良的苗头需引起警惕。

总体来看，乡村公共秩序与公共安全治理成效明显，这与基层政府对治安综合治理高度重视密切相关，不少地方实行了乡村干部治安责任制与村级联防巡逻等有针对性的措施。当然，乡村公共秩序与安全方面仍存在一些薄弱环节，比如，一些村民与干部就反映："乡镇政府与派出所对偷盗行为管不过来，找他们等于白找。"不过，要解决"村霸"现象，主要还得依靠基层政府。

（三）乡村社会保障与公共服务

乡村社会保障包括医保、养老、低保等，乡村公共服务则包括公共卫生维护、服务设施运转与维护、办事服务（如开证明等）甚至计划生育（优生优育）等，应该说，这些都应该由政府承担起基本职责，但现实中仍需依靠村干部动员组织农民在出资、出劳等方面进行责任分担。

1."新农合"医保（"城乡居民医保"）

新型农村合作医疗，简称"新农合"。2002年10月，《中共中央、国务院关于进一步加强农村卫生工作的决定》指出，要"逐步建立以大病统筹为主的新型农村合作医疗制度"[1]。到2010年，新型农村合作医疗基本覆盖农村

---

[1] 成海军：《当前我国医疗救助中的重点和难点问题研究》，《学习与实践》，2015年第8期。

居民[①]。2018年国家将新农合统一纳入城乡居民医疗保险制度,简称"城乡居民医保"(不过在农村仍习惯性称为"新农合"),参保人员实现持卡就医,实时结算。

2016年,新农合个人缴费标准全国平均水平为每人120元。从课题组2016年初的调查看,大多数村是按这个标准缴费的。比如,四川宜宾CH村、绵阳TL村、山西阳泉XDT村、山东潍坊K村,个人缴费都是120元。当然,也有低于这个标准的,如河北秦皇岛HJ村个人缴110元。东北三省及浙江省等,缴费则高于这个标准,如浙江绍兴NH村个人缴220元。2017年,新农合个人缴费全国平均水平为150元,四川绵阳TL村、山东潍坊K村、河南驻马店XF村均按这个标准,浙江绍兴NH村则为260元。

新型农村合作医疗的资金筹集方式,原本设计的是采取"个人缴费、集体扶持和政府资助"相结合的方式,但是绝大部分村都无集体企业、缺乏集体收入来源,因此调查中发现"集体扶持"的构想基本上落了空,因而新农合筹资方式基本上只有政府(各级财政)资助与个人缴费两方面。比如,2016年新农合筹资,国家各级财政人均补助380元,农民个人(全国平均)缴费120元(各地个人缴费水平根据居民收入等因素有所差别);2017年,国家财政补助420元,农民个人缴费150元;2018年,各级财政补助涨到了450元,人均缴费则为180元。在课题组前两轮调查的众多村庄中,只有陕西宝鸡H村与浙江绍兴JX村筹资上有一定的"集体扶持"。陕西宝鸡H村(行政村,人口2 874人,2017年调查)有村办集体企业,年净收入两三百万元,村集体就帮全部村民代付了合作医疗费。比如,2017年的新农合个人缴费标准为150元,H村就从村办企业利润中为全体村民(根据政策包括低保户在内的若干人等免缴)全部予以代缴,共计支付了40多万元。浙江绍兴JX村(行政村,人口1 463人,2017年调查)也有一定的集体收入来源(包括土地租赁与土地开发等),在2016年的新农合缴费中为每位村民代缴50元,剩下部分个人补足。因此,在全国绝大部分村,村干部在新农合上的职责,主要是发挥动员与组织村民缴费的作用。

整体来看,农民对新农合政策比较满意。下面对贵州黔东南XS村(苗族村寨,人口3 580人)村民李××(53岁)的访谈片段就有代表性:

[①] 张继卫、魏梅静:《合作医疗》,《档案天地》,2012年第8期。

问：近年来您对哪些政策感到满意？

答：比较满意的应该算是新农合医保吧，国家给我们就医提供了不少帮助。要放在以前，我们生病了只好在家里刮痧或随便吃点药。现在要是感觉哪里不舒服，更愿意往医院跑，毕竟技术水平高，前几天我还去医院体检来。

（访谈时间地点：2017年1月16日，于XS村村民家中）

2017年初，课题组就国家实施的"新农合""养老保险（养老金）"等公共政策的村民满意度进行了全国问卷调查（表56）。

表56 以下政策中，您最满意的是哪项？（2017年）

选 项	人数（人）	比例（%）
取消农业税并有种粮等补贴	151	21.9
新农合	162	23.5
养老金	108	15.8
学杂费减免	88	12.8
乡村道路、村村通、自来水、电网等改造与建设	133	19.3
乡村卫生室、文化室建设	40	5.8
其他	6	0.9

资料来源：课题组2017年问卷调查

从表56可看出，在国家出台的针对农村与农民的公共政策中，村民满意度排名第一的是"新农合"，排名第二至第四的分别是"取消农业税并有种粮等补贴""乡村道路、村村通、自来水、电网等改造与建设"与"养老金"。

应该说，绝大多数村民都认识到新农合的重要性，因此参保率很高。安徽合肥LD村（行政村，人口7 100人，2016年调查）就有代表性。课题组成员入村访谈时，包括村医刘×在内的多位村民反映："村里99%的人都加入了新农合，只有少数人认为缴医疗保险是浪费钱，自己没病没灾的，不愿入。"2019年1—2月，课题组成员对甘肃兰州QJT村（行政村，人口3 450人）进行了重点调查，该村新农合参保情况如下（表57，2019年个人缴费标准是220元）。

表57 2019年QJT村新农合参保情况

村庄人口(人)	参保人数(人)	参保率(%)	缴费金额(元)
3 450	3 363	97.47	739 860

资料来源:课题组2019年问卷调查。

从表57可看出,2019年QJT的新农合参保率为97.47%,参保率比较高,但仍有部分人没有认识到医保的重要性(有87人未参保)。

当然,课题组在调查中也发现,新农合也存在些问题,尚有改进的空间。

第一,部分村民对医保缴费年年涨有意见。山西忻州S村(行政村,2016年)村民反映,医保"报销的比例没有提高,但是每年要缴的钱持续增加"。2017年1月17日,课题组成员访问四川绵阳TL村(行政村,人口1 570人)村民郑××(61岁),其妻有糖尿病,经常用药花钱不少,但医保不能报销。他说:"新农合缴费,去年(2016年)每人120元,今年又涨到每人150元。年年涨,感觉费用太高了,比农业税还可怕!"以一个五口之家来说,2016年家庭医保共缴费600元,2017年涨到750元,2018年则达900元(每人180元),2019年更是高达1 100元(每人220元)。仅仅三年过去,家庭医保缴费(2019年比2016年)就上涨超过80%,确实负担较重。

第二,报销限制多、报销比例低等问题也较突出。关于就医花费报销及其比例问题,各地规定有所不同。山东济宁CD村(行政村,人口2 000余人,2016年调查)村民反映:"加入合作医疗,但村里卫生所花费不能报销。小病不能报销,住院才报销。"2016年1月,课题组成员到山西阳泉XDT村(行政村,人口700人)调查,村医王××(53岁)介绍说:"村民看病报销分两种情况:第一种村内就医,村民一年内的药费报销最高至缴费额止(即120元);第二种情况是县级医院就医(该村离县城较近),报销金额根据情况按比例,例如80%、85%等。"该村村民任××(女,69岁)、李××(女,43岁)也说:"一年每人缴120元,差不多一年的感冒药费也就够了,也会给报销的。"河北秦皇岛MTZ村(行政村,人口1 830人,2016年调查)的情况则是:"村民生病的医药费,在村里的卫生所可以报销95%,在乡镇的卫生院报销85%,在县医院报销75%,在市医院报销50%。地方越远报销的越少。"也有情况与此相反的,比如贵州黔东南TG村(行政村,少数民族村寨,2016年调查)村医胡××访谈时说:"在村卫生室可报销30%,而且还分不同病症。在镇上卫生院又是不同的,会有

45%、60%等。在县里可报销70%，如果是大病住院的话是报90%的。"总起来看，由于就医尤其是住院治疗时，部分属于自费项目，医保不能报销，比如，冠心病"搭支架"就不能报销，因此新农合的实际报销水平在50%左右。河南驻马店XF村村民反映"报销比例在40%左右"，山东潍坊K村村民计算出"报销接近50%"。2018年2月，山西忻州QB村（行政村，人口1821人）村民张××（46岁）受访时也说："说是在县医院按80%报，再往上报销比例更低。关键问题是，报销必须是在医药目录的范围里，但是医院里很多药物不在这个范围里，所以这么算下来，只能报50%左右。"

第三，药品定价高，家庭综合支出压力大，大病补助杯水车薪。四川宜宾CH村（行政村，人口1297人，2016年调查）有村民反映："医院药费定价高，报不了多少钱，没意思。"河南新乡ZK村（行政村，人口2536人，2017年调查）村民王××（45岁，打工）说："最发愁的就是大病没钱治和孩子学费。三个孩子上学，一个小学四年级，一个马上要上高中了，大的一个在上大学，只是孩子学费一年就得一万五六，另外，生活费也不是小数目。大病虽有国家大病补助，但也只是小部分，还得靠自己好好干，打工多挣点钱。"

总体而言，药品定价高、就医报销比例低、部分村庄村内看病不能报、个人缴费涨幅较大等，是新农合运作中比较突出的问题，需引起重视。当然，在新农合医保中，政府发挥组织、引导、支持的作用，是出资与供给的基本主体。农民个人缴费占新农合总投入的1/4到1/3之间，因此，在新农合医保中，政府的作用更为基础与关键。

2. 农村养老保险

新型农村社会养老保险，简称"新农保"。2009年国家启动新农保试点。凡在2009年11月30日基准日前，年满60周岁、未享受城镇职工基本养老保险待遇的农村居民，均可享受国家普惠式养老金（基础养老金）。新农保坚持"保基本、广覆盖、有弹性、可持续"的原则，政府引导与农民自愿相结合。在筹资渠道上，实行个人缴费、集体补助和政府补贴相结合。新农保在支付结构上分两部分：基础养老金和个人账户养老金。基础养老金由国家财政保证支付[①]。年满16周岁、不是在校学生、未参加城镇职工基本养老保险的农村居

---

① 潘光辉、孟召将：《新农保制度的激励不足问题及其化解：基于广东试点的观察》，《南方农村》，2012年第8期。

民,均可参加新农保并按规定缴纳养老保险费。新农保缴费标准各地并未有统一规定,以2016年为例,总起来看,缴费标准划档为每年100元、200元、300元……1400元、1500元15个档次(每增加100元上浮一个档次,各地大多分5—15个档次),参保人可自主选择缴费档次,多缴多得(其中100元、200元为特殊群体缴费档次)。新农保经办机构为参保人建立个人账户,参保人"月养老金待遇=基础养老金(55元)+个人账户总额÷139"。

与新农合情况相似,由于全国绝大多数村无集体收入来源,因此新农保的筹资也仅剩政府资助与农民个人缴费两方面,而所谓"集体扶持"的构想也落了空。

尽管国家规定了新农保个人缴费有多个档次,但课题组的调查显示,大部分地区的农民(16—59周岁,在校学生除外)都是按每人每年300元这一档次缴纳,譬如,山东潍坊K村村民就是按此标准缴费的。只有少量特殊人群,如低保户,是按最低两档(即每人每年100元、200元)缴纳。当然,由于其特别困难,部分地方甚至根据政策由政府代缴。

农民年满60周岁,可按月领取养老金。农民的养老金包括两部分:一是基础养老金,全国统筹(国家财政支付,最初标准为每月55元);二是个人账户养老金,根据个人缴费情况而有所区别。不过,总体来看,农民养老金国家统筹的层次不高。课题组在大规模的乡村调查中发现,农民的养老金大体是在地市级层面按同一标准发放的。比如,2016年山东潍坊(辖4区6市2县)农民(年满60周岁)的养老金是每人每月100元,而济南农民则是每人每月110元;河南驻马店农民是每月69元,新乡则是每月78元;贵州黔东南是每月75元;安徽合肥则是每月110元(各地农民最后领到的养老金数额还因个人账户部分缴费不同而有所区别)。当然,年满60周岁以上的农民的养老金发放,可能还要再分几个档次。比如,2016年四川宜宾农民60周岁以上65元/月,80周岁以上75元/月,90周岁以上则是100元/月。

当然,随着经济发展以及物价变动等因素,农民的养老金基础标准也会慢慢上浮。以河北唐山农村为例,当地一乡镇民政办工作人员刑××受访时(2019年1月)说:"2019年农民的养老金是每月138元,这是最新数据,2018年则是120元。从最初的每月55元,然后70元、80元,一点点涨上来的。"

总体来看,在农村养老保险问题上,国家也开始发挥主导作用(无论是财政支持,还是组织引导),但离其应有之职责尚有距离。比较突出的问题是,新农保在全国统筹层次上仍太低；另外，发放标准偏低，用甘肃兰州QJT村一农民（2019年1月访问）的话说："新农保的钱有点少，光靠养老保险这点钱肯定不行。"

3. 农村最低生活保障

最低生活保障，是国家对农村贫困人口的一项社会救助制度。2007年7月11日，国务院下发《关于在全国建立农村最低生活保障制度的通知》（国发〔2007〕19号），开始在农村探索建立最低生活保障制度。该通知指出其保障对象为"家庭年人均纯收入低于当地最低生活保障标准的农村居民，主要是因病残、年老体弱、丧失劳动能力以及生存条件恶劣等原因造成生活常年困难的农村居民"。制度建立初衷，是"给予必要的救助，以保障其基本生活"。

表58 2016年四省五村低保人口及补助情况

村庄	所在地区	户数（户）	人口（人）	低保户数（户）	低保人口（人）	人月补助（元）
LT村	四川宜宾	412	1 464	80	288	100
TL村	四川绵阳	483	1 570	26	56	100
H村	陕西宝鸡	739	2 874	36	92	140
ZK村	河南新乡	421	2 536	14	71	100
K村	山东潍坊	239	840	12	36	150

资料来源：课题组2016年调查

课题组在大规模的入村访谈调查中发现（表58为部分村庄的低保情况），几乎所有村庄都有一定比重的贫困人口（中西部农村更为突出），当然其获得低保补助（领取低保金）要经过申请和批准程序。比如，四川绵阳TL村（行政村，人口1 570人），2017年1—2月课题组成员入村调查时，村支书和村主任统计的该村贫困人口共有50户158人（贫困人口占比10.1%），但能够享受贫困补助的只有29户59人（包括五保3户3人、低保26户56人，两者占总人口比重为3.8%）。这说明脱贫任务相当艰巨，而想要评上低保户，则竞争激烈。调查发现，享受低保人口占总人口的比重，大多数村庄在3%—5%之间。当然，有些村特别贫困，占比就高些，如四川宜宾LT村（行政村），生态环境恶劣，为省级贫困村，低保人口有80户288人，其占总人口的比重为19.7%。

根据国家政策,享受低保的条件是农民家庭的年人均纯收入低于当地的"农村最低生活保障标准"。而"农村最低生活保障标准,由县级以上地方人民政府按照能够维持当地农村居民全年基本生活所必需的吃饭、穿衣、用水、用电等费用确定。农村最低生活保障标准要随着当地生活必需品价格变化和人民生活水平提高适时进行调整"[①]。比如,2016年,陕西宝鸡H村所在县农村最低生活保障标准为1 950元,贵州黔东南XS村(行政村,苗族村寨)所在县为2 240元,四川遂宁SQ村所在市为3 200元。由于农民家庭有哪些收入来源、人均纯收入有多少、是否低于最低生活保障标准,这些问题外部(包括乡镇政府)很难掌握,因此最终要由村干部进行调查、判断并提出初步意见。申请农村最低生活保障的法定流程是:"一般由户主本人向户籍所在地的乡(镇)人民政府提出申请;村民委员会受乡(镇)人民政府委托,也可受理申请。受乡(镇)人民政府委托,村民委员会对申请人开展家庭经济状况调查、组织村民会议或村民代表会议民主评议后提出初步意见,报乡(镇)人民政府;乡(镇)人民政府审核后,报县级人民政府民政部门审批。"[②]可见,在整个低保申报流程中,村干部处于居中和关键的地位,其作用甚至是不可替代的。调查中发现,此环节最容易出问题,问题也最为突出。2017年2月课题组调查四川遂宁SQ村(行政村,人口2 300人)时,部分村民就反映:"村支书的熟人和亲戚才能拿到低保(低保金额是每人每月150元),像我们这些没有关系的拿不到。""真正困难的拿不到低保,不怎么困难的却拿到了。"

调查发现,大部分村庄的低保补助(低保金)在人均每月100—170元之间,其中多数村庄是按一个档次统一发放的,另有部分村庄是分几个档次发放的。对此国家的政策规定是:"最低生活保障金原则上按照申请人家庭年人均纯收入与保障标准的差额发放,也可以在核查申请人家庭收入的基础上,按照其家庭的困难程度和类别,分档发放。"[③]可见,国家的政策规定还是比较理想的,比如要准确计算申请人家庭年人均纯收入与保障标准的差额在操作

---

① 2007年7月11日国务院《关于在全国建立农村最低生活保障制度的通知》(国发〔2007〕19号)。
② 2007年7月11日国务院《关于在全国建立农村最低生活保障制度的通知》(国发〔2007〕19号)。
③ 2007年7月11日国务院《关于在全国建立农村最低生活保障制度的通知》(国发〔2007〕19号)。

上还是相当困难的(且要花费大量劳动),因此,为简便和减少争议计,现实中相当数量的村庄就按一个补助档次向低保户统一发放。当然,也有部分乡村是分档发放的。譬如,河南南阳Z镇低保补助标准分三个档次,一级每人147元/月,二级每人127元/月,三级每人107元/月。贵州遵义LF村(行政村)2016年有67人领低保,低保金也是分档发放的。2017年2月10日,该村村支书受访时说:"每个人领取的补贴是不一样的。按最低生活标准来折补,差得多就补得多。如王家有人一级残疾(目盲且有老年痴呆),家庭困难,他家每人一个季度补贴500元(人均每月约166.7元)。"山东潍坊K村是按低保户人口的多少来分档发放的(算下来人均每月150元左右),即一人户每人160元/月,二人户每人150元/月,三人户(及以上)每人140元/月,表面看是分档,实际上有点机械且带点平均主义。2018年2月,课题组成员调查的山东潍坊GH村(行政村,人口1 580人)低保情况较为详细,下面是对该村村支书兼村主任刘×(63岁)的访谈片段:

> 问:现在村里低保户有多少?补贴怎样?
> 答:有20户低保,共35个人。补贴一个月平均140—150块钱。
> 问:补贴资金是从哪里来的呢?
> 答:都是县人力资源与社会保障局下发,直接打到他们的卡里。
> 问:那这些钱他们够用么?能起多大的作用呢?
> 答:凑合凑合也是没问题的,而且大部分低保户都是光棍,平时还可以打着麦子,然后领着低保。80块钱买面一袋,40块钱买盐、买鸡蛋,都是能吃饱饭;再剩下的就用于医疗看病。而且每逢过年、中秋,这是每年固定的,党委和县里都会分别派人下来带着东西看望低保户们。一个人分20斤面、10斤大米、10斤面条,还有一箱鸡蛋、一桶油。自己都买不了这么全,光这些他们也能吃上两三个月。另外,每年不定时,县里还会派人下来给他们送一些日用品之类的。
>
> (访谈时间地点:2018年2月22日,于村委会办公室)

调查中还发现,部分地方的低保金不能按时发放,群众意见较大。譬如,四川绵阳TL村(行政村,人口1 570人)村民郑××(68岁)就反映低保金难领。郑的妻子患有糖尿病,每年药钱不少,医保却无法报销。2017年1月23日课题组成员入户访问时,他说:"以前迟迟没有资格领低保,今年(指2016年,入访时还没到农历新年)有资格了,刚开始几个月还能领到钱,最近几个月却未能领到,去询问说是没有钱。问了同领低保的人,都说没领到。大家对此非常不满。"根据国家政策,低保金列入地方财政专项,按说应该是有保证的。出现此类情况的原因,值得注意。

少数村庄在向低保户发放低保金的同时,也让他们承担一定的义务。比如,河南新乡ZK村,2016年领取低保金的有14户(每人每月补贴100元),2017年1月访谈时,村支书说:"低保户要协助村干部打扫街道卫生,农收季戴红袖章帮忙宣传秸秆禁烧。"当然,绝大多数村庄的低保户都没有承担一定的义务。2017年调查时,贵州遵义LF村(行政村)村支书的回答就有代表性:"领低保的村民没有承担任何义务。这不光是我们村,就是整个遵义市甚至贵州省都是这样的嘛。领这几个钱,还想喊他们做事情?一个一个的,好像欠他们的,意见还多得很呢。"2018年2月,课题组成员访问山西忻州QB村(行政村,人口1 821人),村民张×(38岁,打工)等也反映:"村里领低保的有一百多人,都没有为集体尽点义务什么的。按说应该做点力所能及的事情,不能把国家的钱用来养懒人。现在国家政策好,扶持了一部分人,但也把一部分人带坏了。有些有生存能力的人依靠低保生活,不劳动。个别的甚至开小车、住新房还吃着低保,最后被大家盯着退出了。"

总起来看,低保是国家对农村贫困人口实施的一项社会救助制度,政府发挥主导作用,村干部主要发挥协助进行调查、提出人选的作用。低保政策实施存在的主要问题,是如何把农村真正困难的人筛选出来并抑制选择过程中的腐败。

4. 乡村公共服务

乡村公共服务也是重要的公共产品,包括村庄生活供水设施的日常维护及运作、公共卫生维护、服务设施运转(如图书室等)、办事服务(如开证明等)甚至计划生育(优生优育),等等。

调查中发现,大部分村庄的生活供水以机井抽水为主(建造相关设施并铺设管道到户就可变为自来水),并以村庄为管理与供给主体。譬如,2017年课题组成员访问河北唐山XHS村(行政村,为超大自然村"XH村"的一部分)时村支书介绍说:"村里生活供水主要是靠村里两口机井拉水,每天一小时自来水拉水。"山东潍坊K村前几年通过机井抽水,保证村民每天有两个小时的自来水供应(抽水电费各户均摊)。2015年该村更新了抽水的动力系统,自来水开始24小时不间断供应，同时，村干部采取了一项惠民措施即村民使用自来水不再缴费（村干部通过拍卖荒山使用权等途径获得了相关集体收入，其中部分用于支付抽水电费）。当然，部分村庄还做不到将机井水转化为自来水，而仅仅是将水抽上来，存到一个蓄水池里，然后各户再挑水自用。

村庄公共卫生，也是一项公共职责。不过，调查发现，此为乡村公共服务的薄弱环节。大部分村庄缺少公共卫生设施，如垃圾池、垃圾处理站，尤其是没有专职的保洁人员，因此垃圾乱扔、污染环境的现象比较突出。还有部分村庄，尽管设有垃圾处理设施，但村民随手乱扔的习惯一时难以改变。譬如，2017年课题组成员到四川宜宾LT村调查时，看到村边河面漂浮着垃圾。一位受访村民说："这个垃圾我们以前都是这样倒的。后来村里修了垃圾站，但是隔得太远，设的点也少，就都不愿意去，干脆随手一倒就完事了。农村不讲究那么多。"该村妇女主任也说："村里有垃圾池、垃圾处理站，但是有些村民还是要把垃圾顺手倒在家门口的坡下面，或者河里面，一些是因为不习惯，一些是感觉领着垃圾跑到垃圾池仍太远了。我就经常向一些村民灌输讲卫生的观念，不过这个的确还需要慢慢引导改变。"还有部分村庄，尽管有保洁人员，但不是天天来，垃圾不能及时处理，村民意见大。譬如，河北石家庄K村（行政村，人口6 202人，2017年调查），"全村设有垃圾场10—12个（尤其是靠近主马路），每半个月村里都会派专人去清理垃圾，而清理的垃圾全部堆在村北的弃坑里，弃坑大概能存20万立方米的量"。不过，半个月清理一次，时间拖得有点长，如到夏天，气味就太重。该村不靠近主马路的一些空地，村民图方便乱扔形成的垃圾堆，更是无人处理。村民康××家门口附近就有这样一个垃圾坑，三年无人处理，他意见很大。下面是调查员对他的访谈片段：

问：家里有什么烦心事吗？

答：你进来的时候也看到啦，家门口那么大的一个坑，全是垃圾。原来坑边住有一户人家，但人家在县城里买了房，不回来了。这个地方就空下来了，成了大家默认的垃圾场，邻里有啥垃圾，都往那里倒。一到夏天，苍蝇蚊子乱飞，能臭死个人。这个坑都有三年了，几次给书记反映，都不给回信。前一阵上边来检查卫生，村干部就找些人把大马路上的垃圾捡一捡，但巷子里的，偏僻一点的，连看都不看。

（访谈时间地点：2017年月18日，于受访者家中）

当然,也有少部分村庄处理得较好。譬如,浙江台州WT村和绍兴JX村,经济基础较好,都雇有专职的保洁队伍,每天按时清理,村民生活在干净与舒适的环境之中。

近年,农村与农民响应政府号召,进行村庄文化室、村民活动中心等建设。当然,这些建设的进展与好坏,往往与村庄集体经济基础或村干部能否从政府申请到资金高度相关。如果集体经济薄弱,村干部又争取不到资金,这类村庄的公共文化与活动设施建设就比较薄弱甚至出现空白,此类情况在中西部农村比较突出。譬如,2017年课题组成员调查的四川宜宾LT村(行政村,人口1 464人)为省级贫困村,基础设施落后,所谓村庄文化室、村民活动中心之类的完全空白。在大学教育大众化的今天,该村甚至"还没有出过大学生"。河南洛阳GH村(行政村,人口1 150人)村支书费尽周折,2016年从镇政府申请到5万元,修通连接该村两片住宅区的一段路(但资金不够最后还让各户凑了一部分)。2017年入村调查时,当询问文化设施、娱乐设施的建设情况(该村无文化室、无健身设备、无公共文化活动)时,村支书回答说:"哪有闲钱去弄那玩意!大家都出去打工了,村里头哪有人用啊!"山东潍坊K村,村干部从政府申请到一笔钱,建了村文化室(兼作村委办公室)。而陕西宝鸡H村有一定的集体经济支撑,因而包括村民"休闲广场"在内的村庄公共设施建设较好。下面是对该村村委委员兼村办集体企业(采石厂)会计的访谈片段:

问:村里公共开支的钱从哪里来?

答:咱村子啥都从采石厂(村办集体企业)拿钱哩,今年采石厂还没开工,村上就把220万元拿走了。

问:拿走干什么了?

答:拿去搞像营养餐厅建设、幸福院(敬老院)、休闲广场、美丽乡村建设。

问:这些设施是村干部牵头,还是村里有人提?

答:这都是村干部提出来。这也是响应国家号召,像美丽乡村建设。

问:这些国家拨钱不?

答:国家拨钱了,美丽乡村建设拨了20万元,咱实际投资将近60万元哩。美化工程咱H村都走在前头。

(访谈时间地点:2017年1月30日,于受访者家中)

由于是村干部牵头、组织、帮助把这些公共设施建起来的,因此其运转、开放、维护和对外服务,也往往与村干部有很大关系。譬如,山东潍坊K村的村文化室,村干部到场就开放,有事不来就关闭,开放与使用率并不高。浙江绍兴JX村(行政村,2017年调查)集体收入较多,村集体为老年活动室支付电费和卫生工作人员的工资,因此该活动场所使用率就高,平时也人多热闹。

另外,为村民开介绍信、提供相关证明甚至帮助写申请,也是村干部日常工作与服务的组成部分。调查中发现,"学生需要什么贫困证明,不管家中是否贫困,去找村支部开都会开的。""一些农户只要申请低保,村干部也尽量促成此事(只要有可能)。"用某位受访村干部的话说:"在村中经常有不违背大原则前提下的'惠民'行为。"当然,一些事情村干部的"服务"可能过了头。

在村中落实计划生育、优生优育,既是村干部肩负的一项职责,也是村干部对村民的管理与服务。调查中发现,基层政府对计生采取控制与罚款相结合的措施。譬如,2016年河南南阳Z镇公布的超生罚款(征收社会抚养费)措施是:"社会抚养费征收标准:按男方与女方所在地上一年农村居民年人均纯收入的6倍征收(违法生育三个以上),即 $9\,190 \times 6 \times 2 = 110\,280$ 元。"也就是说,超生一个孩子,要被罚款11万元左右。2018年1月20日,课题组成员对广西南宁TJ村(汉族、壮族混居村,人口2 490人,耕地3 798亩)的计划生育工作做了调查,村妇联主任刘×(女,38岁)介绍说:"2017年度,我村共出生人口54人,其中一孩出生33人,二孩出生17人,计划外4人,多孩0人。育龄妇女结扎4例,放环30例,人流1例。村人口自然增长率控制在上级下达的指标内。村妇联主任一般兼任计生专干,任务繁重。除妇联主任兼计生专干有报酬外,其余妇联干部无偿服务,工作热情较低。"

计划生育是国家的硬任务[①],但执行起来不容易。由于基层政府对村里情况尤其是育龄妇女的信息难以掌握,就得依靠村干部,那可是"上面千条线,下面一根针"。下面是对河南洛阳GH村(行政村,人口1 150人)村支书兼村主任赵××(53岁)的访谈片段:

---

① 近年国家计划生育政策已发生重大调整。2015年国家开始实施"一对夫妇可生育两个孩子政策";2021年开始实施"一对夫妇可以生育三个孩子政策"。时下,育龄夫妇不生或少生,正成为国人忧虑的问题。

问：当书记是不是可累了？

答：那真是，你别看现在村子里头人都出去了，没啥人在村子里，事儿可不少。上头一直催着你计划生育，限制人口，你着急没用啊，大家该生还是生，止不住。大家还一直想往村子里头迁户口，都是盼着占块地。也就想着市里头建新区，拆迁房子，拆到咱这边赔那几个钱。你看这坡下房子一个比一个高，建得高大，将来赔得多。

问：辛苦辛苦。

答：哎，都是瞎忙活，瞎忙活啊！

（访谈时间地点：2017年1月30日，于受访者家中）

其实，上级催着做好计划生育工作是难事（"从上到下"，政府找村干部），大家争着往村子里迁户口也是难事（"从下到上"，村民找村干部），都不好处理，村支书就处于上下矛盾交叉的焦点上了。之所以这样，正是中国乡村社会结构使然。

中国乡村社会在结构上表现为一个个的村子。村子是国家乡村管理与服务的对象，但国家的管理与服务事实上很难直接进村，需要借助一定的中介即村干部，尤其是村中一把手村支书。因此，在村支书这里，就形成"上面千条线，下面一根针"的局面。其实，不但从上到下，而且从下到上看也是如此。在村支书这里是"一根针"，下面"千条线"连着村民。

（四）乡村发展扶助

国家的乡村发展扶助，包括农业补贴、扶贫帮困、产业扶持等，下面根据调查情况予以具体分析。

1. 农业补贴

农业是国民经济的基础。2002年以来，国家相继实施良种补贴、种粮直补、农资综合补贴和农机购置补贴（简称"四项补贴"），目的是对农业发展进行扶助、扶持。2013年仅仅是"四补贴"，中央财政对口农民的直接补贴就达1 600多亿元[①]。对"四项补贴"情况，课题组进行了相关调查（表59）。

[①] 降蕴彰：《农业补贴或向种粮者倾斜 2016年将迎更大范围改革》，《农村·农业·农民（A版）》，2015年第10期。

表59　2016年四省五村种粮补贴（种粮直补、良种补贴）情况

村庄	人口（人）	所在地区	种粮补贴（元）
SQ村	2 300	四川遂宁	108
LT村	1 464	四川宜宾	108
ZK村	2 536	河南新乡	92
H村	2 874	陕西宝鸡	78
K村	845	山东潍坊	125

资料来源：课题组2017年调查

根据课题组2017年初的调查（表59），河南新乡ZK村的种粮直补是每亩77元、粮种补贴是每亩15元（两者合计92元）；陕西宝鸡H村种粮直补每亩70元、粮种补贴每亩8元（两者合计78元）。不少地方把种粮直补与粮种补贴合在一起，合称"种粮补贴"，譬如，四川遂宁SQ村与四川宜宾LT村的种粮补贴均是每亩108元，山东潍坊K村的种粮补贴（种小麦补贴，种其他粮食不补贴）则是每亩125元。另外，种粮补贴都是对农户采取直补的方式（不经过村干部这一中介），直接打到农户的银行卡上。

调查中发现，大部分地方的农机购置补贴是购置款的13%，但也有少数地方由于比较贫困，补贴力度大，譬如，四川宜宾LT村的农机购置补贴是60%。2017年1月23日，课题组成员访问该村妇联主任邓××（50岁）时，她说："去买农用机械时提出申请，然后就会少付60%的钱，我们家那个切猪草和打玉米的机器就是农机补贴买的，的确少花了不少钱。"

2017年初，课题组就国家实施的包括"新农合""农业补贴"在内的公共政策的村民满意度进行了全国问卷调查（表56）。结果发现，村民满意度排名第一的是"新农合"，排名第二的就是"取消农业税并有种粮等补贴"。说明包括种粮直补在内的农业"四项补贴"，是广受农民欢迎的政策之一。

当然，农业的"四项补贴"也存在一些问题与不足，正如山西忻州S村（该地种粮直补每亩60元、粮种补贴每斤5元，2016年2月调查）原村支书所说："只要有地，不管是否种地，都有补贴，而真正种地的人却不一定有补贴。所谓种粮补贴，没有真正调动村民种地的积极性。"有的农民拿到补贴后，转身就去城里打工了，而靠租地种粮的人，却没有享受到相关补贴。毫无疑问，"四项

补贴"降低了农民种地的成本,对稳定农业生产发挥了积极作用。但是,由于农户的地块非常小,仅3—5亩,想通过稳定农业生产进而让农民通过务农致富则是做不到的(据调查,每亩地种粮的净收益为一两千元)。

2. 扶贫帮困

扶贫的目标是脱贫并争取发展起来。要想"精准扶贫",首先要扎实开展贫困状况调查,把真正的贫困户"精准识别"出来。2018年2月11日,课题组成员到河南周口YJ村(行政村,人口3 800人)调查,村会计彦××(68岁)说:该村的识别方法是"一进二看三算四比五议六定"。具体来说,"'一进'就是包村干部与村组干部进户调查,摸清各户家底。'二看'基本生活设施状况,找出那些真正贫困的村民。'三算'就是按照标准逐户测算收入和支出,算支出大账,找致贫原因。'四比'就是比较各户生活质量。'五议'就是对照标准,综合考量,逐户评议。拟正式推荐为扶贫对象的,还会参考村民的意见,之后向村民公示。'六定'就是正式确定为扶贫对象的,由村'两委'推荐确定,乡镇党委政府核定。最后才能确定真正的建档立卡贫困户。"

贫困户识别出来后就要为他们建档立卡,进而采取有针对性的"精准帮扶"措施。YJ村会计彦××(2018年2月调查)说:"对于贫困户我们会发放《扶贫手册》和《贫困户精准脱贫明白卡》,并在省、市政府的指导下,各县统筹安排有关帮扶资源,对每位建档立卡户明确结对帮扶关系、帮扶责任人。在帮扶补助方面,我们统筹考虑'两不愁,三保障'原则。'两不愁'是,不愁吃,不愁穿。'三保障'是,保障义务教育、基本医疗、住房安全。会在这五方面给予建档立卡户一定的资金和物资扶持。"课题组通过广泛的乡村调查发现,村干部与政府合作,一般采取"基础设施到村到户、产业扶持到村到户、教育培训到村到户、农村危房改造到村到户、扶贫生态移民到村到户、结对帮扶到村到户"等精准帮扶措施。2018年2月,课题组调查的内蒙古清水河县(国家级贫困县)NL村(行政村,人口1 366人),该村第一书记郝×就"精准扶贫"介绍说:"通过走访农户,精准了解贫困户当前急需解决的困难和问题,了解每户农民的现实情况和发展意向,结合镇政府出台的扶贫政策,为每户落实科学的帮扶措施。比如因学致贫的,实施教育扶贫,让其享受'两免一补'或教育救助。因病致贫的,实施健康扶贫,在卫生、社保、民政等部门加大报销比例,进行大病救助。没有劳动能力的,实施企业托养式扶贫以及社会兜底。有发展意向的,进行产业发展帮扶。想搬迁的,实施易地搬迁扶贫。"

下面看看课题组调查的一些个案的具体情况。2016年调查的四川宜宾CH村(行政村,人口1 297人),有建档立卡贫困户29户,每户根据情况每年有300—3 000元的扶持。该村有未上初中的留守儿童60人左右,西南科技大学开展了"春苗救助"行动,进行对接帮扶,一季度每名儿童发放150元,并赠送学习用品。贵州毕节NG村(行政村,2017年调查)是毕节最后21个无电村之一,2007年才通电。根据2017年1月17日对村支书黄××(无子女)的访谈,该村总收入66.1万元,算下来人均年收入3 475元。而政府规定的特困户标准是人均年收入低于3 100元,显然该村属于贫困村,甚至村支书都领着低保。村支书说:"最愁的除了钱,就是我们夫妻俩(无子女)老了无依无靠。"村里上报的贫困户有40户。政府采取的针对性帮扶措施有:修建了连通该村的"幸福路"(3千米,2014年建成);建土豆种植基地300亩,政府给予肥料补贴;辅助养羊户10户;为村小学招聘特岗教师(学生共有6个班230人,教师有9名);建沼气池;县林业局引进特种树木进行种植;等等。

四川宜宾LT村(行政村,人口1 464人)生态环境较为恶劣,土地多为坡地,无法进行机械耕作。该村人均收入不足3 000元,属于省级贫困村,有低保户80户,统计贫困人口288人。村民的房屋多为土坯房,由于年久失修,加之常年受阴雨天气的影响,很多房子成为危房。村里无幼儿园,村民的小孩要等到年龄大一点,直接上小学。村庄教育落后,村里学生最多读到高中毕业,不少初中读完就不读了(村里还没有出过大学生)。课题组调查前后,有幼教学校定点扶贫LT村,在该村修建幼儿园,鼓励小孩就读,促进该村教育发展。采取的针对性扶贫措施是"村村通""户户通"工程(由政府出资将公路、电力、通信设施修进村,并争取连到户)。2017年1月20日访问该村村支书兼村主任曾××(53岁)时,他说:"国家拨款给我们修路,实现村村通,从2016年到现在主干道基本完善。现在陆续完成支路的修整,争取做到家家通,把路修到家门口。"

国家在LT村的帮扶措施还有危房改造政策。关于危房改造补贴标准与流程[①],村支书兼村主任曾××介绍说:"房子出现危险,家里又很贫困的,个

[①] 依据中华人民共和国住房和城乡建设部出台的《农村危险房屋鉴定技术导则(试行)》(建村函〔2009〕69号),农村危险房屋共被划分为A、B、C、D四个等级,其中,鉴定为C级和D级危房的列入农村危房改造范围。

人提出申请,通过审核批准就可得到补贴。补贴按照户口人头数分三种情况,在村里原地基上改建的按照家庭人口每人18 000元,在乡镇上建的每人25 000元,在城镇建则是每人28 250元。补贴款分两次下拨,申请成功给一半,修好验收后再给一半,中间不足部分自己先贴钱。"当然,补助资金偏少,不足以完成改建。调查中发现,部分农户通过再借点钱或贷点款完成了危房改造。也有部分特别困难的农户,即使给了危房改造政策,但也无力完成房屋改建。譬如,课题组成员调查的柳××(90岁)一家,特别困难。其一子病死,儿媳妇出走,孙子与其及老伴一起生活。下面是对他的访谈片段:

问:看您这房子很破旧了,政府不是在实行危房改造嘛,你们也该申请整修一下的。您的子女帮您一下也行啊。

答:房子改造也是有标准的,重建的话规定只能修25平方米,按人口补贴的钱不够修,我也没钱填补剩下的费用,我的子女也过得不容易,不想麻烦他们,只要他们把自己日子过好了就行。我在想过两年情况好转了就整修一下,重建我是没有那精力了。

(访谈时间地点:2017年1月21日,于受访者家中)

调查发现,由于补助资金少,危房改造尤其是生态移民性的扶贫搬迁工程的受益户,尽管比较贫困,但也要有一定的经济基础(有些还是经济条件相对较好的农户),而那些特别困难尤其是最穷的农户根本建不起,当然更搬迁不起。LT村村民柳××(66岁,党员,务农)家的情况就有代表性,2017年2月13日受访时,他说:"我们这里大多都依山而住,你看各户都零零散散地分布,除了路边上几家比较密集。我这危房改造只能在原地基上,搬移地方我承担不起,就这样我都还要贷款才能修好。"调查中还发现,部分地方还存在建房补贴迟迟不能到位的问题。四川绵阳TL村(人口1 570人,2017年调查)村民郑××(62岁,家中贫困,为修新房欠债数万元)就反映:"家里新修了房子,本该有修房补贴几万元,但一直未拿到钱,说是把老房子拆了就拿到钱。扶贫牌子给我家挂了一大堆,却迟迟拿不到钱。前不久书记、主任到家询问情况,我当面又讲了,钱还是不到。"

调查发现,农村脱贫任务艰巨,一些地方上报的脱贫完成数据与真实完成情形之间有巨大反差。譬如,2018年1月,课题组成员调查的吉林省吉林市

QL村(行政村,人口1 800余人),有低保户49户67人,五保户12人。该村上报2017年一年完成脱贫计划20户。然而,真实情况如何呢?下面是对该村副书记孙××(63岁)、会计王×(57岁,个体经营)的访谈片段:

> 问:村里有脱贫任务吗?
> 答:2017年预定任务是20户。
> 问:完成了?
> 答:上报完成了。实际上能不能脱贫呢,改革开放这么多年他都是贫困呢,你就让他一两年就能把贫困脱了,可能吗?只不过是个空名。一年拿给你一点儿油,一点儿面,那就算脱贫了吗?实际上有几个能脱贫?!

(访谈时间地点:2018年1月16日,于村党支部办公室)

再看安徽宿州LH村(行政村,人口5 070人,耕地8 240亩)的情况,该村本有"建档立卡贫困户182户361人",村干部上报的脱贫情况是:"2014年脱贫25户47人,2015年脱贫25户66人,2016年脱贫15户31人,2017年脱贫32户61人。"截至2018年1月24日课题组调查时,"现有未脱贫贫困户85户156人,其中五保户27户29人,低保贫困户23户50人,一般贫困户35户77人"。且不说脱贫数字中的水分如何,就是剩下的这些贫困户,基本都是"难啃的硬骨头"。尤其是其中的五保、低保户(两者合计79人),绝大多数是病残人员(课题组全面对照了干部所列致贫原因),需要长期供养,而所谓脱贫则非常艰难。

调查发现,"精准扶贫"操作实施不易。比如,2018年2月,课题组调查的河南安阳MP村(行政村,人口1 150人)有低保户32户,其中2户为2017年确定的"精准扶贫"户。应该说,2户确为村中最为贫困的。一是马×(户主,65岁)家(3口人),干部罗列的其"贫困原因"包括:户主患脑血栓、糖尿病、高血压、卧病在床;妻子骨质增生;儿子死亡、儿媳改嫁;孙女年幼(11岁)上学。二是马××家(1人户,41岁,离异),"贫困原因"为"股骨头坏死,常年服药,劳动能力有限"。可见,两户均为因病致贫。当然,把特困户"精确识别"出来相对容易。真正困难的是如何帮助脱贫,尤其是真脱贫。以马×家为例,村干部计算的其家年人均收入为3 486元,"脱贫目标"是帮助达到家庭年人均收入6 462元。干部拟采取的帮扶措施有：享受低保待遇（已是低保户）；由区政协及街道办干部帮助"争取财政资金发展高效农业带动脱贫"；多级（区政协、街道办、村委会）结对帮扶，定期到户走访慰问，解决实际困难。2018年2月调查发现，各级干部确实经常到户慰问，还帮助马×妻子找了一份给村里打扫卫生的工作。但"争取财政资金发展高效农业带动脱贫"措施，却是说起来容易做起来难，迟迟难以实施。当然，干部采取的"精准扶贫"措施，对缓解特困户的贫困确有一定作用，但离实质脱贫尚有距离。马×家即使在帮扶下，短期实现家庭年均收入由3 486元到6 462元的目标，但仍缺乏"自我造血"功能，如果这些帮扶措施一停止，那么可能很快就会返贫。

2019年1—2月，课题组成员对甘肃兰州QJT村（行政村，人口3 450人）扶贫情况进行了重点调查。经梳理，该村从2014年开始实施精准扶贫以来，共有建档立卡贫困人口202户825人。截至2018年底，共减贫174户745人，其中2014年脱贫52户220人；2015年脱贫83户363人，返贫1户4人，新识别9户21人；2016年脱贫11户45人，返贫3户13人，新识别7户20人；2017年脱贫15户64人，返贫1户3人，新识别2户6人。2018年脱贫19户78人。2019年初未脱贫28户80人，贫困率为2.3%。调查显示，尽管付出了巨大努力，该村每年仍有农户因故返贫并有新出贫困户。扶贫越到最后，剩余（尚未脱贫）农户的脱贫难度越大，部分完全缺失"自我造血"功能的可能最终要靠国家财政供养来托底保障。

令人欣喜的是，经过全党全国人民的持续顽强奋斗，临近建党一百周年之际（2021年），中央宣布中国终于打赢了人类历史上规模最大的脱贫攻坚战，全国832个贫困县全部摘帽，近一亿农村贫困人口实现脱贫，实现了小康这个中华民族的千年梦想[①]。当然，时刻保持清醒与奋斗意识仍是需要的，正如党的二十大报告所强调的，要继续巩固拓展脱贫攻坚成果，增强脱贫地区和脱贫群众内生发展动力[②]。

---

① 习近平：《高举中国特色社会主义伟大旗帜　为全面建设社会主义现代化国家而团结奋斗——在中国共产党第二十次全国代表大会上的报告》，人民出版社2022年版，第7页。
② 习近平：《高举中国特色社会主义伟大旗帜　为全面建设社会主义现代化国家而团结奋斗——在中国共产党第二十次全国代表大会上的报告》，人民出版社2022年版，第31页。

3. 产业扶持

20世纪90年代,不少基层政府以让农民增收为名,指导甚或指令农民从事某一方面的经营活动(以种植和养殖类的副业为主),应该说,政府的初衷是好的,但总体上看,很难把握市场形势,效果很差。1996年,曹锦清在中原农村对这个问题进行了深入调查。据他访谈的开封县某村支书说,"去年县里号召养牛,说养牛能致富,指令每个乡镇政府办养牛场,并带动各农户养牛","镇政府要我村带头。由于养牛是全县范围内一起推开的,所以,只能从邻县甚至邻市去购买小牛,一时把小牛的价格抬得很高。但按去年的牛肉市场价格,算下来还是有利可赚的,至少不会亏本,再说上面要我们带头总不能不给面子。去年购买的120头小牛如今已到了出栏期,牛肉市场价格却一路往下跌。按目前这个价格销售,白辛苦一年不说,还得亏损几万元。存在栏里吧,牛要天天消耗饲料,且不再长肉,弄得我们进退两难。这可不是一个养殖场的事,全县皆然。县里也十分着急,因为养牛致富是他们的号召,如今响应县上号召的都落得个亏损的下场"①。此类经营失败事件,败即败在政府直接用行政指令干预村与农户的生产,而毫无市场经济意识。课题组成员调查的山东潍坊K村,90年代乡村干部也曾在村里推行蔬菜大棚和农户养鸡场,最后均以失败告终。

课题组从2016—2019年四轮全国乡村调查中发现,这种用行政权力推动的"富民工程"仍然存在。比如,山东济宁CD村(行政村,人口2 000余人,2016年调查),四面环山。乡镇干部认为种植核桃赚钱,在该村强制推广并给予一定补助。应该说,越是落后的地区,干部越用行政权力"逼民致富",加速追赶的心情越迫切。河南洛阳F镇,2011年启动"万亩核桃基地"和"花椒基地"发展计划。GH村(行政村,人口1 150人)分到的核桃种植面积是4 000亩。2017年1月30日课题组成员入村调查时,村支书兼村主任赵××(53岁)介绍说:"村里配合建了核桃园,每户根据人口多少领到的种植任务为5—10亩左右,俺家就有8亩。如今核桃树已5年,挂果2年。花椒基地建设也有五六年了。营销方式则是自摘自卖(会有买家进村收购),目前核桃带皮每斤2元左右。花椒采摘工作量大,需找人帮忙,每户一年下来平均也能卖上6 000—8 000元左右。"调查时,核桃与花椒尚在发展早期,市场未饱和,种植户尚能赚

---

① 曹锦清:《黄河边的中国》,上海文艺出版社2000年版,第502页。

些钱(当然与外出打工的收入有不少差距)。同时,销售渠道是靠人进村收购,比较单一、脆弱。应该说,在市场经济中,农副产品的销售渠道与销售价格比生产本身更重要。县、乡政府依靠行政命令固然仍能强迫农民种什么、不种什么,但市场价格绝非地方行政权力所能控制与支配。故而政府以"致富"为号召,农户以赔本而告终的教训,各地皆有。

4. 小结

总起来看,中国乡村治理体系的输出(公共产品供给)环节比较薄弱。行政村层面由于普遍缺乏公共收入来源,日益变为"难以产出的治理"。包括"乡村基础设施建设""乡村秩序与公共安全""乡村社会保障与公共服务""乡村发展扶助"等公共产品的供给,政府应该承担起主体责任,但现实是仍在相当程度上依靠村民出资、出劳进行责任分担。因此,乡村公共产品的供给尽管有了重大进展,但与广大农民的殷切期待之间尚有不少距离。由于基层政府与基层社会之间缺乏有效互动,基层社会与公众的需求难以直接传递到政府内部,遂造成基层政府的实际运作有与基层社会及农民的需求割裂的情况。固然基层政府提供的公共服务内容在增加,但问题是尚未化为基层政府的内在运行的动力机制。

三、乡村治理绩效分析

根据学术界的相关研究,良好的治理包括三个相互联系的基本方面:一是能够动员政治支持,获得民众的广泛信任;二是能够提供良好的公共服务,满足社会的服务需要;三是能够有效地管理冲突,有良好的冲突解决机制[①]。因此,课题组围绕"民众信任度""矛盾冲突解决能力""公共服务供给能力"三个方面,探索建立"乡村治理绩效的评估指标体系"(表60),并于2019年初开展了一次小规模的全国(八省八村)问卷调查。

关于村庄选择问题,课题组根据先期摸底情况,依据村庄的"地理位置"(是否城郊)、"经济发展"(人均收入情况)、"民主发展"(竞争性选举程度)等情形,对要调查的村庄进行了类型学分析(村庄要有一定的区分度),并最终选择了在村庄类型上有一定代表性的8个村庄(表61)展开调查。

[①] 赵树凯:《乡镇治理与政府制度化》,商务印书馆2010年版,第196页。

表60 乡村治理绩效评估指标体系

测量目标	评 估 指 标
民众信任度（政治支持）	对您村的干部（工作），您如何评价？（满意度）
	对本地乡镇政府的工作，您如何评价？（满意度）
矛盾冲突解决能力	村民就困难之事找村干部（或乡镇）求助，他们能及时回应并处理吗？
	在关系生产生活的重大事情上，比如征地，当地政府重视村民的意见吗？
	您所在的村庄（社区）比较突出的问题是什么？
公共服务供给能力	本地乡镇政府的工作，您认为哪些做得很好？
	您村在基本的公共产品，如供生活水、修路、灌渠维护等方面，状况如何？

固然，测量乡村治理绩效最好包含客观指标与主观指标，但由于乡村基层公共组织的开放度不够，尤其是需涉及"公共收入与支出情况"等高度敏感问题（干部往往含糊其词、不愿透露），因此，乡村调查中获得"客观指标"数据甚为艰难，因而我们建构的"治理绩效评估指标体系"只得退而求其次，以民众的主观评价为基础。当然，乡村民众的主观感受度，无疑也真实反映了当地居民对基层政府（村委会可视为准政府）的服务评价及政府的回应程度。下面是治理绩效测量村庄（全部是行政村）的基本信息（表61）。

表61 8个村庄基本信息

村庄	所在地区	地理位置	外援及公共收入	经济发展（人均收入/元）	民主发展（竞争性选举）
QD村	内蒙古呼和浩特	一般农村	无公共收入	5 000	低
ZH村	河南周口	一般农村	无公共收入	8 000	中
BT村	安徽蚌埠	一般农村	无公共收入	6 000	中
XY村	山西太原	一般农村	电厂租金60万元	5 639	高
TR村	河北唐山	近中心镇	公共租金10万元	20 000	中

续 表

村庄	所在地区	地理位置	外援及公共收入	经济发展（人均收入/元）	民主发展（竞争性选举）
YE村	江苏扬州	一般农村	无公共收入	19 200	低
SJ村	贵州黔东南	县城近郊	外部支持强	9 326	中
AL村	甘肃兰州	城市近郊	外部支持强	5 055	中

资料来源：课题组2019年调查

本次治理绩效测量村庄的选择，样本偏少，8个村庄在"地理位置"与"经济发展"等方面具备较好的区分度。

本次绩效测量，课题组将用于绩效评估的三方面7个指标进行了因子载荷分析（表62）。首先，对测量指标进行了中心化、标准化处理，然后，对处理后的指标数据运用Matlab软件进行（卡方）因子分析。"因子载荷量"数值大小，体现该指标与绩效因子的相关程度；"特殊方差的最大似然估计"数值大小，表明该指标在最大概率下的偏差程度。

表62　8个村庄治理指标因子分析

分 析 指 标	因子载荷量	特殊方差的最大似然估计（$\hat{S}_{max}$）
对您村的干部（工作），您如何评价？（满意度）	0.987	0.026 6
对本地乡镇政府的工作，您如何评价？（满意度）	0.817	0.332 0
村民就困难之事找村干部（或乡镇）求助，他们能及时回应并处理吗？	0.921	0.151 0
在关系生产生活的重大事情上，比如征地，当地政府重视村民的意见吗？	0.505	0.745 2
您所在的村庄（社区）比较突出的问题是什么？	−0.002	0.999 9
本地乡镇政府的工作，您认为哪些做得很好？	0.451	0.796 7
您村在基本的公共产品，如供生活水、修路、灌渠维护等方面，状况如何？	0.707	0.500 8

注：样本数为234个（每个村庄24—35个）；提取方法为主成分分析法，提取1个公共因子

运用Matlab软件,将8个村庄的测量指标与各指标的因子载荷相结合,就获得了各村的治理绩效(见图1与表63"原绩效")。

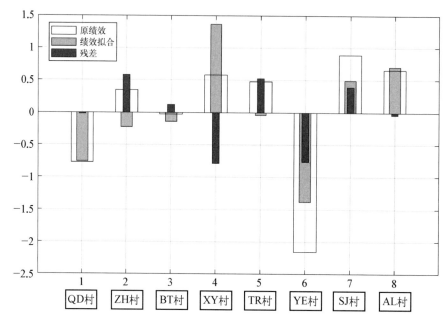

图1　8个村庄治理绩效

注:回归分析中(表64),根据拟合值再次算出的绩效为"绩效拟合","原绩效"与"绩效拟合"之间的差值为"残差","残差"越小表明拟合度(R)越高

表63　8个村庄治理绩效数据

	原绩效	绩效拟合	残　差
QD村	−0.775	−0.757	−0.017
ZH村	0.346	−0.232	0.578
BT村	−0.026	−0.143	0.117
XY村	0.577	1.362	−0.785
TR村	0.478	−0.044	0.523
YE村	−2.154	−1.386	−0.768
SJ村	0.893	0.497	0.396
AL村	0.660	0.704	−0.044

图1中,"绩效"值越大表示治理水平越高(排在图的上部),数值越小表示治理水平越低(排在图的下部)。治理绩效排名前四位的依次为贵州黔东南SJ村(县城近郊)、甘肃兰州AL村(市郊村)、河北唐山TR村(近中心镇)与山西太原XY村,4个村庄的共同特点是,在内外因素(包括较强的外部支持,如黔东南SJ村就因此在公共服务方面得到很大提升)作用下有相对较好的公共收入(尤其是用以提升公共服务的公共支出)。另外,4个村庄选举相对规范、有竞争性、村务公开也相对较好。治理绩效排名后三位的依次为江苏扬州YE村(治理最差,管理混乱,村民意见大,尽管人均收入相对居前)、内蒙古呼和浩特QD村(一般农村,靠近山西)与安徽蚌埠BT村,3个村庄的共同特点是无任何公共收入来源(村庄公共组织运转靠外部注资),干部不作为,村民意见大,村民自治流于形式(选举无竞争性)。

最后,课题组对影响乡村治理绩效的三个主要因素进行了多元线性回归分析。具体步骤是,先对"外援及公共收入""经济发展(人均收入)""民主发展(竞争选举)"进行中心化、标准化操作,然后运用Matlab软件进行回归分析(表64)。

表64 乡村治理绩效回归分析

	回归系数
常量	5.29E−11
外援及公共收入(x1)	0.421
经济发展(人均收入)(x2)	−0.277
民主发展(竞争选举)(x3)	0.422
平均方差 $\overline{S}$	0.496
R^2(调整后R^2)	0.722 4(0.514 2)
样本数(个)	8

通过回归分析发现,"外援及公共收入"(尤其是用以提升公共服务的支出)与"民主发展(竞争选举)"对乡村治理水平有显著的正面影响,而"经济发展(人均收入)"相较前两者对治理水平的影响不明显。

课题组对三个主要因素(自变量)进行了关联度分析,发现三者无显著关联,通过因素(自变量)的独立性检验(表65)。

表65 自变量关联度

	x1	x2	x3
X1（外援及公共收入）	/	0.013	0.648
X2（经济发展：人均收入）		/	0.313
X3（民主发展）			/

当然,课题组所做分析是8个村庄(样本选择的局限性)治理绩效的相对性比较分析,其(如某村)绩效高并不代表在全国高,反之亦然,其治理绩效低并不代表在全国低。不过,毫无疑问,这一分析可以清楚显示影响乡村治理水平的因素,并可对中国乡村治理的发展趋向作出一定预判。

通过实证调查与分析测量发现,乡村治理绩效包含着公共服务提供因素(满足基层社会的服务需要),因此从某种程度上说,乡村社会治理得如何,可以归结为公共服务提供得怎样。从大规模的全国调查看,乡村社会治理总体表现欠佳,公共服务较为薄弱,与广大农民群众的期待尚有距离。重要原因在于,基层政府志不在此,其聚焦的重心仍是经济增长。比如,从乡镇层面看,课题组重点调查了山东潍坊S镇、河南南阳Z镇与安徽宿州L镇政府。从三地基层政府的年度"重点工作"看,均把落脚点放在发展经济上面,包括招商引资、培植税源,而公共服务尚未成为政府运作的中心。显然,经济增长压倒了公共服务。因此,如何将公共服务的理念与价值内化为基层政府的运行制度,是当前中国乡村治理体系建构需要解决的重大问题。

社会冲突化解(公共秩序维持)也是重要的公共产品,是考察治理绩效的重要领域。在村民与村民之间(村庄内部),矛盾冲突有减少的趋势(经多年摸索,村庄内部利益关系的调整规则逐步形成),但在村民与基层政府之间(外部冲突),由于土地征用、环境破坏、干部腐败等问题的影响,矛盾冲突依然高发甚至有上升的趋势[1]。调查发现,村庄外部矛盾冲突比村庄内部矛盾冲突化解难度要大得多。下面是课题组成员就"社会冲突化解"问题,对河北唐山

---

[1] 赵树凯:《乡镇治理与政府制度化》,商务印书馆2010年版,第210页。

LC村(行政村,人口1 000人)治保主任汪××(49岁)的访谈片段:

问:咱们村的治安情况怎么样?有没有发生过一些治安或者刑事案件?

答:咱们村治安挺好的,没有啥治安刑事案件。

问:那您日常的工作都是什么呢?

答:我是治保主任同时兼村里的调解员,有一些邻里纠纷的时候,我就去给调和调和,村民有啥不满意的,我负责给沟通沟通。

问:有什么棘手的问题需处理?

答:村民与村民之间的纠纷相对好调和,棘手的问题是涉及外部的。比如,目前村民不满的问题,主要就是占地的那片楼的问题。当初KL煤矿塌陷区搬迁,占了咱们的地盖楼,给咱们村的村民优惠,买楼便宜,挺多人都买了。但房产证一直没下来,挺多人都着急了。我们也会去帮着沟通这件事。还有反映比较多的,就是政府搞的气代煤工程(减少燃煤的环境污染),因为安装天然气后,虽然方便了,但开支大许多,一些农户反映用不起(尤其是用以供暖)。

(访谈时间地点:2019年1月14日,于村委会办公室)

由于基层政府往往是村庄外部社会(利益)冲突的当事方,因此由其作为冲突化解方的效果就大打折扣(表66)。

表66 如果您遇到重大矛盾纠纷,一般会找谁来调解、解决?(2017)

选 项	人数(人)	比例(%)
村干部	294	42.7
村调解委员会	109	15.8
德高望重的族人	121	17.6
乡镇政府	54	7.8
法院	67	9.8
其他	43	6.3

资料来源:课题组2017年调查

从表66可看出，村庄大部分"重大矛盾纠纷"都通过内部途径化解掉（通过"村干部""村调解委员会""德高望重的族人"解决的占76.1%），不过，冲突解决外溢的也占近1/4（23.9%），包括寻求乡镇政府、法院及其他（上访等）方式解决。由于基层政府的公共服务转型滞后以及司法体制不顺，因此找"乡镇政府""法院"解决的效果也不尽如人意。最后，部分农民只得选择"上访"（调查发现从未发生过上访事件的村庄极为稀少），上访是农民最为无奈的选择，通过上访能解决问题的更是"九牛一毛"。也许，建立以司法为中心的、法治化的社会冲突解决机制，是乡村基层社会治理的发展方向，也是广义的公共政府应该承担起的基本责任之一。

第三章
中国乡村治理体系问题分析

中国的乡村治理体系是行政主导治理模式,伴随乡村的市场化转型与社会结构不断分化,乡村治理体系的问题与弊端也日渐突出。

一、自治权与行政权的冲突

目前,中国政权机构的最低一级设在乡镇层面,在乡镇以下设立村民委员会,实行村民自治。

依据《村委会组织法》,村民自治是村民对村庄公共事务的参与和管理,村民自治的主体是全村村民。村民自治的内容是村民就村庄公共事务和公益事业进行的"自我管理、自我教育、自我服务"。村民实行自治的方式,是村民的"民主选举、民主决策、民主管理与民主监督"。村民自治的组织形式,是村民会议、村民代表会议与村民委员会。村民委员会向村民会议、村民代表会议负责并报告工作。村民自治的逻辑是自下而上的民主运作逻辑,是"由村民依法办理自己的事情",而政府无权就村庄公共事务作出决定。自治的逻辑要求基层政府与村庄、村委会之间建立指导与协助关系,而不能是上下级的领导关系。

行政是"决策的执行",行政的逻辑要求将权力机关及政府的决策在乡村贯彻到底。然而,国家政权只延伸到乡镇层面,其下是为数众多的村庄。为实现行政管理职能,完成国家各项任务,乡镇政府仅仅依靠对村委会的"指导"是不够的,它必然要变对村委会的"指导"为"领导",形成事实上的上下级关系。这样,行政逻辑就与自治逻辑发生冲突,政府的行政权就侵入了村庄的自治权领域。因为根据《村委会组织法》,村委会是群众性自治组织,由村民选举产生,对村民负责,并不对政府负责,政府也无权向其下指令。

在"乡政村治"体制下,村庄与村干部恰处于国家与社会的交界处,政府与村民就对村干部有不同的期待与要求。政府希望村干部有效地贯彻落实政务,扮演政府代理人角色,村民则希望村干部提供良好的公共服务,当好村民当家人角色①。而且,政府与村民各有影响村干部的法定机制(法律规定村委会"协助"乡镇政府开展工作,同时也规定村委会由村民"选举"产生)。因此,乡村基层自治逻辑与行政逻辑、自治权与行政权的冲突,不可避免地造成村干部代理人与当家人角色的内在紧张与冲突。

表67 在您眼里村民自治是什么?(2016年)

选 项	人数(人)	比例(%)
农民群众自己当家作主	325	61.2
走过场、搞形式	125	23.6
村干部的事情,与我无关	42	7.9
其他	39	7.3

资料来源:课题组2016年问卷调查

从课题组2016年的全国问卷调查看(表67),村民对"村民自治"的看法越来越理性,在回答"在您眼里村民自治是什么?"的问题时,61.2%的受访者认为是"农民群众自己当家作主"。由此可以看出,村民对村民自治的期望和对村干部的要求越来越高,与此同时,基层政府对村干部的管控越来越严密,因此,乡村基层将在自治逻辑与行政逻辑的内在紧张与冲突中继续前行。

值得注意的动向是,县和乡镇政府明显在逐渐加强对村级组织的领导,村级组织逐渐成为科层体制底端的准行政机构,即所谓村级组织的"官僚化"及村干部的行政化(公务员化)②。不过,乡村基层公共组织的法定制度基础仍是自治,干部产生仍遵循自下而上的民主运作逻辑。

乡村基层自治权与行政权的冲突,从另一个角度看,表现为乡镇与村庄两级组织的"脱节"与管理"错位"。从政府一侧看,政府的许多活动变成了自说自话,与乡村社会无涉,失去了对农民行为的影响力。在许多时候,农民不知道村干部在忙活什么,也越来越不在意村干部在忙活什么,只要不来找麻烦

---

① 《徐勇自选集》,华中理工大学出版社1999年版,第278页。
② 曹正汉:《国家与社会关系的弹性:1978年以来的变化》,《学术界》,2018年第10期。

就行了。部分村干部忙于应付乡镇领导,编数字报材料,把制度文字挂上墙,办虚事的心思远远大于办实事①。基层政府对村庄的领导,更多是为了完成自上而下的硬任务与应付上级考核,而不是出于村庄与村民的内在需求,因此,其对村干部的行政控制即使相对有效,也不能在多大程度上影响村庄与村民(事实上对村民的影响成效甚微)。表面看,村庄的公共权力组织越来越科层化、行政化,而村民却越来越游离到体制之外了。

二、基层政权的经济角色与政治角色之间存在紧张关系

由于是行政主导型治理,乡村基层政权(村委会可视为准政权)较为强势,往往身兼经济角色与政治角色,造成本应凸显的公共服务职能严重弱化。

人民公社时期,基层政权控制一切生产资源,既是经济组织,又是政治组织。包产到户改革推行以后,乡村基层政权的经济角色在农业领域大为衰退(不再组织农业生产),但却往工业领域强势进军(大力发展乡镇企业),基层政权在角色扮演上是经济角色与政治角色的混合结构(而公社时期是角色合一)。这在经济发展先行地区尤为突出,如在村级层面,党支部、村委会、经济合作社(公司)三套班子成员交差混合②(如村支书兼合作公司董事长同时是村委成员)。基层政权经济与政治角色的混合,虽然有决策迅速的一面,但也有严重的负面作用③。基层政权的经济角色将不可避免地发展出"私利",并与其他主体进行利益交换。而政治角色则要求它成为公共利益的代表,为公共利益服务。毫无疑问,政权身份有利于经营活动的进行,但经营活动则损害政权声誉,两种身份的冲突显而易见。虽然基层政权的经营活动可能给辖区带来更多就业机会和给予村民一定的帮扶,但毫无疑问基层政权仍是主要的受益者。而在其他处于弱势地位的行动者看来,这是一种不公正的、集团性的掠夺④。研究发现,基层政权经济角色与政治角色的内在紧张,是长期以来乡村基层社会冲突频发与公共服务滞后的结构性根源。很显然,经营活动对乡村干部的诱惑性,要远远大于提供公共产品与公共服务。结果基层政府混同于经

---

① 赵树凯:《乡镇治理与政府制度化》,商务印书馆2010年版,第192—193页。
② 朱新山:《中国乡村治理体系现代化研究》,《毛泽东邓小平理论研究》,2018年第4期。
③ 朱新山:《中国乡村治理体系现代化研究》,《毛泽东邓小平理论研究》,2018年第4期。
④ 张静:《基层政权——乡村制度诸问题》,浙江人民出版社2000年版,第57—58页。

营性公司,公众的需求则被忽略①。赵树凯曾指出,在权力构造与问责机制的双重错位下,乡镇政府在运行过程中必然发生目标替代的现象,其自利性目标取代公共目标,为公众工作演变成为自己工作②。当然,基层政权作为经营者在赢利的同时,即使提供一定的公共产品,(在监督全无的情况下)也往往伴随更大的负面衍生品(如环境污染、豆腐渣工程等)。

21世纪初,乡镇企业全面改制,基层政权不再具有操控企业运转的功能;国家停征全部农业税费后,基层政权的农户资源提取功能亦大为弱化,但经历了一段时期的乡村改革仍未到位。作为集体资源的所有者代表,基层政权(村委会可视为准政权)仍留有经营角色的尾巴。如根据《村委会组织法》第二十四条的规定,村委会经村民会议,不仅行村民自治之"政"务,而且有权"办理"土地财产权利行使之"社"务(包括办理"土地承包经营""宅基地使用""征地补偿费分配"等财产性事务方案)。村干部仍控制着集体资源的所有权与发包权,有一定的牟利空间。据调查,在乡镇企业曾经繁荣的地区,经过改制后,部分乡村干部仍掌握原有集体厂房及其占地的寻租权。在从无集体企业的山东潍坊K村(行政村,人口845人,2017年调查),村干部则通过周期性地发包集体所有的柿子树(集体共有柿子树507棵,其中不少为数百年的古树)和荒山台地获利(尽管耕地承包格局稳定下来,不能再调整了)。正是因为留有经营角色的尾巴,在外部控制松弛的情况下,乡村干部很容易往赢利型经纪人方向发展。上任者可能是村民眼中的"游手好闲之徒",他们做干部是追求实利,而不是为村民提供公共产品与公共服务。

乡村基层干部与民争利问题突出,损害农村发展潜力、影响城乡融合发展。尽管税费改革尤其是停征包括农业税在内的全部税费后,乡村干群紧张关系明显缓和。然而,由于管理体制和干部结构并未改变,在税费改革断掉原有财源和上级政府补助不足的情况下,就很容易形成乡村干部借助现有产权结构(尤其是土地集体所有)与民争利的格局。

山东潍坊K村(无集体企业)的征地补偿费分配,就很能说明问题。2011年,市政府在村北建工业园,该村共被征地326亩。征地是"以租代征"的方式,工业园按每平方米每年3.5元的价格(即每亩每年2 333.3元)将补偿款下

---

① 赵树凯:《乡镇治理与政府制度化》,商务印书馆2010年版,第264页。
② 赵树凯:《乡镇治理与政府制度化》,商务印书馆2010年版,第162—163页。

拨给镇政府,镇政府再按每亩每年1 000斤小麦的市场价(2017年1斤小麦的价格大约为1元)下拨部分补偿费给村委会与征地农户。被征地中262亩属于村民承包地,相关补偿由镇政府每年按时打到被征农户账户上。剩下的64亩为田中过道和边角地,补偿费则拨给村委会。算下来,工业园每年拨给镇政府补偿款为76.1万元,镇政府与村委会及征地农户再进行具体分配(表68)。

表68 2017年K村征地补偿费分配表[①]

	总额（工业园下拨）	镇政府	村委会	征地农户
补偿费(万元)	76.1	43.5	6.4	26.2
比例(%)	100	57.2	8.4	34.4

资料来源：2017年与2018年对K村的两次深度调查

可见,K村征地补偿费的2/3归乡村两级政府(村委会可视为准政府),其中镇政府占去大部分(57.2%),而100多户征地农民仅得到1/3左右。K村所在镇是由先前的三个乡镇合并而成,下辖92个行政村,分为8个社区(K村所在社区由13个行政村组成)。每个社区设管委会,由10名干部组成,除三四名干部为正式编制(如社区管委会书记、主任)由政府财政发工资外,对其他干部的补贴都由镇政府想办法,因此,乡镇政府也有从征地中获利的巨大冲动。在征地补偿费分配中,村委会所得份额较小,还要供养五六名干部(K村现有村干部6个,其中与邻村合用1个会计),如果再想为村民稍微干点事,财政就更加捉襟见肘。于是,村干部就千方百计"创收",但万变不离其宗,基本上是围绕着所控土地打转。如2016年3月,该村村委会将一块40亩的山前台地发包给村外某人(租期30年),获租金30万元。

尽管从总体上看,全国已进入以工补农和城市补助农村的阶段,但是征地较多的村庄可能仍处于资源输出大于输入的状态。山东潍坊K村(耕地总共1 183亩,征去326亩,征地近30%)就属这种情况。2017年该村的外部资源输入主要包括五部分：一是村民种小麦补贴(种其他粮食作物不补贴,因此村民能种小麦会尽量种小麦。全村农民共种小麦785亩,每亩补贴125元)。二

[①] 朱新山：《中国乡村治理体系现代化研究》,《毛泽东邓小平理论研究》,2018年第4期。

是低保户补助(共10户24人,每人每月150元)。三是困难烈军属补助(共有3户,每户每年800元)。四是村民养老保险费缴付缺口。政府给年满60周岁以上的村民发放养老金(2017年共197人,每人每月100元),一年合计236 400元。而18—59周岁的村民(在校学生除外,共450人)所缴养老保险费(每人每年300元)为13.5万元,两项缺口为10.1万元。五是新型农村合作医疗费缴付缺口,由于此项非通过特定平台很难调查出来,暂按村民养老保险费缴付缺口比例,估算为10万元。算下来,全村村民种小麦补贴为98 125元,低保户补助为43 200元,困难烈军属补助2 400元,养老保险费缴付缺口为10.1万元,新型合作医疗费缴付缺口为10万元,五项外部资源输入共计34.5万元。而镇政府每年从该村征地补偿费中提取43.5万元,算下来,该村2017年一年净输出9万元。由于2016年60周岁以上村民的养老金发放标准每月仅85元,可以想见该年度K村的资源净输出会更多(超过10万元)。本来征地村庄和征地农民,最有可能融入中国的城市化进程中(如果补偿到位,征地农民就可以进城买房和缴纳相关社保,从而成为受市民欢迎的新移民),然而由于对征地农民的补偿严重不足(K村征地农民每亩每年补偿1 000元左右,仅比种地农民略好),结果造成征地农户处于失了地、进不了城、离不了村(房子还在村里)的尴尬境地。

此外,干部身兼经济角色与政治角色,腐败的诱惑与可能性就大增,直接侵蚀公共服务的财政基础。如村支书在村中权力就不小,还掌握集体资源的处分权,如果监督不力,很容易公权私用,出现"小官巨贪"现象也不稀奇。2016年初课题组成员调查的河南新乡GN村(行政村,人口1 020人),几位村民包括原村干部就反映:"2009年,南水北调工程占GN村耕地,国家补偿525.4万元,但时任村支书出于侵占目的,欺瞒村两委干部及群众,说上面仅补偿410万元。村集体在此基础上再扣留20%后,余款下分四个小组及征地农户。算下来,村干部隐瞒和扣留共计205.12万元。目前,此款已所剩无几,使用去向成谜。"部分群众将此事举报到市纪委,要求对村干部予以严惩,但迟迟没有结果。

由于村庄征地都要通过村干部,因此村干部"雁过拔毛"的可能性大大增加。河北石家庄K村(人口6 202人,耕地5 236亩,2017年调查)前后征地四五次,共被征去六七百亩。村民对几起征地,意见都很大,认为补偿数额偏低,补偿过程不透明。比如,村西化工厂征占该村大片土地,村民反映:"化工厂占村里的地,是按实际亩数'买'的,但村民获得的补偿是按登记亩数(当年村里为少交公粮与税,上报土地亩数少于实际亩数),中间差的亩数的钱去哪里了(每亩补偿6.8万元)?最后村委会没有公示,不知资金具体流向。"多位村民都抱怨:"征地中间的差价和截留款不知去哪了,反正征地以后,当官的日子都好过了。"该村支书是村中最富的人之一,其房子占地面积也最大(近2亩)。下面是对村民董×与王×的访谈片段:

问:看你们说的,书记好像个大贪污犯似的。

答:你去看看书记家的房子,占地近2亩,人家占用合法,其他人就非法,都说是书记县里有人。

（访谈时间地点:2017年2月8日,于受访者家中）

由于政社分开改革在村级层面不彻底,村干部党、政、经、社权力全掌。访谈中,部分村民说:"村委会就是村里的国务院。"现行体制给予村干部如此大的权力,但却缺乏对村干部的刚性控制机制,因此村干部利用职权中饱私囊、贪污腐败的成本很低,其侵蚀公共服务财政基础的可能性便大大增加。

山东潍坊K村基础设施和公共服务的落后(农业仍是靠天吃饭)是个缩影。整体看,公共产品与公共服务供给滞后,是乡村比较突出的问题。尤其是中西部农村,问题更为突出,如2016年初课题组调查的贵州黔西南SM村(行政村,人口1 579人,2016年调查),绝大多数村民的生活用水仍靠自买水管接引山泉水。

从另一个角度看,乡镇政府的独立性很弱,不是一级"完全政府"(更像县级政府的派出机构,乡镇政府提供公共服务也是力不从心),而村委会从法律性质看更是村民自治组织,缺乏提供公共服务的制度性财力支撑。更为严重的是,乡村公共组织较为普遍地存在严重的债务问题。赵树凯2004—2005年对中国20个乡镇政府的债务问题进行了实证调查,他指出:"在20个乡镇中,4个表示基本没有债务,16个乡镇总债务为5 600万元,平均每个乡镇负债280万元(负债最高的为1 000万元)。"[①]负债有个过程,有的长达十几年,负债原因包括办企业欠款、教育达标欠款、基础设施投资及垫税等。另外,村级层面

---

① 赵树凯:《乡镇治理与政府制度化》,商务印书馆2010年版,第118页。

债务亦非常严重。大略来说,乡镇债务往往动辄几百万甚至上千万元,村级债务往往几十万甚至上百万元。由于乡村两级组织的现任领导普遍不愿替前任还债,因此乡村债务的解决前景模糊,严重困扰基层政府的运行。可见,乡村公共组织本应提供公共服务,现实却是勉为其难。

三、基层公共组织改革滞后于经济基础变动

经济基础决定上层建筑,上层建筑要与经济基础相适应,经济基础变了,上层建筑就要做出相应调整。土地家庭承包经营制推行已40多年,税费减免并停征也有十多年,乡村的经济基础早已发生剧烈变动,然而行政村的组织建构仍以当年的社队体制为基础。村委会脱胎于大队队委会,村民小组组长来自小队长,村党支部则源于大队党支部。改革以来,行政村组织建构(以村两委为基础)的调整方向,主要表现为压缩规模(包括干部精简与并村)。如2017年1月课题组调查的安徽合肥HZ村(人口4 550人),就是由先前的3个行政村合并而成。该村下辖17个自然村,各设1名村长(当地称呼,实为小组长),行政村层面则有书记、主任、会计、妇联主任等6名干部。而山东的村庄规模较大,一般不并村(对村干部规模则进行压缩),而对村庄上面的乡镇则进行大规模合并(如K村所在镇就由先前的3个乡镇合作而成)。K村一带的行政村一般有五六名干部(村民小组组长全部由两委委员兼),由于毕竟是"村级两委+妇联干部"的基本结构,因此村干部精简几乎到了极致。相距不远的Y村(行政村,人口1 186人,2017年调查)有干部6人,配备较为典型,分别是书记(月薪1 850元)、主任(月薪1 295元)、会计(月薪1 295元)、妇联主任(年薪4 000元)及2名委员(年薪各8 000元)。算下来,Y村一年的干部工资支出为73 280元。然而,Y村没有集体企业,除"卖地"(村民的通俗说法,包括征地与对外发包土地等。2011年因工业园建设被征地1 020亩,村里土地仅剩560亩)外无其他公共收入。一年7万元左右的工资支出,对大多数行政村来讲都是不可承受之重,因此如果没有政府来托一把,村庄公共组织必将处于停顿状态。鲁中一带行政村的书记、主任、会计与妇联主任4位的工资(合计57 280元)由上级政府协助解决,但是仍有两三位干部的工资需村里自筹解决,如Y村就需解决2名委员的工资,年计16 000元。K村则有村干部6个,其构成是书记(兼村委会主任)、会计(与邻村合用1个)、妇联主任(也是村委委员)及3

名委员（2名支委委员与1名村委委员）。K村有3名委员（年薪各5 000元）的工资需村里自筹解决。另外，由于政府发放的妇联主任工资较低，村里每年补她1 000元。算下来，K村也需年筹经费16 000元发放部分干部工资。Y村、K村因为征地，村集体每年都能获得一笔土地补偿款，组织运行相对来说还有一定的基础。但对大多数村庄来讲，由于没有公共收入来源，支付干部工资都困难，如想再搞点公共建设或提供点公共服务，就更不现实了，因而大多处于勉力维持状态。

关于行政村的基础设施和公共服务状况，看看其公共收入与支出结构就清楚了。不过，村干部一般不愿多透露这方面的信息。因此，这也是乡村调查中最难搞清楚的问题之一。

表69　您村公共收入的来源有哪些？（可多选）（2017年）

选　　项	人数（人）	比例（%）
上级政府拨款	279	32.1
土地发包收入	118	13.6
村办企业交款	76	8.8
土地、厂房租金	88	10.1
集体矿藏、林地、大型果木等发包收入	28	3.2
其他	23	2.6
不清楚	257	29.6

资料来源：课题组2017年问卷调查

2017年课题组就村庄"公共收入的来源"进行了全国问卷调查（表69），发现近1/3（29.6%）的受访者对村庄公共收入来源"不清楚"。表69显示，村庄公共收入来源中排名第一的是"上级政府拨款"（占最大比重，也说明村庄层面普遍缺乏公共收入来源），其次为"土地发包收入"，再次为"土地、厂房租金"。2018年2月课题组调查的山西忻州QB村（行政村，人口1 821人，耕地5 150亩），其公共收入的重要来源就是集体土地建厂后的租金。2015年春，某机电公司进村投资5亿元建光伏发电项目，该村共被占地1 300亩。土地占用采取"以租代征"方式，租金为每亩每年1 200元，每五年支付一次，租期为26

年。占用土地中,部分是非农户承包地,收益归集体支配。

总起来看,目前村庄公共收入来源大多以"上级政府拨款"为主,就决定了其作为"自治体"缺乏自主运行机制,而且绝大部分村庄的公共财政与支出结构都具有高度薄弱之特点(表70)。

表70 您村的公共资金主要投入哪些方面(可多选)(2017年)

选 项	人数(人)	比例(%)
招待乡镇干部	25	2.9
村干部的人头费及吃喝	62	7.2
村庄低保户补助	189	21.8
村庄基础设施建设	327	37.8
其他	40	4.6
不清楚	223	25.7

资料来源:课题组2017年问卷调查

表70的全国问卷调查显示,对村庄的"公共资金主要投入哪些方面",有1/4(25.7%)的受访者表示"不清楚"。受访者认为公共资金支出结构中排名第一的是"村庄基础设施建设",其次为"村庄低保户补助"。而"招待乡镇干部"与"村干部的人头费及吃喝"支出,相比20世纪八九十年代已经大为降低(村庄主要干部的工资由政府财政发放)。不过,真正有多少资金能够用于"村庄基础设施建设",那就要看"上级政府拨款"的情况了。调查发现,所谓"上级政府拨款"并不稳定,一般都需要村干部事先提出申请,然后等待政府审核、批准。毫无疑问,公共支出不足,必然造成村庄层面的基础设施建设普遍落后的状况。

山东潍坊K村的公共收入与支出结构有一定代表性,笔者经过2017年2月与2018年1月两次深度调查,终于摸清了该村的公共收入与支出的详细结构。以该村一届干部任期为例(2015年1月—2018年1月),三年之中,该村公共收入有四项:一是征地补偿款每年6.4万元,三年共计19.2万元;二是40亩山前台地发包费30万元;三是村民集体所有的柿子树发包费2.8万元(2017年4月进行新一轮发包,承包期为12年。上一承包期为8年。由于柿子市场行情不好,本轮只发包出40%,剩下的柿子树就平均分给各户);四是村东一座荒山的租金20万元(2017年11月租给本村出嫁外地的一名妇女与其丈夫,租期30年)。四项收入合计72万元,全是通过控制集体资源的所有权实现的。本届干部三年的公共支出共有五项:一是自筹解决部分干部的工资问题,每年1.6万元,三年共计4.8万元;二是村庄生活供水和路灯照明及办公室用电,每年2.5万元(其中生活供水用电占大部分。本届干部上台后采取了两项惠民措施——村民使用自来水不收费,其本质是机井抽水用电问题;村庄街道安装了26盏路灯夜间照明,不向村民收取电费[①]),三年合计7.5万元;三是村红白理事会成员补贴(共4位,每人每年补贴500元)每年2 000元,三年共6 000元;四是村干部对村庄70岁以上老人的春节慰问费,一年约1万元(村中70岁以上老人有93位,2017年春节前夕,村委向每位老人发放食用调和油1桶与大米1袋),三年共计3万元;五是本届干部任期内完成了两项村庄建设工程,即对村西石崖道路进行修复(2015年实施)花费11万元、村中部街道水泥硬化(2016年实施)花费17.5万元(本工程总价款35万元,政府补助一半),两项工程村里共花去28.5万元。五项公共支出合计44.4万元。据与村干部访谈,除2017年11月的荒山租金(20万元)为新进款项尚未使用外,其他收入款项已全部用光,也就是说,该村三年实际花掉52万元,比能搬上台面的公共支出多出7.6万元。也许,这7.6万元(年均2.53万元)是可以计算出的村干部赢利型经纪化的损耗费(可能还有其他灰色地带)。

通过对K村公共收入与支出结构的分析可以看出,该村的基础设施建设与公共服务极为脆弱(干部"弄到钱就整一下",反之就放任不管),全是通过控制集体资源的所有权尤其是"卖地"得款实现的。然而,毕竟可"卖"之地是有限的,目前该村可"卖"之地几乎"卖"光(而且山前台地和荒山的租期都长达30年)。村民免费喝水和70岁以上老人的慰问费,也属"施惠型"的(已行三年),能否维持只能寄希望于村庄财政状况和村干部想点子。2017年2月笔者与村支书访谈时,就发现他极为盼望本轮土地承包到期并能再次发包土地。然而,党的十九大报告指出:"保持土地承包关系稳定并长久不变,第二轮土地承包到期后再延长三十年。"结果,村支书的愿望落了空。

再如,2018年2月,课题组成员经过对村支书、会计、委员及多位村民的访

[①] 朱新山:《中国乡村治理体系现代化研究》,《毛泽东邓小平理论研究》,2018年第4期。

谈,大略掌握了山西忻州QB村(行政村,人口1821人,耕地5 150亩)的公共收入与支出结构。该村公共收入主要有两部分:一是上级拨款,每年11万元;二是光伏电厂占地支付的租金。2015年,外来资本在该村建光伏电厂,占用土地1 300亩(其中,农户承包地700多亩、集体地200多亩、疙瘩地300多亩)。经协商,用地采取"以租代征"方式,厂方每亩每年支付1 200元租金。合同有效期为26年,到期后,用地返还村里。可见,1 300亩占地中,有500多亩(即集体地及疙瘩地)的租金归村集体支配,这也成为该村近年公共收入的重要来源之一。

该村的公共支出,则包括村干部工资、卫生清扫费、办公费及村庄基础设施维护费等。先是干部工资。该村村干部有8名(支委5人、村委3人),书记与主任两个正职的工资为每年11 500元,其他干部的工资都是每年7 350元,算下来村干部全年工资支出为67 100元。再是村庄卫生清扫费。村庄雇佣4位村民打扫卫生(有村民反映,多为干部老婆及亲戚),每位月工资500元,算下来村庄年卫生支出为24 000元。因此,仅村庄干部工资及卫生清扫费两项支出(计91 100元),就占去了上级政府下拨资金(11万元)的绝大部分。可以想象,其他用在村庄基础设施维护及公共服务上的支出就所剩寥寥了。该村的饮用水含氟高,村民多患氟骨病。后村庄从远处水库引来了清洁安全用水,为此村民需支付每吨1.6元的用水费。不过,自从光伏电厂占地后,村集体突然有了较大一笔公共收入,自2016年起,村民饮用水不再缴费(由村里代缴),村干部每年还为村民把全村耕地免费灌溉一次(冬灌或春灌)。

由此可见,该村的公共收入与支出建立在上级拨款与"卖地"的基础上,具有脆弱与不稳定的特点。尤其是"卖地"有期限,还存在占地返还后能否复垦与占地款村干部使用不透明及乱用的道德问题。另外,作为一个人均年收入仅5 639元(2017年)的较为落后的村庄,该村维持的是一个公共消耗相当大的管理结构。

总体来看,中国乡村基层的公共组织(以行政村为代表)已是一个消耗和产出不太相称的管理结构。村庄公共组织的常规功能已非常薄弱,用访谈干部的话说:"目前村里干部没有多少活儿",仅剩协助乡镇政府发放扶农款物和做好"新型农村合作医疗"等保险缴费数项而已。下面是课题组成员对安徽合肥LS村(行政村,人口3 390人)村主任项××(50岁)的访谈片段:

问:那您这一届村委具体为村子做过些什么呢?

答：做过的事啊？有啊。通（自来）水，公路建设，其他的也没什么重大的事。

（访谈时间地点：2017年2月14日，于村委会办公室）

从该村主任对课题组成员突然发问的刹那反应及回答，可看出村级组织公共功能极为稀薄。其实，绝大多数村庄公共组织成为夹在国家与农民之间的空壳子，运作形态呈耗散结构（产出小消耗大）。关于村委会的功能发挥情况，课题组2017年的全国调查设计了相关问卷（表71）。

表71 最近三年，您家在以下几方面得到过村委会的直接帮助吗？（可多选）（2017年）

选项	人数（人）	比例（%）
生产经营	71	7.5
获取银行贷款	56	5.9
获得救济款物	71	7.5
治病就医	172	18.2
婚丧嫁娶	37	3.9
调解邻里纠纷	56	5.9
调解家庭或家族纠纷	79	8.4
审批宅基地或兴建房屋	129	13.7
其他	62	6.6
没有得到帮助	212	22.4

资料来源：课题组2017年问卷调查

从表71可看出，受访者对"最近三年"得到过哪些"村委会的直接帮助"的回答很分散，排名最高的是"没有得到帮助"（占受访者的22.4%），其次是"治病就医"（占18.2%，其实所谓"治病就医"更多是以"新农合"形式提供的国家帮助），再次为"审批宅基地或兴建房屋"（占13.7%）。全国问卷调查充分反映了村委会功能的稀缺现状，称其为"夹在国家与农民之间的空壳子"，可谓恰如其分。

四、基层党组织传统功能弱化而新功能尚未形成

改革以前,农村基层党组织建立在社队体制的基础上。党组织通过生产单位(生产大队、小队)管理包括土地在内的一切生产资源,干部对社员还可给以扣工分、扣公粮的处罚,此时组织比较稳定。1982年全国农村普遍完成土地承包到户,基层党组织建基其上的生产单位(大小队)解体,原有的围绕革命或生产而进行的政治动员与组织功能逐渐被剥离,而新功能却尚未形成。农村基层党组织开始出现弱化、虚化、边缘化现象,尤其是进入1990年后,随着农民负担的不断加重,基层党组织变得更加不稳定,部分甚至陷入瘫痪与半瘫痪状态。以山东潍坊K村为例,1990—2005年的16年间,K村党政班子更迭达12次,甚至出现长达半年(1998年4—10月)村中没有一个干部的权力真空期。此期间,还出现过六段有主任(或代主任)无书记共计长达六七年的支部停转时期。平均看来,该村干部任职时间很短,任职最短的村支书只有两三个月,稍长的有六七个月;任职最短的村委会代主任只有四五个月,稍长的为七八个月。出现这种情况的根本原因,在于农民负担太重进而抵制,而村干部完不成摊派任务在上级面前又交不了差,也就是说村干部"被集资压垮了"。

从2006年起,国家停征包括农业税在内的全部税费,并开始反哺农业与农村,干群关系明显缓和,乡村又恢复了往日的平静。据调查,此后K村的党政班子每届都能干满三年任期,变得较为稳定。然而,新的问题是,由于农村基层党组织丧失实质性功能,也不再有硬仗、硬任务(如集资),干部普遍无所事事,党组织空转现象比较严重(尽管不再停转了)。由于没有什么事,村中党员一年到头也没有什么活动。从2016年2月开始,中央号召在全体党员中开展"两学一做"学习教育活动。上级要求每月留出一天作为党员活动日,K村定在了每月28日,党支部至少在形式上又活动起来了。每到28日这天晚上,村支书通知党员与会(该村共有党员32人),到会党员一般有十五六人,最多时有二十四五人(是支部改选时,党员80%到会。一些党员在外务工,回不来)。镇上也派一名社区(以前叫管区,管理包括K村在内的13个村)干部与会,指导支部活动。会议的主要内容为围绕"两学一做"主题,村支书念念文件,读读报纸,聊聊天。通过调查,社区干部也不是每次都过来参加党员活动,一般一年不过四五次而已。

表72 您认为村党支部在带领村民奔小康过程中的
"战斗堡垒"作用发挥如何？（2016年）

选 项	人数（人）	比例（%）
发挥很好	100	18.8
发挥一般	267	50.3
发挥较差	114	21.5
没发挥出	50	9.4

资料来源：课题组2016年问卷调查

2016年课题组就党支部的"战斗堡垒"作用发挥问题进行了全国问卷调查（表72）。结果显示，认为作用"发挥一般"的占50.3%，而认为作用"发挥较差"或"没发挥出"的占30.9%。这也说明农村基层党组织的运转状况不尽如人意（"空转"现象较为严重），仍有很大的努力空间。

入村访谈也发现，农村基层党组织普遍存在党员活动难以组织的问题。比如，贵州遵义LF村（人口7 130人，2017年调查），有党员97人，基本上都是老党员，小学或者初中学历。该村党组织活动稀少，党员发挥作用有限，村支部委员简××访谈时说："党会规定是每月一回，但实际上一年最多两回。"

表73 您认为本村的大多数党员的"先锋模范"作用发挥如何？（2016年）

选 项	人数（人）	比例（%）
发挥很好	67	12.6
发挥一般	290	54.6
发挥较差	109	20.5
没发挥出	65	12.3

资料来源：课题组2016年问卷调查

2016年课题组就农村党员的"先锋模范"作用发挥问题进行了全国问卷调查（表73）。认为作用"发挥一般"的占54.6%，而认为作用"发挥较差"或"没发挥出"的则占近1/3（32.8%）。说明农村党员作用与群众期待之间还存在较大差距。

陕西宝鸡H村（人口2 874人，2017年调查）的党员活动情况也有代表性，该村共有党员101人，其中40多人在外打工，年龄七八十岁的有20多人。下面是对村委委员张××（55岁，党员，原村会计）的访谈片段：

  问：村里党员们经常开会吗？
  答：次数比较多，一年不下于五次。
  问：一般给交代任务，还是学习？
  答：学习时间多，农村党员能坚持学习就不错了。
  问：党支部能有效领导党员给村上做点实事吗，能发动起来吗？
  答：那不好发动，听起来有100个党员，七八十岁的20多人，在外打工的40多人。
  问：这几年传达下来的思想有吗？
  答：今年就是"两学一做"嘛，要求背这个背那个。

（访谈时间地点：2017年1月30日，于受访者家中）

访谈片段表明，基层党组织实质性功能活动稀少（如有活动也是由上到下督促的学习活动），在大规模外出务工（党员也不例外）的背景下将村中党员组织起来很难。总而言之，农村基层党组织在原有功能缺失的情况下，面临功能重新定位与执政方式转型的重大问题。

调查中还发现，有个别村庄甚至明显出现村政黑恶化、党组织边缘化问题，比如山西忻州S村（行政村，人口2 400人）。2016年2月，课题组成员访问了该村村干部与村民20人，其中七八成认为村庄选举中存在较为严重的贿选问题。部分受访者反映，在该村"基本上是谁有钱，就可以通过送礼、送钱当上主任，而主任直接任命村委。主任在位上，可以通过拍卖集体资源、克扣农民补贴等方式来赚钱"。据悉，"主任有自己的人，如果村民有不满，想反抗，都会受到警告"。本该缓解贫困的低保，也不能真正发挥作用。一般有后台的、对主任有好处的"困难户"可以领到低保，而真正贫困甚至没钱看病的村民却拿不到低保。村中大事主任说了算，而党组织明显被边缘化。下面是课题组成员对该村原村支书张××（66岁）的访谈片段：

  问：村里有没有非政府类的组织？具体什么情况？

答：有，但不公开，都是土豪、黑社会组织，通过金钱交易在村里担任要职，随后就任命自己的亲属等任村中其他职位。

问：涉及村民利益的大事是否提请村民会议或村民代表会议讨论？

答：没有，从来没有过。

问：村里的大事是如何定下来的？

答：村长（主任）说了算。

问：村党支部有哪些功能？

答：方针政策的宣传工作，但无法行使监督，贯彻党的政策。都是村委会掌握实权。

（访谈时间地点：2016年2月4日，于受访者家中）

访谈片段表明，该村村主任比较强势，其一人唱独角戏，为所欲为，而村党组织则明显被"停转"，呈现边缘化状态。

五、村民的自治权利落实不到位，村民自治走向形式化

村民自治的主体是全体村民，自治的内容是村民就村庄公共事务和公益事业进行自我管理、自我教育、自我服务[①]。当前村民自治遇到的重大挑战是，由于大量青壮年农民常年在外务工，结果使村民自治丧失主体性支撑力量[②]。以村委会选举为例，K村（人口845人）有选举资格的村民（年满18周岁）715人，2018年1月17日（选举日定在农历年末以保证最大的参选率）举行正式选举，当日参与投票者596人（包括到场和委托投票，能到场的一般是一户派一个代表，因此委托投票人数超过到场投票人数），参选率为83.4%。应该说，村委会选举是村民参与率最大的自治事项，也仅达80%左右，其他事项如村庄决策与监督，可以想象要低得多。

从法律规定看，村民实行自治的方式包括民主选举、民主决策、民主管理与民主监督。调查中发现，村民实行自治的"四大民主"发展是不平衡的，"民主选举"落实较好[③]，村干部都是"选"上来的，要想当干部必须过选举这一

[①] 朱新山：《中国乡村治理体系现代化研究》，《毛泽东邓小平理论研究》，2018年第4期。
[②] 朱新山：《积极推进县市级政治体制改革》，《毛泽东邓小平理论研究》，2011年第4期。
[③] 朱新山：《中国乡村治理体系现代化研究》，《毛泽东邓小平理论研究》，2018年第4期。

关。K村于2018年1月15日举行村委选举预选,产生了5名候选人,后于1月17日进行了正式选举。选举流程规范,监督到位(当天镇上派了5名干部进村进行选举指导监督),而且选举具有一定的竞争性。2017年12月党支部改选中当选村支书者,再度出来竞选村主任(可能由于村主任的认同度更高,是全体村民选出来的。另外,村支书兼村主任工资也略高一点),最终得票415张(参与投票者596人),成功当选。另一竞争村主任者得票190张,落败。实践证明,"民主选举"也是有一定效果的,会促使村干部更为关心村民的需求,提供更多更好的公共产品(为了赢得选举,候选人会向村民提供一定的承诺,而且,那些未能兑现承诺的干部在下一次选举中会被淘汰)。K村村支书兼村主任任职三年后成功连任,可能与其采取了村民生活用水免费和每年给全村70岁以上老人春节予以慰问的措施有一定关系。

然而,与"民主选举"比较起来,村民"民主决策""民主管理"与"民主监督"落实较差,大多流于形式[①]。由于管理就是决策,"民主管理"与"民主决策"其实是一个问题的两个方面。村庄管理是通过一系列决策进行的,反过来讲,决策也是对村庄公共事务的管理。毫无疑问,村民是村庄民主决策和民主管理的主体,而村民民主决策和民主管理的法定组织形式是村民会议与村民代表会议。由于村民会议是直接民主(年满18周岁的村民均可参加),但在其运行过程中,普遍地存在会议难以召开的问题,比如村民难以到齐,到齐后又缺乏场地等。以K村为例,年满18周岁的村民有715人左右,村委三年任期中,只有村主任选举时村民到场人数最多(以2018年选举为例,陆续到场亲自投票者200余人,加上委托投票者共596人),其他时间与场合村民会议再未召集过。课题组调查的河南洛阳YM村人口9 500人,村民年满18周岁者有七八千人,村民会议更是难以组织。按《村委会组织法》第二十五条规定:"人数较多或者居住分散的村,可以设立村民代表会议,讨论决定村民会议授权的事项。"关于村民代表的产生,尽管法律规定是由村民或村民小组"推选",但事实上很少是选出来的,大多是干部物色的。据调查,K村2018年1月产生的30名村民代表(其中女代表10名),就是干部"内定的",主要是村支书(兼村主任)和另一干部两个"找的人"。由于党支部和村委会平时没有什么事,因此村民和村干部更不把村民代表当回事。另外,由于"村民代表会议由村民

[①] 朱新山:《中国乡村治理体系现代化研究》,《毛泽东邓小平理论研究》,2018年第4期。

委员会召集"(《村委会组织法》第二十六条),缺乏自主运行机制,更使其流于形式,作用有限。K村的真实情况是,村民代表开会时,干部如果感觉人数少,就拉些党员甚或村民过来充充数,以壮声势。反之,党支部开会时,干部为使"人数上好看",也会拉几个"村民代表"过来充充数。当然,这主要是"表演"给上级干部看的。由于村民会议与村民代表会议难以召集或流于形式,村民就丧失了参与村庄管理与决策的基本渠道。

表74 您感觉农民哪些权益最容易被忽视和损害?(请选出3项)(2016年)

选 项	人数(人)	比例(%)
税费问题	70	5.6
土地问题	191	15.3
知情权(财务、政务)	286	22.9
诉讼权	36	2.9
村民自治和村民参与决策的权利	149	11.9
生产资料质量问题	84	6.7
农产品销售中的问题	135	10.8
政府部门对反映的问题不予理睬	169	13.5
土地以外的自然资源问题	79	6.3
其他	51	4.1

资料来源:课题组2016年问卷调查

2016年的全国问卷调查显示(表74),受访者认为最容易被忽视和损害的权益排名前四项是"知情权"、"土地问题"(如征地不尊重农民意愿)、"政府部门对反映的问题不予理睬"和"村民自治和村民参与决策的权利"。这表明乡村管理与决策更多是干部"闷包决定",村民事实上难以介入。

作为自治主体,村民还有"民主监督"的权利。《村委会组织法》第三十二条规定,"村应当建立村务监督委员会或者其他形式的村务监督机构,负责村民民主理财,监督村务公开等制度的落实"。调查发现,大部分村建立了村务监督委员会,其作用主要体现在财务"报账"时。财务报销单需要村主任和监督委员会主任共同签字,再由乡镇财务主管部门审核。不过,调查还发现,村党支部的重要成员往往在村务监督委员会兼职。譬如,浙江台州WT村(行政村,人口1 462人,2016年调查)党支部副书记兼任村务监督委员会(5人组成)主任。山东潍坊K村村务监督委员会,则由一名老会计和两名村支委委员组成(老会计任主任)。尽管两村监督委员会的人员组成符合法律规定(《村委会组织法》第三十二条规定,"村民委员会成员及其近亲属不得担任村务监督机构成员",但没规定党支部委员会成员不得担任),但毕竟是干部监督干部,监督效果就要大打折扣。

中国的行政村经过多轮合并,越并越大,管理的人口越来越多,因而召集村民会议就越来越难,村民自治就越来越走向形式化。根据网站提供的数据,2015年中国行政村数量为580 575个,而2016年变为559 702个(表14),也就是说,中国行政村一年之内并掉20 873个。安徽宿州L镇的行政村经多次合并,到2017年,全镇仅有18个行政村,下辖114个自然村,总人口7.8万人。平均下来,每个行政村下辖6个自然村,平均每个行政村有4 300人。广西玉林X镇行政村并为9个,平均每村4 000多人,而最大的行政村则有8 170人。可以想象,4 000多人的行政村,有选举资格(年满18周岁)的村民会有3 300人左右(根据山东潍坊K村的相关比例推算),如此规模的村民会议事实上根本无法组织,也根本找不到开会的场所。众所周知,3 300人的村民会议比全国人民代表大会全体会议的规模还要大(法律规定全国人大代表总数"不超过3 000人")。2018年1月,课题组调查安徽芜湖GT村(行政村,由3个并成,人口近7 000人)时,该村原村支书穆×(66岁)就抱怨村庄人太多,选举没法搞,完全是"弄虚作假"。下面是对他的访谈片段:

问:村民参与选举情况怎样?

答:村里选举都是假的,不是真选举。是发选票到你家,又不是让你去!当然,场子小,村子大,7 000人都去也是问题。又不是规规矩矩的一个人一张票,如果干部他一个人填写50张,那就不合理了。但哪个来检查呢?你又不知道。

(访谈时间地点:2018年1月25日,于受访者家中)

村民自治走向纯形式化的重要表现,是村委会越来越丧失自主性功能,沦为单纯执行上级任务的工具。安徽阜阳BX村（人口3 322人）村委会活动情况以及村委会与乡镇政府的关系，就能说明问题。下面是对该村会计金×的访谈片段：

> 问：本届村委会成立至今有哪些重大举措？
> 答：土地复垦、旧塘改造（村委会提出申请，镇政府拨款）。
> 问：村干部的工资如何发放？
> 答：由镇政府财务直接打入工资卡中。
> 问：村组织与镇政府有何联系？
> 答：落实环保、新农合、新农保缴费等任务。
> 问：管理村庄是由镇政府下达指令给村委会，还是由村委会直接决定大政方针？
> 答：镇政府下达指示给包片地区，每个包片地区有包片干部。村干部实际干活，镇里来人指导并检查。
> 问：村里的财务支出如何与镇政府联系？
> 答：村委会就需要的费用向镇政府写出申请，镇政府同意后拨出钱款。
> 问：救灾、补助等资金是否经过村干部之手，然后下发到每个村民手中？
> 答：不经过，直接由政府打到村民的银行卡中，不经过任何村干部。
>
> （访谈时间地点：2017年2月10日，于村办公室）

访谈片段表明，村委会的活动全是承接乡镇政府指令，也就是上级布置任务，村干部干活。村干部的工资由政府发放并由上级考核（村干部成为准公务员），村庄活动经费要向政府申请拨款，村委会与镇政府的联系主要是落实环保、防火及各种保险缴费任务。2017年1月24日，安徽合肥ZH村（人口4 500人）村支书孙××（54岁）接受访谈时也说："村里（无经费）修塘补路，都要上报计划；政策学习，都是布置任务下来。"如此一来，村委会就完全丧失了自主性功能，所谓的村民自治就发生了异化。加之，政府发放的工资很低，村干部另有其他营生，上级有任务时他们才露个头，平时无事则各忙各的去了。BX村干部李×访谈时就说："村干部每月的工资只有1 000多元，所以他们一般还有其他工作，用以补贴家用。本村的会计就有一家自己的小商店，平时村委会无工作时,便回家经营商店。另一位村干部开了一家棋牌室,为一些人提供活动场所和设施以收取些费用。"可见,村干部这点工资(远低于外出务工水平),对真正有能力之人算不上什么,但对游手好闲之徒又有足够吸引力,因此易使村干部往赢利型经纪人方向发展。当然,作为自治组织任职人员的村干部由政府发放工资,也有严重的负面作用,就是造成村级组织的"官僚化"(村级组织成为科层体制的下端)及村干部的行政化,结果是偏离了村民自治的既定方向。

六、合作组织等发育迟缓致农民组织化程度低

农民的合作组织与合作能力,是学界比较关心的问题。1996年,曹锦清专门就此问题到河南农村做了4个月的调查。事后他说:"采访的结果,令我极度失望。我在河南乡村所看到的互助与合作并没有超出传统的范围。"[1] 由此他认为,中国小农的最大特点是"善分不善合",很难在平等协商基础上建立起超家庭的各种形式的联合[2]。

不过,20多年过去了,当代中国农民在合作组织与合作能力问题上是否有所进展?为此,本书课题组围绕"乡村社会组织发育"问题,专门设计了访谈提纲,于2016年和2017年的前两轮大规模社会调查(均横跨全国东、中、西部地区)中予以重点关注。在前两轮调查的横跨全国17个省(市、区)共计66个行政村中(均为随机抽取),共有9个村或明或暗地存在合作组织的痕迹,但没有一个村的合作组织是农民自发建立的,全是政府帮助或外部力量支援建立。在存在合作组织痕迹的全部9个村中,绝大多数都是流于形式或仅是名义上存在,效果甚差;而其中仅有1个村(即河南开封NM庄)的合作组织,由于得到了外部的大力支持,才稍有规模,相对有点"动静"。总体来看,这些所谓合作组织均是外部力量推动植入型。

在政府帮助下,成立所谓合作组织的全部9个村的情况如下:

山西忻州S村(人口2 400人,2016年调查)"养殖(养猪)合作社"(2009年成立)。老支书张××说:"合作社也是钻政策的空子,不按规定的标准进行。

---

[1] 曹锦清:《小农的出路》,《新西部》,2001年第12期。
[2] 曹锦清:《黄河边的中国》,上海文艺出版社2000年版,第167页。

目前,还在私下运行,没什么发展。"

浙江台州WT村(人口1 462人,2016年调查)"水果(草莓、柑橘)专业合作社"。该村共有耕地874亩、山林地1 000多亩。老年协会会长何××说:"对专业合作社,政府提供一些补贴。要准备很多相关材料,填写相关表格,就可领到400—500元的补助。也有些村民嫌麻烦,不差这几块钱,就没要补贴。"

浙江绍兴NH村(人口1 100人,2016年调查)"有机茶叶专业合作社"。该村村民的主要收入来源是采茶收入、丝织收入和外出打工收入。合作社是在村委会主持下建立的,旨在改良茶叶品种,扩展茶叶销路,增加村民收入。合作社规模不大,只有1 100株改良品种的有机茶叶。村会计将××(54岁)访谈时说:"政府的资金补助少,80%是农户自己出钱来搞的,所以存在着很大的困难。"

四川宜宾CH村(人口1 297人,2016年调查)"果树种植专业合作社"。该村在政府扶助下,种植柑橘100亩,年产橘子50吨。当初,镇政府共资助了5万元,包括每根橘子苗资助2元,帮助每家修通连接大路与田间及住宅的道路,建立水池和粪池,便于灌溉与肥田。不过,部分村民反映:"合作社效果不好,橘子滞销。"

四川宜宾LT村(人口1 464人,2017年调查)"养殖(养鱼)合作社"。村民陈×(48岁,务农)访谈时说:"我以前在浙江布料厂上班,回来都有三年了。家里老人身体开始有些问题,要有人照看,我就回来了。那时在浙江,我一个月能拿3 000多元的工资,现在在家收入就不固定,要看收成好不好。去年我拿一块田来养鱼,心想能赚点钱,结果一场大雨把我鱼苗都冲走了,还亏本。看来鱼不好养,合作社作用也不大。"

广西玉林DG村(人口8 170人,2016年调查)"养猪合作社"。村民梁××(女,务农兼在附近工厂打工)说:"我家养有几头猪,我也参加了这个合作社,会帮助销售,也会传授养猪的技巧。"

山东日照LD村(人口953人,2016年调查)"苗圃合作社"。村支书(兼村主任)闫××访谈时说:"村里成立了苗圃合作社,政府补助主要是农水工程,像打井,挖水塘。"原村会计闫××(65岁)则说:"之前说是成立苗圃合作社,听说现在就成立了,还没有公开。"部分村庄所谓的合作组织,不少就是这种情况,访问村支书时说是有,访问一般村民时却说没有,处于似有似无的状态(或者最多是名义上存在)。

河南新乡ZK村(人口2 536人,2017年调查)"养殖协会"。访谈村民认为,基本流于形式,效果不佳。

河南开封NM庄(人口1 486人,2017年调查)"生态农产品专业合作社"。合作社成立于2004年9月,当时的农业部曾下发启动资金10万元,多名高校专家前来对农民进行合作培训,为河南首家农民合作社。此为调查中唯一规模稍大(跨越了村庄范围)、运作良好的合作组织。这是一个特例,得到了外部的强大与持续支持。该合作社是在中国农业大学教授挂职副县长时帮助成立的,并得到"三农"问题专家等的大力支持。该合作社有会员203名,分布在7个村,主要生产有机大米、小杂粮、黑杂粮、混养藕蟹、快乐猪肉为主的生态系列农产品。加入合作社的农民,按照合作社的标准进行生产。合作社有插秧机、育种机等机械设备,农民能够低价享受其服务,从育种到收获都按合作社标准进行管理。粮食收获时,合作社以每斤稻谷高于市场价1毛的价格从农民手中收购,"黄金晴"(日本进口品种)每4斤高于市场价5毛的价格收购。凤凰卫视、上海文汇报等媒体记者,甚至为该合作社蹲点报道近一个月之久。可见,该合作社得到了外部力量的强力支持,显然属于非常特殊的案例。难怪有学者对川西平原农村的"民间组织"调查后,总结说:"从外部输入的组织也必须外部力量(主要是行政力量)的支持,否则无法发挥作用。"①

在重点调查的山东潍坊S镇(包括92个行政村),课题组成员2016年与2017年多次去调查,也未发现农民建立专业合作组织的任何痕迹。不过,2018年8月,课题组再度到S镇调查时,发现事情发生了变化。该镇北部两个村,在乡镇干部的大力扶植下各成立了一个专业合作社。XM村成立了"经济发展股份合作社",2018年3月开始运作,2018年7月挂牌。主要是平整村里的废弃矿坑地建停车场,对外出租。W村成立了"经济专业合作社",2018年6月30日挂牌。该合作社成员出资总额为1 500万元,业务范围包括:"组织成员种植果蔬谷物、养殖畜禽,统一采购农业生产资料,为成员提供种植养殖技术信息、咨询服务;销售、加工、运输、储存农副产品;农业观光旅游开发;土地流转、开发(依法须经批准的项目,经相关部门批准后方可开展经营活动)。"调查发现,两个专业合作社均是在乡镇干部的一手扶植、协调下建立的,效果如何尚待观察。2019年1月,课题组成员二访贵州黔东南TG村,村民吴××(33岁,个体户)反映:"前两年说是要成立合作社,种植洋姜,我们每户人家出

---

① 王习明:《川西平原的村社治理》,山东人民出版社2009年版,第93页。

了2 000块钱,但是,都快三个年头了,合作社还没成立。不知道村里把钱弄到哪里去了。再等等还没结果,我就去把钱要回来。"村主任蒋××(43岁)谈到该村"精品柚子合作社"(带有扶持性质,贫困户加入不缴费,但一般农户参加需入股)的情况时,介绍说:"一说到入股,很多人都不愿意参加,生怕入股之后,钱打水漂。老百姓思想还是比较保守,一说到入股,就觉得,怎么要我先出钱,你是在骗我。结果大家拧不成一股绳,还是各干各的。"

关于地方政府扶持建立的农民合作组织的效果,2018年1月,课题组成员调查的吉林省吉林市QL村(行政村,人口1 800余人)就有代表性。下面是对该村小组长张××(61岁,原治保主任)的访谈片段:

问:搞个专业合作社,带动一下可以吗?

答:比咱们脑子好使的有很多,北边乡镇,就有很多合作社。所谓农村合作社,其实挣的是国家的补贴,他不要多少土地,他的合作社只要有你的名,入社就行,实际他并不管你。

问:正经做合作社的呢?

答:正经的合作社,比如说你有什么困难,我给你解决,负责生产销售,还没有这样的合作社。

(访谈时间地点:2018年1月16日,于受访者家中)

表75 您家生产的农副产品,通过什么途径走向市场?(可多选)(2017年)

选 项	人数(人)	比例(%)
到附近集市去卖	417	53.8
通过成立的合作社销售	48	6.2
通过亲戚、朋友帮助	62	8.0
寻求村委会帮助	17	2.2
寻求政府帮助	11	1.4
通过报纸、网络寻找销售门路	22	2.8
商贩上门收购	102	13.1
很难走向市场	57	7.4

续 表

选 项	人数(人)	比例(%)
其他	31	4.0
不生产农副产品	9	1.1

资料来源：课题组2017年问卷调查

2017年的全国问卷调查（表75）显示，农民生产的农副产品走向市场的最基本渠道，是农民"到附近集市去卖""商贩上门收购"和"通过亲戚、朋友帮助"（三者合占受访者的74.9%），而所谓的"合作社"的作用则微乎其微（仅占受访者的6.2%）。

可见，在中国农村的土壤上，长期难以产生农民自己建立的农业服务合作组织，是需要解开的主要"疑团"[①]。这可能与"小农"有因缘关系。传统小农，产业小，所谓互助合作，通过家庭与家族组织就可解决，因而农业合作没有进一步发展的余地。人民公社解体后，当代中国农民重新回归"小农"的地位，只不过是"承包制小农"。农户耕作的地块相比更小，如山东潍坊K村1948—1997年的50年间，人口增长接近翻番，而人均耕地则由2.7亩剧降到1.5亩。如此狭小的地块，产出有限，互助合作余地亦不大。贵州黔东南TG村（人口1 758人，耕地1 420亩），距县城2千米，四面环山，村支书王××对合作组织建设困难的看法就有代表性。下面是访谈片段。

问：村民生产的农副产品比如蔬菜、水果等，是怎样推向市场的？

答：当然是自己拿去集市上卖啊。

问：那像我们村，农民有成立相关的专业合作社的吗？

答：怎么可能呢！在我们这地方，是山区，每个人的耕地都很少，形成不了规模效益。尽管离县城两千米，但这是小县城，经济也不是很发达，成立合作社就更不可能了。大家几乎都是各种各的，也都是按时令进行农作，根本就不需要成立合作社。

（访谈时间地点：2016年1月21日，于村委会办公室）

[①] 朱新山：《对农民自我代表与自我组织能力的再认识》，《毛泽东邓小平理论研究》，2014年第11期。

由于市场经济发展,农民普遍外出打工,结果农业由主业变为副业,农村的年轻人对种地更是没有兴趣(降低了农业合作的需求)。农村人虽然身份上仍是"农民",但是大多数人所从事的工作都不是农业,"农民"的非农化也使农业服务合作的空间大为压缩。另外,农民进城打工,从事非农职业,也是沿着亲戚朋友引荐、同族同村帮带的传统路线走出去的。这说明农民在合作组织建设方面面临着一些实质性障碍①。

不仅农民合作组织发育迟缓,其他民间组织亦稀缺(宗族组织普遍式微,乡村的"老年协会"或"红白理事会"仍需政府扶持),加之公共组织(如村委会)服务不足,乡村基层就长期处于低组织化状态。调查发现,大量村民农闲无所事事,缺乏高级追求,精神生活匮乏。下面是课题组成员就"闲暇安排"问题,对河南驻马店XF村(自然村,人口258人)村民的访谈片段。

> 对原村支书张××(63岁)的访谈:
> 问:村民空闲时,一般干些啥?
> 答:村内文化活动非常匮乏,娱乐活动最多不过就是打麻将,输输赢赢虽然不多,但是造成了不少家庭矛盾。即使有时候有歌舞团或戏曲表演,都不是固定演出,而是有钱人家有喜事才会请人来表演。村民的文化生活太枯燥了,年轻一代还有手机、电脑可以玩,老年人就只能看看电视来度日。
>
> (访谈时间地点:2017年1月10日,于村委会办公室)
>
> 对村民张××(58岁,务农)的访谈:
> 问:那农闲时你们都做些什么呢?
> 答:留在村子里的都是一些老人、妇女和孩子。老太太们都在村口闲话家常,带带小孩子,我们男的都聚在一起搓麻将或者打扑克。
>
> (访谈时间地点:2017年1月12日,于受访者家中)

村庄留守老人、妇女无所事事,孤寂、落寞,就为宗教(尤其是基督教)传播留下了空间。调查发现,基督教在农村便得到较大发展,XF村就有十几

---

① 朱新山:《中国乡村治理体系现代化研究》,《毛泽东邓小平理论研究》,2018年第4期。

人（主要是妇女）信基督教。河南新乡ZK村（人口2 536人，2016年调查），有基督教徒220余人。浙江台州WT村（人口1 462人，2016年调查），村民也有10%左右信基督教。部分受访信教群众说，他们每个星期天都会到镇上的教堂做礼拜，因为有这样的活动，人们生活有追求，心情都乐呵呵的。调查发现，也有信教群众占比甚高的村庄，比如2018年1月课题组成员调查的安徽芜湖DL村（自然村，人口400人，其中年龄18岁以上的有310人），该村妇女刘×（62岁，信天主教）就说："我们村几乎所有的妇女都信天主。"乡村精神生活匮乏，尤其是中老年妇女（女信徒居多）的孤寂、无助感，是宗教传播的重要诱因。安徽宿州LJ庄（自然村，人口700多人，2017年调查）村民李××（72岁，务农）讲得就有道理："村里有不少人信仰基督教，邻村还有个教堂。这基督教啊，能劝人向善，而且还可以打发时间，反正在家里闲着也是闲着。"

再者，没有真正属于自己的服务合作组织，农民在闯荡市场（包括农产品走向市场）时，不可避免地处于弱势地位，权益易受损。特别是谷贱伤农的事件，仍时有发生。山东日照LD村（人口953人）村民陈××（57岁）遭遇的情况就有代表性，下面是对她的访谈片段。

  问：您种的粮食大多是自己卖还是别人来收？
  答：人家来收。如果想出去卖也可以，不过还是来人收方便。
  问：今年卖的价格是怎样的？
  答：今年花生米两块六毛一斤，玉米七毛六，最好的才卖了八毛。
  问：今年相比去年的价格低了吧？
  答：今年低了不少，卖的东西都便宜。比如玉米去年一块一，今年才七毛六，再便宜也得卖，那么多也没地方放。我们家的玉米不干，最好的才给了八毛一斤。现在过来收的人都有一种仪器，可以测出玉米干不干，水分是多少，再按照这个给钱。现在都是高科技，都做不了假。测出多少就是多少。

  （访谈时间地点：2016年1月13日，于受访者家中）

访谈片段表明，单家独户的农民在市场面前非常无奈，没有任何定价权，而且谷物再便宜也得卖，因为家里没地方存放更多粮食。可见，农民缺乏自己的利益代表组织，是当代中国农民问题的痛处所在。

第四章
中国乡村治理体系转型滞后与挑战分析

以"乡政村治"为主轴的乡村治理体系萌生、定型于20世纪80年代初期,当时的中国乡村是缺乏流动、普遍村居的静态社会结构,应该说,治理体系与社会结构是相协调的。然而,三四十年过去了,伴随承包制改革引发的包括土地在内的生产资源由国家控制向农户大规模回流,农民的自主性、流动性与非农化普遍发展,原来静态结构下形成的乡村治理体系遇到了重大挑战。比如,村庄空心化(青壮年村民长年在外务工)态势下,村委会如何组织、村民自治如何开展就是重大问题。

一、还权赋能中的乡村治理

中国农村改革起步,就是从耕地问题上向农民"还权赋能"开始的。通过"包产到户",农民获得了土地的占有经营权与自身劳动力的支配权,两项权利一结合,中国乡村的面貌焕然一新。持续向农民"还权赋能",构成中国乡村治理体系变革的基本背景。

当然,由于在最为重要的"土地"资源问题上向农民让渡权利,采取了"承包"的形式,因而决定了"还权赋能"是一个渐进的过程。这一过程主要表现在两个方面,一是给予农民相关"产权"的权属期限不断延长,二是权利排他由软性到刚性。首先是权属期限,耕地使用权期限由1982年全国普遍开始承包时的15年,到1994年中央宣布第一轮承包到期后再延长30年,再到党的十九大报告决定第二轮土地承包到期后再延长30年。其次是农民土地权利的排他性,1994年中央政策文件开始"提倡'增人不增地'",后来的《中华人民共和国农村土地承包法》第二十八条则规定:"承包期内,发包方不得调整承包地。"(不过也设置了例外情形)毫无疑问,该法条限制了基层政府的土地调整权,农民土地的权利排他性在增强。

当然,由于乡村土地性质上属于"集体所有",因此大家都拥有集体土地的成员权,乡村人口的不断变动,就会形成要求集体土地进行相应调整的压力。虽然中央强调"土地承包关系稳定并长久不变",但是课题组在调查中发现,一些地方依人调地,照行不误。这也说明乡村土地的"家庭承包制长期不变"与"集体制"之间存在内在紧张[①]。集体制大锅饭并不能反映社会主义的本质特征(要找到体现中国特点与社会主义本质特征的公有制实现形式)。集体制大锅饭的逻辑如果继续贯彻下去,必然造成土地随着人口变动不断重分、细分,形成土地难以流动的无效结构。

毋庸置疑,清楚的产权界定是市场交易的前提。中国乡村探索土地家庭承包关系长久化、增人不增地、确权登记颁证,就是要稳定农民家庭的土地权利,将政社分开改革在村庄层面贯彻到底,限制乡村干部的土地调整权与寻租权,终结乡村资源的权力配置,形成按市场准则使用土地资源的新机制。

2013年11月,十八届三中全会明确了中国经济改革的基本方向:"使市场在资源配置中起决定性作用","赋予农民更多财产权利","建立农村产权流转交易市场,推动农村产权流转交易公开、公正、规范运行"。2014年11月,中央发文提出"用5年左右时间基本完成土地承包经营权确权登记颁证工作"[②]。农民的土地权利越来越真实、越来越确定、越来越具有排他性成为必然趋势,乡村土地资源获得科学有效的使用、流转与开发,农民的福利水平稳步提高,越来越有保障。

关于土地确权登记问题,2016年1—2月课题组进行的第一轮乡村调查(涉及全国15个省、市、区的24个行政村)列有专题。调查发现,乡村土地确权登记发展很不平衡,2016年初调查的34个村中只有4个村完成了土地确权并颁证,分别是山东日照LD村、浙江台州WT村、河南商丘SL村与贵州黔东南TG村,占全部入户调查村庄的11.8%;另有3个村(即广西玉林DG村、安徽滁州HCW村和安徽淮北LZ村)正在进行或是已经完成登记,但证还没发下来;其他大部分村庄的土地确权登记尚未开始,比如浙江绍兴NH村、云南玉溪GL

[①] 周其仁:《城乡中国》(上),中信出版社2013年版,第221页。
[②] 2014年11月20日,中共中央办公厅、国务院办公厅印发《关于引导农村土地经营权有序流转发展农业适度规模经营的意见》。

村、山东潍坊K村等。

关于土地确权流程,山东日照LD村(行政村,人口953人)与浙江台州WT村(行政村,人口1 462人)的做法比较典型。下面分别是对两村村支书的访谈片段:

> 对LD村村支书(兼村主任)闫××的访谈:
> 问:现在村里的土地是否进行了确权登记?
> 答:嗯,全部进行了确权登记,土地证都发下去了,每个人都有。
> 问:当时确权登记的过程是怎样的?
> 答:就是谁家的地,一块一块进行确认,登记造册。注明每家地的位置、亩数和地的质量,画上符号。一切都要做精细,必须清清楚楚。然后上报,政府最后发证。
>
> (访谈时间地点:2016年1月6日,于村委会办公室)

> 对WT村村支书金××(60岁)的访谈:
> 问:咱村宅基地和房产是如何确权登记的?
> 答:先填好村民们领取土地部门印发的《农村宅基地使用权登记表》,然后由村委会出具土地权属来源证明,再将这些资料上交给土地管理部门进行权属审核。最后调查公告,给我们颁证。我们村委干部就提醒村民去领登记表,指导他们进行书写,有些不识字的村民,由我们干部代为书写。
>
> (访谈时间地点:2016年2月12日,于受访者家中)

如果村民之间的土地权属比较清晰,土地确权就在现有格局不变的基础上,经过"登记"和"颁证"两个环节确定下来。如果土地权属争议较大,土地确权流程就相对复杂一些,可能要经过"测量、登记、协商、公示、颁证"等程序。如广西玉林DG村(行政村,人口8 170人),2016年2月1日课题组成员入村调查时,土地确权登记进入第二轮公示阶段。村支书梁×说:"对一些村民有争议的田地,我们就召集相关村民来协商解决。"经过纠纷解决和几轮公示,最终将土地权属确定下来。DG村还借助当地相关部门,对农户地块进行卫星落图,然后再测量、核对,提高了工作效率。调查发现,一些地方还建立了确权登记的操作"范式",如安徽滁州 HCW 村(行政村,人口 2 360 人),村干部按照上级政府统一制作的《土地确权登记讲义》,逐户建档登记,稳步推进。当然,也有相当数量的村庄,由于土地遗留问题多、干部推进动力不足(调查中发现不少乡村干部不想把土地确权到户,担心以后很难再借助现有产权格局提取资源了)等原因,土地确权迟迟未提上议事日程。

2018 年初,课题组成员再次调查时,发现农村的土地确权已取得重大进展。截至 2018 年 2 月,课题组第三轮全国调查明确涉及"土地确权"问题的有 19 个村庄(见"导论"部分"表 2",第三轮共调查了 27 个村庄,其中 8 个村庄"土地确权"问题访谈未涉及),其中土地确权到位并颁证到户的有 8 个村庄,土地确权完成率为 42.1%;而土地确权尚未完成的有 11 个村庄(未完成的标志是"证还没发下来"),占被调查村庄("土地确权"问题调查中明确涉及的村庄)的 57.9%。总起来看,农村土地确权任务艰巨,部分地区进展缓慢。比如,2018 年 1 月 24 日,课题组成员调查的吉林省吉林市 CJ 村(行政村,人口 2 179 人)受访村干部就说:"从 2015 年起,土地确权已经统计好几次了,具体的政策和方法还没有研究明白。统计各家地块,让村民签字就签三回了,但土地证仍未发下来。"尽管农业农村部要求于 2018 年底基本完成全国农村承包地确权登记颁证工作,但事实上,直到 2020 年 11 月 2 日农业农村部官网才发布消息称"基本完成"(颁证率超过 96%)[①]。

调查发现,在土地确权推进过程中,乡村土地流转也在加速(土地转租费大多在每亩一年 100—600 元之间,如果带点开发性质价格会更高)。比如,2016 年 2 月课题组成员入村调查时,安徽滁州 HCW 村(人口 2 360 人、土地 3 500 亩)的 23 个村民小组中已有 12 个组的土地(共 1 800 亩)实现了整体流转,土地流转费是每亩一年 500 元。流转出去的 12 个组的土地,有 6 个组是转给人家种植花卉树木,另 6 个组则是包出去种庄稼。2016 年 2 月 13 日,安徽合肥 LD 村(人口 7 100 人,耕地 5 000 余亩)村支书刘××(54 岁)接受访谈时也说:"种地收益微薄,许多人都不愿种了。有人来村里承包土地时,大多数人就将土地转包出去了,而且种粮大户与农民私下协商,每亩地年租金 300—350 元不等,采取自愿原则。当两方达成一致意见后,村委会会发张表给双方签

---

① 农业农村部新闻办公室:《农村承包地确权登记颁证工作基本完成》,农业农村部官网,2020 年 11 月 2 日,http://www.moa.gov.cn/xw/zwdt/202011/t20201102_6355609.htm。

字,以保障双方的合法权益。"山东日照LD村(人口953人,耕地1500亩)的土地转包带有开发性质,租金要高一些。下面是对该村村支书(兼村主任)闫××的访谈片段:

> 问:咱们村现在的土地转包情况是怎样的呢?
>
> 答:已包出去1000多亩,是村委统一弄的,包出去进行耕种与旅游结合的开发。咱们这一带,各个村的情况不一样。有的村他们自己进行土地整理、投资,对农户也有补偿。咱们村就是进行了土地流转,转给了个人或公司,他们再进行整理、投资、争取资金并取得收益。
>
> 问:包出去的地主要用来干什么呢?
>
> 答:之前有个韩国的老板过来搞(建高尔夫球场),后来没谈成(国家不允许)。现在换了人,就搞了红橡树旅游园,弄苗圃、种樱桃、橡树、映山红、生态蔬菜什么的。
>
> 问:对征地(流转)农民如何补偿?
>
> 答:一亩每年1200元。
>
> (访谈时间地点:2016年1月6日,于村委会办公室)

从访谈片段看,土地流转力度较大,LD村已流转出去1000多亩,仅剩400余亩。课题组成员采访了LD村的18户村民,了解到在土地转包过程中,其中17户同意流转,只有1户不同意,于是村里对其地进行了位置调整,以方便土地连片包出去。村民对土地流转价格大多表示满意,2016年1月12日,LD村村民陈××(68岁,低保户)接受访谈时说:"咱们都是庄稼人,有的时候种地一年还挣不了这些钱呢。除了化肥和人工钱,根本挣不了1200元,对补偿的这个钱还是比较满意的。"总起来看,土地转包把农民从土地中解放出来,使农民有更多的时间从事其他营生,赚更多的钱。

土地流转的风险主要是如果监管不到位,土地可能存在破坏性使用,甚至是违规开发。LD村就带有"擦边球"的性质,当然其先前想建高尔夫球场则显属非法。另外,农民的土地转租费还经常遭遇不能及时下发的问题。2016年1月11日,LD村村民侯××(73岁,生病卧床)反映:"地征了(流转)三年了,当时商量的时候,说每年农历三月二十八给钱。第一年挺好,准时;第二年就拖到了农历八月;2015年拖到了农历十一月,2016年情况怎样还不知道呢。反正一拖再拖。"当然，村干部借助优势地位，居中操作、整体转租，仍有乘机牟利的巨大空间。国家稳定土地承包格局的设计，也可能在流转过程中落空。下面是对LD村村支书（兼村主任）闫××的访谈片段：

> 问：村里现在的土地是否有调整？
>
> 答：有调整，主要是进行土地流转，流转之后调整，不然不能进行调整。要求土地承包30年不变，也就是30年之内不能进行调整，但流转之后就可以了。
>
> （访谈时间地点：2016年1月6日，于村委会办公室）

访谈片段表明，村干部可借流转之名进行土地调整。

毫无疑问，乡村地权改革深化，有助于推动基层政权的角色调整。包产到户开启的地权改革第一步，就成功地从集体土地的"权利束"中给农民分割出土地的使用权与经营权，结果是中止了村干部组织农业生产的权力与职能。而"确权颁证"，再配之以有效的监督措施，可以限制村干部的土地调整权与寻租权，有望终结乡村资源的权力配置机制，为基层政权向公共服务角色转变与乡村治理体系的现代重铸创造基础性条件。

二、流动中的乡村治理

由于外出务工和非农化普遍发展，中国的"农民"大部分在职业上已经非农化（下节详述）而且成为流动中的人口（相当数量的农民成为不在村人口）。此为中国乡村治理的深刻背景与巨大挑战。

课题组围绕"农民外出打工及流动人口占比"问题，进行了深度调查。不过，要获得一个村庄外出打工人口情况的准确与详细数据（包括打工人口数量、流向与职业等），需要对照村庄户口簿找知情人（尤其是村庄会计与书记等人）逐一详细询问登记，这是一项有挑战且艰巨的工作。课题组2016年和2017年前两轮调查的全国66个行政村中，有7个村庄（为降低调查难度部分下沉到自然村）调查获得打工情况的精准数据、10个村庄获得了干部为主的估算数据，现分别列出如表76与表77所示。

表76　7个村庄村民外出打工情况调查(精准数据)

村庄	CH村	LT村	TG村	XX村	XX村	XF村	WT村
所在地区	四川宜宾	四川宜宾	贵州黔东南	江西抚州	安徽合肥	河南驻马店	浙江台州
村庄性质	行政村	行政村	行政村	自然村	自然村	自然村	行政村
村庄户数(户)	365	412	445	46	67	62	470
总人口(人)	1 297	1 464	1 758	268	221	258	1 462
打工人口(人)	530	428	412	156	53	110	658
打工占比(%)	40.9	29.2	23.4	58.2	24.0	42.6	45.0

资料来源：CH村、TG村、XX村(江西)与WT村为课题组2016年初调查，XX村(安徽)、LT村与XF村为2017年初调查

表77　10个村庄村民外出打工情况调查(打工人口占比由村干部与村民估算)

村庄	SM村	LF村	BX村	ZK村	SZ村	S村	XH村	Y村	NH村	GL村
所在地区	贵州盘县	贵州遵义	安徽阜阳	河南新乡	河南永城	山西忻州	河北唐山	河北石家庄	浙江绍兴	山东烟台
村庄性质	行政村	行政村	行政村	行政村	自然村	行政村	自然村	行政村	行政村	行政村
总人口(人)	1 579	7 130	3 322	2 536	300	2 400	10 000	1 072	1 100	1 700
打工占比(%)	33.3	50	60	40	25	40	30	33.3	30	60

资料来源：SM村、NH村、SZ村与S村为课题组2016年初调查，ZK村、Y村、XH村、BX村、LF村与GL村为2017年初调查

从表76与表77所列17个村庄的数据看,农民外出务工的比重相当高,调查的全部村庄均有超过1/5的人口在外务工。其中,超过1/3的人口在外务工的村庄即有11个,占调查村庄总数的64.7%。外出务工人口占比最高的为安徽阜阳BX村、山东烟台GL村与江西抚州XX村,均达到村庄人口的60%(或接近60%),可以说,3个村庄的村民处于非农就业为主与高流动状态。外出打工人口占比最低的为贵州黔东南TG村,为少数民族村寨,但是也达到全村人口的23.4%,近1/4。这说明,地处高原、交通不便的少数民族地区也高度卷入外出务工与流动大潮。

课题组将云贵高原的民族地区作为入村调查的重点之一,因为这里地处大山深处,交通困难、基础设施相对落后,通过深度访谈获得的第一手材料,将为课题组进行全国农村比较研究提供基础参照。贵州黔东南TG村所属县位于贵州东部边缘,境内重峦叠嶂,沟壑纵横,人口以侗族、苗族为主体,少数民族占总人口的75%。TG村位于县城东南,四面环山,2015年由两个行政村合并而成(下分11个村民小组),包括苗、侗、布依等少数民族聚居的7个自然村寨,村庄人口(2016年初调查)1 758人,耕地面积1 420亩。村庄人多地少(人均耕地0.8亩),农业仍靠传统方式进行耕作,很少使用机械,生存压力较大。青壮年多数外出打工,成为改善生存状态的重要选择。调查显示,他们多数到浙江、福建、广东等地,主要从事纺织、服装、制鞋等工作,部分在建筑工地干活或开车。外出务工的收入是村内务农收入的2.5倍以上。再如TJ县(人口17万人,苗族占95%),位于黔东南中部。课题组调查的XS村地处TJ县城区,2017年初人口为3 580人(其中苗族3 500人),耕地1 500亩(原有1 800亩,300亩征去用作城市规划用地)。2014年11月,该村由3个行政村合并而成。由于县城太小,经济带动能力不强,相当多的村民选择外出打工。2017年1月课题组成员入村访谈时,村支书欧××(41岁)反映,村中七八成的青壮年外出打工。男的大部分当建筑工人或是进皮鞋厂、电子仪器零件加工厂之类,妇女会选择进手工艺品加工厂或是茶叶制造厂。不过,随着国家政策的扶持,XS村大力发展传统苗族刺绣和精品水果种植项目(项目资金都由政府拨款),在外打工的部分人又回来了,既能赚到钱(刺绣做好后,拿到村里专门的地方统一卖出去),又能照顾家庭。可见,本地产业基础薄弱,就业机会少,是村民走出去的重要原因。贵州P县SM村(村民主要为汉族、彝族),村民外出务工的则有1/3。该村(人口1 579人,耕地840亩,2016年调查)地处乌蒙山区南段,地势崎岖,平均海拔1650米,居民分散而居,形成多个相互隔离的小寨子。村庄宜于耕种的土地分散,难以集约化生产。村民反映,最主要的困难在于经济方面,没有固定的收入。搞农业,地少(人均耕地0.5亩),成本高,也没有出路。村干部曾想引进新品种核桃种植项目,预计面积20亩(最终没有搞成),如此规模想带动村民发家致富也是不可能的。因此,要想改善生存处境,出人头地,只有走出去。

调查发现,村民外出务工的地域空间相当广阔。关于打工地点的选择,村民一般遵循由近及远的原则,先本地县城、城镇,再区域性经济中心,或是全国性经济中心。

表78 江西抚州XX村(人口268人)外出打工人员(156人)分布

地点	上海	北京	深圳	东莞	重庆	贵阳
人数(人)	1	5	2	15	2	13
地点	厦门	南京	义乌	温州	县城	本省他市
人数(人)	5	4	8	16	74	11

资料来源:课题组成员2016年调查

XX村是江西抚州一个很小的自然村,地处丘陵地带,人口只有268人,耕地326亩(人均1.2亩),农业以种植水稻为主,兼种甘蔗等。该村北距县城10千米,有水泥公路相通,交通方便。由于人多地少,生存压力大,外出寻找工作机会成为村民普遍的选择。2016年,该村有156人在外打工(表78),占总人口的58.2%。村民打工地,东到上海、温州,南到东莞,西到贵阳、重庆,北到北京,平均距离均在700千米之外,甚至达到2000千米。河南永城SZL村(自然村,70多户,人口近300人)村民打工地域、职业及外出动机,也比较典型。下面是2016年1月18日对该村老太太刘××(女,68岁)的访谈片段,比较形象生动。

问:村里出去打工的大概有多少人啊,都去哪些地方?
答:全国各地去哪的都有,因为南方的厂子多,所以去浙江那一片打工的多,其他还有去上海、山东、新疆的,算下来得有五六十口子人吧。
问:那你知道人家在这些地方具体都是做什么吗?

答：人家在外边，有在机械厂的，有在鞋厂、电子厂的，还有做门窗生意的，反正人家都有自己的门路。

问：外出的人跟不出去的人相比，经济收入是不是要高？

答：反正指望着在家种地是赚不了几个钱的，人家只要出去就能赚个三四万元。打工虽然赚不了大钱，但还是要比在家好得多。在外面做个生意也不错。人家回来，都把楼盖上了，有的把车也买上了。

（访谈时间地点：2016年1月18日，于受访者家中）

刘老太太所说"反正指望着在家种地是赚不了几个钱的"，用直白的语言道出了今日务农的实情：种地没出路（关键原因在于一家一户地块太小）。这也是农民大规模外出务工的基本动因。河南新乡ZK村（行政村）农民种地的成本与收益情况也与之类似。2016年ZK村全村有2 536人，耕地2 490亩，人均0.98亩。一个五口之家，也就约有5亩地。课题组成员通过对村支书及多位村民的访谈了解到：该地主要种植小麦与玉米，一年各收获一季，1亩地毛收入2 000元（种小麦与玉米收入各约为1 000元）。而成本包括：每季每亩投入的"粮种、化肥农药、灌溉收割等费用"为200元（小麦、玉米各一季，共计400元）；秋后耕地一次（每年玉米播种在小麦收获之前，因此中间不需再耕地一次），每亩100元。国家对农业的补贴包括：种粮补贴77元/亩，粮种补贴15元/亩。算下来，1亩地加上国家补贴在内的毛收入为2 092元，而成本为500元。扣除成本（农民的劳动投入未计入成本），1亩地的净收入为1 592元。ZK村一个五口之家种地5亩，一年的农业净收入为7 960元。人均即1 592元，如没其他收入，必处于贫困状态。如此一算便可理解为什么会有那么多的农民坚定地离开土地去打工了（村支书黄××估算的2016年ZK村人均纯收入为5 000元，而务农收入不足1/3）。

调查发现，本地域产业基础越薄弱、生存压力越大，村民外出打工的冲动越大，打工地域范围就更广，打工活动半径也更大。江西、河南、安徽、贵州的受访村庄，均典型地体现了这一趋向。外出农民大多从事工厂操作工、建筑工、饭店（宾馆）服务员、保姆等较低端、出体力的工作，年收入多在三五万元。然而，他们进了城但落不了户，乡村也仍有诸多牵挂、纠结。河南驻马店XF村（自然村，人口258人，2017年调查）村民吴×（女，32岁）的打工情况就有代表性，下面是对她的访谈片段：

问：打工一般去哪些地方，收入怎样？

答：一般去广州、上海等地的电子厂，工资不高，两三千元。

问：想留在城市吗？

答：当然想留在城市了！城市的各种设施多齐全啊，比如无线网，在大城市都是覆盖了的，农村还要扯网线，不仅贵，还麻烦，并不是每家每户都有网线的。另外，城市里的娱乐场所也多，农村哪有电影院、KTV这些玩的东西，挣了钱都不知道去哪儿花。而且留在城市的话，孩子以后上学就能享受到和城里孩子一样的待遇。可是外面房子太贵了，要奋斗多少年才能扎根城市，还是个谜呢！

问：你每次外出打工舍得你们家宝贝吗？宝贝都是谁带呢？

答：舍不得也得舍得啊，为了给他更好的生活环境啊！其实，如果村里有厂子的话就好了，那样就可以每天回家陪宝贝吃饭了，也能帮他修改作业，但是什么时候才能在村里上班啊，真是个愿望呢。宝贝都是孩子奶奶带，老人年纪也大了，每次外出都是不放心，但也只能咬牙离开！

（访谈时间地点：2017年1月10日，于受访者家中）

调查发现，村民外出打工较"成功"、收入较高的，多为"自己做老板"型的。比如，江西抚州XX村（自然村，2016年调查），虽然在外打工的人很多，但"干得最好的"是"在外做面包的那几家"。入村访谈时，该村会计及几位村民反映："走到大城市混得好的那一部分人，基本上都是做面包的，他们少的在外面待了五六年，多的甚至有十多年，有好几户都是全家都在外面做面包，收入可观。如村民车××在贵阳做面包（兼做蛋糕）已七年，开了两家店（与妻子各打理一家）。店里请了几个员工帮忙，每家店每年都有十到二十万元的利润。"

从表78还可看出，XX村在一线城市（北京、上海、深圳）打工的有8人，占外出打工人员的5.1%；在二、三线城市（东莞、重庆、贵阳、厦门、南京、义乌、温州）打工的有63人，占外出打工人员的40.4%；在四、五线城市打工的有11人（江西的城市除南昌以外，都属于四、五线及以下），占外出打工人员的7.1%；在本县县城打工的最多，有74人，占外出打工人员的47.4%。

可见，本县县城（或就近城镇）往往是村民外出务工最为集中的地方，这也预示了中国城镇化发展的重点和中国改革的努力方向(要大力发展县域经济并为农民进县城落户积极创造条件)。中国东部山东、浙江一带,工业发达,企业多,村民一般选择在本省就近就业。山东烟台GL村(行政村,2017年调查),地处胶东丘陵,人口1700人,村民有60%务工经商,但很少有去大城市的,而是大多选择在就近城区工作(收入至少一年3万元)。山东东营XS村(行政村),地处黄河三角洲冲积平原,2017年人口有1050人,村民收入模式为务农加打工。年龄大者在家务农,农闲时进城做绿化,或打扫卫生。年轻人则就近在东营城区打工,主要集中在超市、商场、工厂。山东潍坊GH村(行政村,人口1580人,2018年调查)也是如此,村民大多选择就近打工。下面是对该村村支书兼村主任刘×(63岁)的访谈片段:

> 问:村里现在还在种地的有多少?
>
> 答:现在没有专门种地的了。一般就是种下麦子之后,就不用管了,都出去打工挣钱了。
>
> 问:都是到什么地方、干什么工作呢?
>
> 答:基本上都是去县城,一两个在潍坊的。像是些小青年、小妇女的,就在城里打工,干什么服务员之类的。上了年纪的,甚至七八十的老头老太太,就去环卫、绿化带上干。反正没有说是等着光种地的。
>
> 问:那有没有去大城市打工的?比如北京、上海之类的?
>
> 答:没有,都是就近的,最远的就到潍坊里头。没有出去那么远的,那种整年在外面的没有。
>
> 问:咱们村里有没有村办企业?村民有没有自己办企业的?有没有外来投资的那种呢?
>
> 答:没有,这个村属于比较落后的那种,这些都没有。
>
> (访谈时间地点:2018年2月22日,于村委会办公室)

浙江乡村的务工情况也类似。浙江台州WT村(行政村,2016年调查),靠近火车站,背山靠水,风景宜人,人口有1462人,耕地874亩,村里务工人员有658人。2016年2月12日,妇联主任方××(兼支委委员)接受访谈时说:"村民一般在村子附近打工,基本没有出远门打工的,可能我们浙江这边轻工业比较发达,不缺工作机会,工资待遇也很不错。"该村比较富足,大约1/4的村民拥有私家车。

由于中国农民人均耕地很少,仅1.5亩左右,加上农业耕作和收割加工技术有了长足进步,当前农民用在农业经营上的时间大为压缩。北方旱作农业区,如山东、河南一带,一般小麦与玉米轮作,农民一家一年中用在农作上的时间最多两个月就够了。以山东潍坊K村(行政村,人口845人,2017年调查)为例,农民耕地时一般是花点钱请人用大型拖拉机代耕,收割时则请人用联合收割机操作并脱粒,最后把收下来的粮食直接装到麻袋里就可以了,因此K村农民一年用在农作上的时间最多不过一两个月。中国南方稻作农业区,耕作较辛苦(种稻采茶),用时较长,不过,一年三四个月也够了。浙江绍兴NH村(行政村,人口1 100人),村民收入来源主要是采茶与打工,而一年的采茶时间(春夏之交)为两个月,因此有相当比重的村民会在其他月份外出打工。2016年入村访谈时,村主任将××(52岁)说:"村民外出务工的人很多,大概有30%的人都出去。另外,大部分人在上半年采完茶叶后也会出去打工。"做木匠和泥水匠的村民周××(51岁)也说:"每年大概采两个月的茶叶,然后就出去打工,村里大部分人家都是这样的。下半年茶叶没得采,在家就是玩,打麻将,纯花钱,出去打工至少可以抵吃穿的钱。"

可以想象,随着农业耕作和收割加工技术的不断进步,农民务农的时间还可以压缩,而外出打工的时间会更长,活动区域会更宽广。因此,农村主体人口的"高流动"与"不在场",成为乡村的基本态势,构成时下乡村治理的深刻背景与巨大挑战。

三、非农化中的乡村治理

中国有庞大的"农民工"群体,也就是说相当数量的农民虽然在身份上还是"农民",但所从事的职业已与农业无关而且工作场所也不在农村了,中国农民出现了普遍的"非农化"。根据国家统计局官网发布的数据,2016年中国"农民工"[①]数量为2.8亿人,2023年接近3亿人。然而,"农民工"三个字并不能准确概括中国农民的"非农化"程度。中国农民"非农化"比"农民工"

---

① 统计中所谓"农民工",是指拥有农村户籍且年从事非农产业6个月以上者。

的涵盖范围要广,不仅包括一年中从事非农产业6个月以上者(分外出农民工与本地农民工),而且还包括从事非农产业不足6个月者(只不过非农化程度低一些)。从职业构成上看,中国农民包括"非农农民"(尤其以外出务工经商的农民工为主体)、"兼业农民"(部分时间打零工或做点买卖)与"农业农民"(基本以农为生,不过纯粹务农的比重很低)。下面,看看江西抚州XX村(自然村,人口268人)农民职业构成情况(表79)。

表79 江西抚州XX村(自然村)2016年人口职业构成

	农业农民	兼业农民	非农农民	其他(老小)	汇总
人数(人)	27	49	148	44	268
占比(%)	10.1	18.3	55.2	16.4	100

资料来源:课题组成员2016年调查

可见,XX村以农为生的农业农民人数很少,仅有27人,占村庄人口的10.1%(当然,也不能讲他们完全是纯农户,只不过从事的非农活动所占权重较低),他们之中专业户有3家(两家耕作,一家经营土地69亩;一家养殖,经营水面13亩);兼业农民有49人,占村庄人口的18.3%,他们农忙时耕种,农闲时从事非农职业,可以说是"半非农化";非农农民有148人,包括53人经商、84人务工及其他11人(从事有点技术性的职业如理发师、厨师等),占村庄人口的55.2%,尤其是村里的年轻人基本上不事农作;其他(剩余的)基本上为老人与小孩,有44人,占村庄人口的16.4%,但也不能将他们完全归入无劳动能力者之类,因为村里并没有真正意义上的无业者,相当数量的老人帮助照看小孩、农忙时参与劳作、平时帮忙看守店铺,等等。

调查的其他村庄的非农化情形与此相近。浙江台州WT村(行政村,人口1 462人,2016年调查)务工、经商等非农人员有720人,占村庄人口的49.2%。河北唐山XH村(自然村,下分3个行政村,即XH一村、二村、三村),是典型的滨海平原区,村庄面积大约30平方千米,人口1万多人。2017年1月课题组成员入村调查时,XH三村党支部书记说,整个XH村"从事经商、务工与运输等非农职业的占40%,从事农业生产及兼业经营的占55%,最后剩下5%应该是一些不能工作的人,比如老人、小孩、残疾人……应该就是这样的一个比例状况吧"。总体看来,时下中国农民的非农化程度已经比较高。

表80　您的家庭经济收入的主要来源（只选最主要的一项）（2016年）

选　项	人数（人）	比例（%）
种植农作物或养殖	161	30.3
外出打工收入	219	41.2
在本地企业上班的工资	40	7.5
开店、经商	47	8.9
自己开公司或办厂	16	3.0
在本地政府或教育机构上班	16	3.0
放贷收息	5	1.0
无收入靠政府救济	3	0.6
其他	24	4.5

资料来源：课题组2016年问卷调查

从2016年课题组对中国东中西部农村广泛的问卷调查看（表80），在受访者中，家庭经济收入的主要来源为农业种植或养殖的仅占30.3%，而家庭经济收入的主要来源为非农收入的占69.7%，其中明确标明为"务工、经商和工资"等标准非农收入的也占63.6%。因此，宏观层面的量化指标也充分显示，中国农村与农民的非农化已经普遍发展。

应该说，靠近城区或工业开发区（工业园）的村庄，其非农化程度会更高，部分甚至已经城市化。河南洛阳YM村（行政村），2017年人口9 500人。所在镇的工业园就建在该村，入驻企业五六十家，大多以生产铁制办公家具（如铁皮柜、保险箱等）为主，创造了大量就业岗位。农民通过简单培训就可以进厂上班，上手简单。村中大道是该村的商业集中地，有零售店12家，大型超市2家，诊所2家，药房3家，饭馆20家，另有歌厅、网吧、足疗店、台球室等娱乐场所。村北边缘高铁穿过，高铁大道以北规划为学校区，已有一所二本院校，多所职业学院，高中初中也有，学生群体较为庞大，日益成为当地经济发展的带动主体。该村大片土地被征，村民大量进厂上班或经商。入村访谈时，村支书与部分村民反映："也许，过不了几年，全部村民都搬上楼，从农民变为市民，YM村就不存在了。"2017年初，课题组成员调查的上海青浦XH村（现称居委会)事实上已经城市化。该村2001年由两个村合并而成,2017年1月户籍人口有865户3 005人,外籍来沪人员则有7 405人。村民普遍从事非农职业。社区企业为村民自办或引进。村民自办的代表性企业,有纸箱厂、塑料厂、印刷厂、纸品厂、橡胶制品厂(两家)、工艺礼品厂等。2016年,该村完成税收5 438万元(税收指标为5 110万元),完成率106.4%。课题组进村调查时,村干部正在谈项目,如果项目引进成功,将会新增5 000万元的税收。村民居住生活条件良好,多住在联体别墅或200平方米的动迁安置房(可自由选择联体别墅还是商品房)里。

当然,像上海青浦XH村(已经城市化)这种情况属于特例,河南洛阳YM村(地近开发区)也属少数,中国大多数村庄农民的非农化是通过外出务工的形式推进的,这种形式具有普遍性、脆弱性的特点。河南驻马店XF村(自然村,人口258人,2017年调查)的非农化特点就有代表性。该村务工、经商等非农从业人员共121人(占村庄人口的46.9%),根据2017年1月10日与该村原村支书张××(63岁)和村民吴×(32岁)等人的访谈可知,XF村非农化具体情况如下:去郑州、漯河等地的建筑工地做建筑工人(50人),工作特点是不稳定;进广东、上海、苏州等地的工厂做操作工(60人);开"洋马收割机"去广西、广东、湖南、东北等地收割小麦、水稻等庄稼(仅6户),从事此业成本高(购买成本15万元左右),风险大(易出事故);做点小本生意,比如,小超市、饭馆、修车场等(5户),总体规模都不大,但无论做哪种小生意,收入均比务农高。

总体来看,这些非农类工作不太稳定,尤其是在建筑工地打工之类更为突出,由此造成当代中国农民的"非农化"具有脆弱性的特点。安徽阜阳BX村(行政村,人口3 322人,耕地2 954亩,2017年调查)会计金×对村民务工特点的概括就有代表性:"村里约有3/5的人在外打工,主要是城市工地上做苦力和收废品为主。有些人无固定场所,哪里有生意门路就去哪里。"调查发现,在村里开饭馆等小本经营生意,收入与外出打工大略相当。譬如,2016年1月课题组成员调查的山东日照LD村陈××(57岁,羊肉馆老板)经营羊肉馆个案。陈一家四口(老伴、儿子、儿媳)起早贪黑(早晨四五点就起来熬羊肉,还雇佣1个端菜工,月薪2 500元),生意好的时候一天五六桌,不好的时候就一两桌,一年能挣个12万元左右。算下来,年人均(家中有4个劳动力)收入3万元左右。同村另一家(高××,36岁,农家乐饭店老板),由于饭馆(菜品有全羊、全鸡、土菜)开在半山腰,位置较偏,生意要差一些(有时一天一桌,好的时候两三桌)。虽然全家老小一块干,全年仅能挣八九万元。如此看来,所谓饭馆等小本经营(还存在卫生标准风险),最多能够实现小康,要想致富则很难。不过,这也提示了中国农民问题的解决思路,最终还是要把大量农民融入城市(有效市民化)。

本来,如果农民的"非农化"普遍发展并能有效融入城市,那么就可为"三农"问题的解决创造良好条件(留在村里的农民也可因乡村人口减少,就此扩大土地规模经营以改善生活条件)。调查表明,农村的土地流转已经比较普遍。如果一户农民能够经营耕地六七十亩或水面15亩,那么其务农收入就可达到相当于外出打工的水平。如江西抚州XX村(自然村,2016年调查)"种田大户"车××(42岁,在家务农),夫妻两人(加父母帮忙)经营土地69亩(种水稻),年纯收入就有五六万元。该村村民车××(43岁)一家(夫妻俩)经营鱼塘水面13亩,搞立体养殖(鸭与多种鱼混养),年纯收入有6万元左右。如果种地能够达到一两百亩,那么收入甚至比一般打工好许多。例如,河北唐山XH村(自然村,2017年调查)翟×一家(3口人,孩子上高中)"耕种了100多亩土地,主要种植棉花和玉米。农作物收成好价格高的话,一年可以赚到二十几万,价格不好卖得差也就十几万吧。"然而,中国农民中冒出的"种田大户"毕竟凤毛麟角,也就是说,农民的出村务工与留村扩大土地规模经营之间尚未形成良性循环。其重要原因在于,中国农民的"非农化"尽管普遍发展,但比较脆弱,尤其是在有效融入城市方面存在制度性障碍。此为中国乡村治理的另一重要背景与挑战。

四、村庄空心化中的乡村治理

农村青壮年农民常年外出务工,由此造成另一后果,就是村庄留守的多是老人、小孩,村中人气不足,村庄日渐凋敝。本来,农村的老龄化程度已经很高,比如浙江台州WT村(行政村,2016年调查)人口有1 462人,其中60岁以上的老人有218人,占14.9%。加上,村中青壮年外出务工是普遍趋势,就使广大乡村的"暮气"程度雪上加霜。安徽合肥XHW村(自然村,2017年调查)人口有40多户200余人,但大部分在长三角与珠三角等沿海地区打工,平时留在村里的只有20多人。再如江西抚州XX村(自然村,人口268人,2016年调查)有156人外出打工,留在村中的有112人,占村庄人口的41.8%。如果再扣除住校上学和就近打些零工、做点买卖的,可以想见,村中平日留守的基本为老人、小孩。这种情况在农村具有一定的普遍性。河北石家庄Y村（行政村）人口为1072人，2017年1月课题组成员入村访谈时，村干部与多位村民反映："咱们村一共有300多户吧，几乎家家户户的年轻人都在外面打工，大概1/3的人都在城里，留在家里的一般是老人。外出务工在北京、天津和石家庄的人较多，还有一部分在重庆、上海等直辖市。"安徽宿州LJ庄（自然村，人口700多人，2017年调查）访谈的多位村民表示："咱们村有700多人，因为在村里务农收入少，有半数以上的人都外出务工了，现在村里多是老人和儿童。打工一般都在南方的江浙沪一带。村里仅有三户在集市上卖水果蔬菜。邻村许多的地都外包了，土地成片外包给别人种大棚蔬菜。咱村多是山坡地，土地的质量不是太好，许多人也不种了。"甚至，西南少数民族村寨的空心化也是如此。贵州黔东南XS村（苗族村寨，2017年初调查）人口3580人，村支书欧××（41岁）介绍说："村中青壮年的七八成外出打工，他们大都会选择留在外地生活，每年仅在一些必要的节日或是必须参与的民族传统活动（如苗族姊妹节）才回来几次。"广西南宁TJ村（汉壮两族混居村，2018年1月调查）村支书刘××访谈时也说："我们村人口2490人，平时在村里长住的只有四五百人，还大多都是老人孩子，年轻人都进城打工了（大多去广东）。"

　　河南洛阳GH村（行政村）的空心化和村庄凋敝比较典型，具有一定的代表性。课题组成员特意选择于2017年春节农历正月大年初一到初三入村调查，结果发现此时（本应人气最旺）依然暮气沉沉。该村位于山区，与某县邻近，全村有295户，人口有1150人。村子不算闭塞，有两条路通向外界。一出山下农田，便是水泥路，公交车直通镇上。村子有山上与山下两片住宅区，山上为20世纪修筑的老房子，多多少少有些改装，几乎每户也都有添置。平时，村中青壮年大多外出打工。山上这片老房子，住着的多是年迈体弱，不能从事劳累耕作的老人家，他们也只是在自家院子里开辟出一小块地，浇些水种点平时吃的东西。而村中年轻人，都搬到山下居住，盖起了新房子。不过，山下新房，虽说是年轻人盖的，但他们却很难享受到，因为盖完新房，结个婚，或是留下老婆父母，外出打工，或是跟老婆一起外出务工，留下一栋空房。课题组成员询问村主任为何村内竟无一处休闲娱乐设施时，村主任说："都拖家带口出去了，村里头哪有人用啊！"而留守的老人，事实上也不会用的，他们更喜欢搬个小凳子，在房外晒太阳。可见，少了青壮年的村子，没有人气，缺少生气。

　　2017年春节农历大年初一，课题组成员拜访了独自过年的85岁老太太陆

××(孩子在外打工没回来);大年初三,访问了村支书赵××。两人的访谈片段,也是农村"村庄空心化""人口老龄化"的经典注释。

对GH村村民陆××(女,85岁,无职业,自己在院子里种菜)的访谈:

问:又过年了,家里就你一个人吗?

答:嗯,自从老伴过世,孩子们都出去打工了,现在家里就剩我一个老太婆了。

问:那年货都买了吗?

答:我没买,村子里头大队发了,给我送来了点菜,还有一块猪肉。过年,还给我了200元呢!平时大队也给我发补贴,低保嘛,一个月给我150元呢。

问:那还好,身体还好吧!

答:行,身体没问题,现在一晚上我还能吃一个馍呢。你看看,院子里种的都有蒜苗,我自己一棵棵种的呢。

问:嗯,身体还这么硬朗。

答:现在就是村子里边人都少了,在山上也就没几户了,老村子里空落落的,哎!

问:是。孩子们过年都不回来吗,我看家里就你一人?

答:不回来了,说是在外地过了,回来没抢到票,反正我一人也习惯了。

(访谈时间地点:2017年1月28日,于受访者家中)

对GH村村支书兼村主任赵××(男,53岁)的访谈:

问:过年好!进来看到村子里头都空荡荡的,好萧索啊。

答:是,山上这边几乎都没人住了,就剩些老人家还在,住着老房子。

问:现在村子里头种地的人还多吗?

答:不多了。现在种地没啥收入,基本上都不种了,能到外面干活的都出去了。也就老人们还种着几片地,自己种着吃吃,没咋卖的。

问:我看到村子里头也没什么娱乐设施、公共设施之类的。

答:哪有闲钱去弄那玩意。村里头去年刚修了从坡下到山上的一段路,路边装了几盏路灯,看着崭新崭新的。原来你可知道,那都是土路啊。你修啥娱乐设施,都拖家带口出去了,村里头哪有人用啊!

(访谈时间地点:2017年1月30日,于受访者家中)

青壮年农民普遍外出务工,乡村存在突出的村庄空心化、人口老龄化、(青壮年)农业冷漠化,乡村日渐衰败。青壮年农民不在场,乡村基层治理与村民自治也丧失主体性支撑力量。应该说,伴随城市化进程,乡村衰败是普遍的世界性难题。克服"乡村衰败",推进农业农村现代化,正是党的十九大报告提出"乡村振兴战略"所要解决的重大问题。乡村衰败与缺失主体性支撑力量,正构成中国乡村治理现代化的重大挑战。

五、个人自主化中的乡村治理

中国乡村治理遇到的另一重大挑战是,广大农民正从"狭隘人群的附属物"到"自主个人"转变,中国乡村普遍出现"社会原子化"与人情淡薄现象,原有规范失效(乡村传统文化解体),而新规范的约束又有限,社会失序明显(表现之一是游手好闲的混混增多)。

传统中国乡村社会结构是典型的"差序格局",在"差序格局"中,人依附于一定的群体(家庭、家族),人与人之间的关系是温情脉脉的,但也是有等差的,人总被置于亲疏远近不等的关系网络之中[①]。约束人们的规范,也是体现等差的礼乐文化。传统中国社会结构长久不变,礼乐文化也就长期稳定。同属儒教文化圈的日本,却与中国有很大不同。在日本,直到19世纪中叶,只有贵族和武士家族可以使用姓氏。而姓氏是中国家族制度的根本,没有姓氏或相当于姓氏的东西(如族谱),家族组织就发展不起来[②]。同样地,日本人的"孝道"只是局限在直接接触的家庭内部,日本的家族联系淡薄得几乎接近西方,也许与法国的家族最接近[③]。而中国却是家族组织高度发达、"差序格局"最为典型的社会形态,这正是近代以来中国社会转型相比日本更为艰难曲折的重要原因之一。

毫无疑问,中国社会结构转型的基本趋势,是从差序格局到平权格局。推动这一转型的根本性力量,是现代化与市场的力量,而这一过程从近代以来就开始了。但转型真正加速,则在改革开放尤其是市场化改革方向明晰以来。

---

① 朱新山:《从差序格局到平权格局——近代以来中国社会转型的历史趋势分析》,《毛泽东邓小平理论研究》,2017年第4期。
② 本尼迪克特:《菊与刀》,商务印书馆1990年版,第36页。
③ 本尼迪克特:《菊与刀》,商务印书馆1990年版,第37页。

马克思曾指出,"商品是天生的平等派"①,做买卖自然认钱不认人,商品与资本的拓展,会将传统社会的温情脉脉与差别性的社会结构彻底摧毁。这一转型过程,是一个逐步产生平等的"自主个人"的过程,也是一个由身份社会走向契约社会的过程②。当然,把人从狭隘共同体中解放出来,产生平等"自主个人"的过程,中国比西欧社会晚了两三百年。直到20世纪80年代,随着人民公社解体和改革开放全面推行,"自主个人"才在中国大量涌现。个人有了自主支配的财产并且可以自由支配自身,可自主创业、自由发展。当前,中国农村普遍出现的"社会原子化"和人情淡薄现象,正是个体被从温情脉脉的差序格局中拉出来,社会结构发生根本性转型与传统规范失效(乡村传统文化解体)的产物,当然,也是国家治理结构转型相对滞后于社会结构转型的结果③。2017年2月1日,课题组成员访问山东烟台GL村时,村支书将农村年轻人分为三类,体现了自由度增加态势下年轻人的分化趋势,他说:"农村中的年轻人,第一类念书考出去留在城市,第二类吃苦耐劳打工出去,第三类也是最差的,就留在村庄,好吃懒做,打架闹事,一般是小混混型。"第一类与第二类,体现了高自由度下的向上拼搏精神,而第三类则体现了约束松弛下的自我放纵,然而,混混型的第三类往往盯上村中公职(村中公职月均一两千元的收入吸引不了第一类与第二类人员),造成乡村干部往赢利型经纪人方向发展。因此,如何管理自由度空前释放下形成的"自主个人",也是乡村治理体系的重大挑战。

如此境况之下,传统权威与革命后权威均为消解,乡村如何生成现代权威是个问题。2019年1月,课题组成员二访贵州黔东南TG村发现的问题就有代表性。下面是对该村村民项××(67岁,残疾)的访谈片段,可供参考。

  问:您觉得村里有没有德高望重的人,比较有权威的人呢?他们说话,你们愿意听吗?
  答:村里没有德高望重的人。大家谁都不服谁。谈不上听不听。
  问:你对村里党支部有了解吗?

---

① 马克思:《资本论》第3卷,人民出版社1986年版,第103页。
② 朱新山:《从差序格局到平权格局——近代以来中国社会转型的历史趋势分析》,《毛泽东邓小平理论研究》,2017年第4期。
③ 朱新山:《从差序格局到平权格局——近代以来中国社会转型的历史趋势分析》,《毛泽东邓小平理论研究》,2017年第4期。

答：没有，感觉他们没什么作用。

（访谈时间地点：2019年1月27日，于受访者家中）

六、乡村治理体系现代化滞后于社会转型

目前，中国乡村治理体系已严重滞后于乡村经济形态与社会结构的转型。改革开放以后，中国乡村经济与社会诸方面都发生巨大变迁。中国乡村已高度卷入市场，成为市场经济的有机组成部分。乡村生产要素包括劳动力已开始大规模流动。从社会结构看，农村社会从封闭走向开放，已开始从传统差序格局向现代平权格局转型。作为上层建筑的治理体系，要与经济形态和社会结构的变迁相适应。由于中国乡村治理体系转型滞后，造成一系列突出问题与困境，既有治理体系对社会问题的回应能力差，治理绩效不断下降。

治理体系转型滞后的困境之一，是导致乡村地权变革难以实质推进，从而进一步解放农村生产力。乡村治理体系与地权结构（集体所有农户使用）存在共生关系。《土地管理法》第十一条（相关法条参见《农村土地承包法》第十三条、《物权法》第六十条）规定："农民集体所有的土地依法属于村农民集体所有的，由村集体经济组织或者村民委员会经营、管理；已经分别属于村内两个以上农村集体经济组织的农民集体所有的，由村内各该农村集体经济组织或者村民小组经营、管理；已经属于乡（镇）农民集体所有的，由乡（镇）农村集体经济组织经营、管理。"农地在集体所有权层次上分村民小组、村和乡（镇）三层，并分级进行经营管理（或建立专门的集体经济组织或直接由公共组织进行经营管理）。比如，浙江台州WT村（行政村，人口1 462人，2016年调查），既建有7人组成的村党支部委员会与7人组成的村民委员会（该村共有"两委"干部13人，支书兼村委委员，其他都不兼职），也建有7人组成的村"经济合作社"（包括社长、副社长与另5名成员）。不过，细看村"经济合作社"的组成，发现村支书任社长、村主任任副社长，另5名成员分别是2名副书记、1名副主任与2名支委委员，可见，所谓村"经济合作社"全部是由现村党政班子成员组成。因此，该村的土地名义上是由专门建立的村"经济合作社"经营管理，而实际上是由村党政干部管理。调查发现，不少乡村地区根本没有所谓"经济合作社"之类的集体经济组织，而是由村委会（或村党政班子）或村民小组直接进行土地经营管理。在这样的态势下，乡村干部在土地问题上就拥有

强势话语权,乡村干部最不愿触动的就是这种最有利于其资源提取(包括征地款的分配)的地权结构。

而中国的"三农"问题,事实上是由土地问题衍生出来的。所谓"三农"问题,其实只有一个,即"农民问题"——农民占中国总人口比例过大的问题(进而造成农户耕作地块过小),也就是"农转非"问题。归根结底,问题在于中国农民耕作的地块太小,一户三五亩地,无论如何投入、耕作,都难以真正富裕起来。可以说,家庭农业不是问题(美国有耕作数千英亩的家庭农场),人均一亩地的家庭农业才是个问题[①]。

课题组调查发现,如果一户农民能够经营耕地六七十亩或水面15亩,那么其务农收入就可达到相当于外出打工的水平。可以想象,如果种地能够超过100亩(水面经营也更大些),那么收入甚至比一般打工好许多。根据目前的技术条件,一户农民经营数百亩土地甚至更多(才能致富),都没有问题。因此,解决中国"三农"问题的真正出路,在于减少农民数量、扩大务农者的土地规模,也就是,要"农转非",推进农民的城市化。然而,乡村的地权结构却导致农民的土地财产权利难以顺畅流转,不利于把农民从小块土地引向土地以外的广阔空间,促进城乡融合发展。

治理体系转型滞后的困境之二,是青壮年农民不在场(村民普遍外出务工,村庄空心化),中国乡村基层治理与村民自治丧失主体性支撑力量。众所周知,"村民委员会"萌生、定型于20世纪80年代初期,是村民普遍村居的静态社会结构的自我管理的组织形式,是直接民主(村民自治)的治理机制。然而村庄的普遍空心化,使得作为直接民主的村民自治还能否开展、如何开展成了重大问题。村民不在场,还能否叫村民自治,也成为问题。随着行政村越并越大,加之村庄主要干部由乡镇政府支付工资并考核,村级组织也出现了明显的"官僚化"与"行政化"。

治理体系转型滞后的困境之三,是农民大规模流动化与非农化,其需求与满足需求的市场越来越外在化(远离所在乡村),而本地乡村公共组织的公共服务就相应丧失了存在支点与服务对象。农民常年外出务工,还造成其与户籍所在的乡村社区日渐疏离,乡村社区认同度与凝聚力下降。

---

① 潘维:《农民与市场:中国基层政权与乡镇企业》,商务印书馆2003年版,第399页。

第五章
中国乡村治理体系的现代重铸研究

中国乡村出现一系列问题与困境的根本原因,在于中国乡村治理体系的现代化建设滞后。目前,中国的乡村治理体系仍是行政主导治理模式,是原有的动员型体制的延续,与当前中国乡村社会的深度转型不相适应,必须与时俱进推进乡村治理体系的现代化。

一、探索形成自治、法治、德治相结合的现代治理格局

目前,乡村基层公共组织(以村委会为代表)运行成本高,而实质功能薄弱;基层党组织弱化、虚化、边缘化现象较为突出;村民重新回归原子化状态,乡村基层存在一定程度的混乱与无序,中国乡村基层原有治理机制与治理模式面临失灵的问题。因此,中国乡村治理体系现代重铸的时机已经成熟。

现代治理理论具有一定的启发意义,该理论反对传统的政府中心论的研究视角,主张从政府、市场、企业、公民和社会的多维度来观察问题,以克服市场局限和政府局限;认为治理是一个互动过程,通过合作、协商、伙伴关系、确立认同和共同的目标等方式实施对公共事务的管理[①];主张建立与市场、社会自治组织、社会中介组织、社会独立组织等的多元合作关系。吉登斯就指出:"一个强大的市民社会对有效的民主政府和良性运转的市场体系都是必要的。"[②] 乡村社会的有效治理,不仅需要发挥政府的作用,更需调动社会力量、激发社会活力。毫无疑问,中国乡村治理体系在结构上要往多元方向发展,逐步

---

① 杨嵘均:《论治理理论在新农村建设中的境遇及其出路》,《江苏社会科学》,2010年第6期。
② 吉登斯:《第三条道路及其批评》,中共中央党校出版社2000年版,第29页。

增加治理体系的民主要素、合作要素,形成"国家、社会、市场"协同、互动的现代格局。党的十九大报告指出:"加强农村基层基础工作,健全自治、法治、德治相结合的乡村治理体系。"法治是运用国家力量,自治体现群众力量,德治则发挥贤能力量(传统中国就号称"以德治国",乡村基层是士绅主导的"贤能治理"),三者相结合反映了体系要素构成上的多元性。课题组重点调查的山东Q市(县级市,人口95万人)乡村,在探索"三治"结合的乡村治理体系上进行了探索。2018年1月,Q市(下辖8个镇、4个街道与1个开发区)市政府针对自身实际提出:"深化法治镇街、民主法治示范村创建活动,健全自治、法治、德治相结合的乡村治理体系。探索开展'乡贤回归'工程,重塑新时代乡贤文化。"

关于"三治"(自治、法治、德治)结合的乡村治理体系如何布局,Q市下辖S镇的思路是:以自治为基础,法治为保障,德治为辅助,体现多元治理结构。

首先是"法治"治理建构。依靠"法律"来治理并实现善治,是人类由野蛮状态进入文明社会以后不可或缺的发展力量[1]。S镇在社区与村庄层面建立法治推进与安全保障机制。每个社区配备1名兼职律师(Q市为全市乡镇社区配备),律师每周到社区活动一次。村里则设有警务助理(多由村干部兼任)等。S镇XS社区SS村(人口410人)走在了全市前列,在市政法委的领导与支持下,投资近30万元(政法委出资在全村安装了27个摄像头及监控设备)率先建立了村"综治工作中心"(同时建有"警务助理联合工作站""司法行政工作室";社区13个村的警务助理在联合工作站每周碰头一次)。该村以"综治中心标准化、乡村管理网格化、公共安全信息化"三位一体为工作推进框架,着眼安全与秩序,以期"实现乡村有效治理"(通过网格管理掌握舆情、通过技术手段监控动态,力争将危害安全与秩序的不法行为控制在最低状态)。当然,法治推进的目标不仅是保障安全与秩序,更在尊重与保障农民的财产权、自由权(包括自治权)与社保权,焕发乡村社会活力,而这也应该是工作重点之一。如土地确权登记工作,就是在农民权益保护问题上落实法治。

其次是"德治"治理建构。选贤与能,以德治国,是中国的优良传统。S镇发挥与运用贤能力量,重塑新时代乡贤文化。改革开放40多年来,随着新型城镇化与新农村建设的推进,成长出一批受过良好教育、有一定的威望、拥有

---

[1] 陈松友、卢亮亮:《自治、法治与德治:中国乡村治理体系的内在逻辑与实践指向》,《行政论坛》,2020年第1期。

一定的经济实力和专长的"新乡贤"①。乡贤是"黏合剂",能把原本外出打工、离开家乡的人,和本乡的人重新黏合在一起,凝聚认同,并在乡村的传统秩序受到冲击、传统社会纽带越来越松弛的情况下,让乡村社会更好地黏合起来②。乡贤既对乡村情况比较熟悉,又有新知识、新眼界与现代技能,是连接传统与现代的桥梁。因此,应该充分发挥现代乡贤的公共服务提升与价值引领作用。S镇探索实施"乡贤回归工程",要求每个社区(S镇下辖8个社区)建立"乡贤参事总会",每个村建立"乡贤参事会",加强与在外乡贤的联系,激发在外乡贤服务家乡情怀。当然,乡贤包括在外乡贤与本地乡贤,都要调动起积极性。乡贤历经磨炼,视野开阔、人脉广泛,有家国情怀,有担当意识,村民愿意接受和信任他们,因此,通过他们感召村民,是改进与优化乡村治理的重要途径。

最后是"自治"治理建构。乡村社会的"善治"不仅依靠国家的制度供给和资源输入,还依赖于乡村社会自身的秩序生产能力,这种内生的秩序生产能力构成了乡村治理的社会底盘③。依照内生秩序生产能力的理论逻辑,乡村治理中的自治实践萌生于亿万农民的内生动力和首创精神,既重构了乡土中国的社会秩序,又持续推动着基层社会变迁的规模和速度、方向和成效④。乡村社会的"自治",既包括村民自治,也包括发挥民间组织与民间社会内生力量的积极作用。S镇探索改变行政一统的控制模式,注意民间组织和市场组织等治理资源的运用,使乡村内生的自主性力量在公共服务供给、社会秩序维持甚至移风易俗方面发挥基础性作用⑤。乡村问题要尽可能内部化和社会化,控制其政治化⑥。许多事情由民间组织出面,让农民自己操办⑦,成本更低效率更高。以不良风气整治为例,作些分析。农村攀比之风盛行,村里的老爷爷老奶奶到处闲逛,唠家常,比家里子女的收入、比家里有什么车、比有几套房,等等。结

---

① 夏红莉:《"新乡贤"与健全自治、法治、德治相结合的乡村治理体系》,《湖南省社会主义学院学报》,2018年第3期。
② 张颐武:《重视现代乡贤》,人民日报,2015年9月30日。
③ 董磊明、郭俊霞:《乡土社会中的面子观与乡村治理》,《中国社会科学》,2017年第8期。
④ 陈松友、卢亮亮:《自治、法治与德治:中国乡村治理体系的内在逻辑与实践指向》,《行政论坛》,2020年第1期。
⑤ 朱新山:《中国乡村社会组织重构研究》,《毛泽东邓小平理论研究》,2006年第12期。
⑥ 仝志辉等:《农村民间组织与中国农村发展》,社会科学文献出版社2005年版,第12页。
⑦ 朱新山:《中国乡村社会组织重构研究》,《毛泽东邓小平理论研究》,2006年第12期。

果社会风气日渐浮华,村民争先恐后把房子都修整得富丽堂皇,就像是房子的豪华程度代表着地位的高低。再者,比结婚彩礼和场面。2019年2月,课题组成员到江苏扬州SJ村(行政村,人口4 580人)调查,受访村民说:"村里结婚,男方除城里买一套房外,还要给女方彩礼至少10万元,另外还要有'三金',也就是金项链、金耳环和金戒指。几乎所有人结婚,婚宴至少摆上20桌,没人来也没关系,照样摆上。去年参加的一场婚礼,空了有10桌,浪费十分严重,已到荒唐的程度。"调查发现,攀比之风、奢靡之风的整治,由民间组织出面效果更好。比如,S镇一带,通过"红白理事会"推行"移风易俗"改革,一户办理一件白事(由村"红白理事会"主持办理)一律控制在3 000元以内办结,取得良好效果,既破除了厚葬陋习、节约了费用,又倡导了文明新风。当然,由于基层政府主要发挥倡导作用,没有直接冲在殡葬改革的第一线,而是由"红白理事会"作为民间组织来操作,因此不容易激化矛盾,从而保证了改革的顺利进行。

当然,S镇的探索还是很初步的。不过,总的发展趋向应是增加乡村治理体系的民主要素与合作要素,以克服可能存在的市场失灵与政府失灵;激发政党组织、政权组织、市场组织与民间组织等各类组织的活力,逐步形成自治、法治、德治相结合的多元共治的现代治理格局。

二、从整个县域层面谋划乡村治理体系的建构

由于主导中国乡村发展的是县而不是乡镇,因此要从整个县域层面考虑中国乡村治理体系的建构,要根据市场经济发展形态重新确定县级政府的功能,再确定乡、村组织的功能。

众所周知,县这一层级在中国历史上是最为稳定的,县的数量和幅员变化均不大。从秦汉到明清,各级行政区域的设立和称谓迭次变化,唯独县制亘古不变[1]。根据斯金纳的研究,中国县的数量,汉朝设县1 180个,隋1 255个,唐1 235个,宋1 230个,元1 115个,明1 385个,清1 360个,在中国全盛的各朝代数量都差不多[2]。就基层政府的幅员,秦汉时定下一个基本原则:"县大率方百

---

[1] 易中天:《帝国的终结》,复旦大学出版社2007年版,第164页。
[2] 费正清:《美国与中国》,世界知识出版社1999年版,第37页。

里"。周振鹤指出,作为政区的县,其幅员大小是以行政管理的有效程度来确定的(适宜官员下乡劝课农桑与农民进城缴纳租赋)①。这是县级政区的数目与幅员相对比较稳定的基本原因。鉴于传统小农的供养能力薄弱及治理技术不及等原因,中国古代以"天下太平"(而不是发展)为目标,作为方圆百里之县(用今天的计量单位计算为1 225平方千米)不可能进行精细化管理,只能维持仅有数名正式雇员之县衙来作粗放式的"无为而治"。清末以来,尤其是民国以降,国家开始肩负起现代化使命,探索在县以下建立更低层级的行政机构(包括乡政),但始终未能实现完全官僚化,直到20世纪50年代末期才完成。毫无疑问,从1958年起,乡、村两级公共机构(最初是社队)推动了中国社会的深刻变革,但无疑供养成本也相当高昂。改革开放以来,国家由计划经济往市场经济转型,为缩小政府(村委会可视为准政府)规模与提高经济运行效率创造了条件。21世纪初,国家不少地方开始采取"合乡并村"的措施,来降低机构规模与治理成本,但仍未能从根本上解决问题(比如,行政村不断合并,造成召集村民会议越来越难,冲击了村民自治的法定治理秩序)。

经过改革开放40多年的跨越式发展,中国乡村与县域层面发生了天翻地覆的变化。交通与通信已相当发达(尤其是中东部地区),小汽车开始大众化,从县域边陲到县城原来要走大半天,现在驱车(或乘车)一般都在半小时之内。根据课题组调查,东中部农村已有较大的小汽车拥有量,比如山东烟台GL村(人口450户1 700人,2017年调查)有小汽车200辆,拥有户近1/2;河北石家庄K村(人口1 300多户6 202人,2017年调查)有四五百辆,拥有户占1/3;浙江台州WT村(人口470户1 462人,2016年调查)则有小汽车120辆,拥有户占1/4(当然中国西部一些贫困村庄的拥有量可能很低,比如贵州毕节NG村人口有500余户1 901人,2017年全村仅有小汽车5辆)。2018年8月,课题组成员到山东Q市(县级市,人口95万人)进行县乡村三级组织调查,经过深度访谈发现,乡镇(全市下辖8个镇、4个街道与1个开发区)与社区层面的主要干部全部住在市区,每天都是驱车来回上下班。经过大规模发展与扩容,Q市市区常住人口已达40万人,不仅乡镇与社区层面干部住在市区,就是村里大量农民也在市区购房(村里的年轻男性如果不在市区有套房,已很难结婚)。

---

① 周振鹤:《体国经野之道——中国行政区划沿革》,上海书店出版社2009年版,第34、38页。

这样的交通、通信条件与居住格局，为县域层面进行治理体系重构创造了良好基础。

调查发现，县级党政机构规模庞大。比如，山东Q市（县级市，2018年8月调查），市委（及办公室）干部40人，市府（及办公室）50人，人大58人，政协56人，纪委监委90人，全市市级层面职能机构共162个，机关干部共6 000余人。如果把公办学校教师与医院医生计算在内，全市财政供养人员则达18 000人。仅市政府的直属部门就有60个，包括办、局47个，群团组织及办事服务中心13个（包括政务服务中心、检验检测中心、住房公积金中心等）。调查发现，1990年以来，中国乡镇层面经历了多轮机构精简改革，但始终没有多大效果，反而越改革越膨胀。其重要原因在于，机构人员的膨胀往往是从县级层面先开始的，然后再下移，蔓延到乡镇层面。尤其是县级实权部门领导，特别是党政一把手，都在想办法安排人，如果县级部门进不了，乡镇就会成为主要目标。因此，"县政"改革的重要性不言而喻，如何围绕强化突出县域公共服务、市场监管、社会管理与环境保护职责，优化机构设置、职能配备与工作流程，是一个重大问题。

"县政"改革，要处理好县域政府与市场及社会的关系，使市场在县域资源配置中起决定性作用；加快实施政社分开，推进社会组织依法自治，适合由社会组织解决的事项交由社会组织承担。要从全县（市）层面规划并进行基础设施建设，以县级政府为主导（乡镇政府分头实施）提供公共服务，实现县域公共服务均等化。农村基础设施建设和公共安全由政府负责；农村公益和文化活动可由社区组织主导。调查发现，农村的公共服务正往这一方向发展。下面是课题组成员对河北唐山LC村（行政村，人口1 000人）村支书兼村主任汪×（35岁）的访谈片段，具有一定代表性。

问：村里修路等基础设施建设是怎么操持的，资金怎么来？

答：村集体没有钱，修路、建卫生室、安路灯、修厕所之类的，要结合镇里边来办这个事，资金的话就是政府财政拨款。村里的作用就是通过"一事一议"形式组织村民代表开会讨论，提出申请，再上报镇政府审批。资金是专款专用，通过招标来做这个事，我们村干部是接触不到这个钱的。

（访谈时间地点：2019年1月9日，于受访者家中）

访谈片段表明,由于村级集体收入来源枯竭,让村民集资也实属不易(况且大多数村民事实上也达不到城乡公平税制的纳税起征点),因此,由县乡政府承担起公共产品供给的基本责任乃是正确发展方向。

另外,由于农业的行业特殊性,基层政府和村里的党支部或村委会(带有准政权性质)事实上很难对农民提供经营方面的帮助。而农民需要的农作技术服务与农产品销售服务,则缺乏相应的组织建构与服务支持。与公共产品不同,农业扶持技术装备与农作技术是竞争性的商品与服务,由政府提供也不合适。这些问题的解决,日本、韩国等原小农经济国家,是建立"综合农协"式服务体系,而美国是大农场经济为主,则走公司化服务体系的道路。中国不能一味模仿(尤其是公司化服务体系),应该探索走出自己的路子,要在县域层面进行整体谋划。

三、公共组织向"县政、乡派、新村治"基本格局转型

乡村公共组织(政权组织)的改革定位是"县政、乡派、新村治"。国家政权最低延伸至县,县下不再设立一级"完全政府"。乡政府改制为乡公所(县的派出机构),与村级组织真正建立指导与被指导的关系,从而有力推动基层开展自治。从功能结构看,基层政权组织应从发展型政府(以推动发展为中心)向服务型政府(以公共服务为中心)转型。这可能是医治乡村治理"体系建构与运作的行政性色彩浓厚,社会性价值被稀释"[1]之痼疾的治本性措施。众所周知,中国乡村基层长期的行政主导倾向造成的治理失效问题不容忽视。

在"善治"的逻辑结构中,既包括国家行政权,又包括社会自治权,而且后者随着社会发展作用会更大。博克斯就认为:"如果19—20世纪之交的改革家们倡导建立最大限度的中央控制和高效率的组织结构的话,那么21世纪的改革家们则将今天的创新视为一个创建以公民为中心的治理结构的复兴实验过程。"[2] 乡村治理体系现代化的关键,是限制、规范行政权力的乡村介入(当然也包括有效发挥其作用),确定乡村社会的国家公权力和社会自主权力的边

---

[1] 兰凯军:《当代中国乡村治理体系现代化路径研究》,《知与行》,2015年第1期。
[2] 俞可平:《治理与善治》,社会科学文献出版社2000年版,第5页。

界及其运作逻辑[①],激发乡村社会的内在活力,形成"政府、市场、社会"协同、互动的现代治理结构。

调查显示,乡镇政府的机构规模仍相当大,运行成本也非常高。以山东Q市S镇(下管92个行政村)为例,该镇在镇政府和村之间设有社区这一管理层次,据与镇党委书记访谈,2018年镇和社区两层干部共有206人(表81)。

表81　S镇党政机构管理及辅佐人员(在编)构成[②]　（单位：人）

年份	行政编制	事业编制	事业控编	镇聘人员	合计
2018年	42	36	22	106	206
2009年	25	35	39	67	166

资料来源:2009年与2018年分别与S镇时任党委书记的访谈

从S镇的机构设置看,主要包括四大块:一是党政综合内设机构(共设9个办公室,包括经济发展办公室);二是事业单位(共设5个服务中心);三是经济发展区(市工业园在该镇,镇政府配合设有相关的管理机构);四是社区管委会(共设8个社区,每个社区管委会有10名干部,下管9—13个行政村)。由此可以看出,镇政府机构设置中经济发展职能仍很突出,与本应凸显的公共服务职能定位不相称。应该说,最能体现镇政府公共服务职能的是5个服务中心(事业单位),即农业综合服务中心(在编8人)、财政经管服务中心(在编7人)、计划生育服务中心(在编11人)、劳动保障管理服务中心(在编5人)和文化体育服务中心(在编5人)。5个服务中心在编人员共计36人,只占S镇党政机构全部在编人员的17.5%。这也说明,乡镇机构改革仍有相当大的空间。不过,事实是乡镇党政机构仍有不断膨胀的趋势,2009—2018年十年间,管理人员净增40人(表81)(S镇于2007年由先前的3个乡镇合并而成,固然与合并前的3个乡镇相比管理人员大为精简)。

总起来看,乡镇政府的结构规模与其主体功能行使很不相称,发展趋向应该是改制为乡(镇)公所(县级派出机构)。更何况,乡镇政府行使的主要是县市政府的派出功能。乡镇的派出所、工商所、司法所、人民法庭等,本身就是县

---

① 兰凯军:《当代中国乡村治理体系现代化路径研究》,《知与行》,2015年第1期。
② 朱新山:《中国乡村治理体系现代化研究》,《毛泽东邓小平理论研究》,2018年第4期。

级政权的派出机构。从S镇看,5个服务中心行使的公共服务职能,也主要是落实县级政府的任务,况且在县级层面也各有对口管理的部门。2017年2月,课题组成员到安徽农村调查,宿州一个乡镇的党委书记就说:"现在的乡镇政府猛一看有一两百号人,而实际上没啥实质性功能,可以撤掉,设个办事处,保留五六个人就可维持基本运转。"2018年8月,山东潍坊一个乡镇的镇长受访时也说:"以前乡镇政府的最主要功能是收取税费,现在变为催缴各种保险费了。目前的乡镇政府就是撤掉,对老百姓也不会大的影响。乡镇一级只需保留几个服务窗口就可以了,老百姓生活困难及缴保费可找劳保中心,超生找计生中心,有矛盾纠纷找司法所,要建房找国土所。"

乡镇政府功能的稀薄,从乡与村的关系上也可看出来。2017年2月1日,课题组成员访问山东烟台GL村(行政村,人口1 700人,无公共收入来源)时,村支书就说:"政府与村庄联系主要就是补贴(资金援助)。上级全权管理村庄,本村说了不算,只能协作。村庄用款要通过程序上报,开会审批,合格下拨,不合格就否定。政府对村庄只有资金援助,无其他援助。"下面是课题组成员就"乡镇政府与村庄的业务联系"问题,分别对河南新乡ZK村(行政村,人口2 536人)与山西忻州QB村(行政村,人口1 821人)干部的访谈片段:

对ZK村村支书黄××(46岁)的访谈:
问:取消农业税以后,乡镇政府与村里还有哪些业务联系?
答:业务联系相比以前已经很少了,组织学习会议,下发通知,乡政府现在主要扮演一个上传下达的角色,任务指示下达给村,由村书记、主任在村里执行。村干部主要协助乡政府确定低保对象,催缴保费,维护公共卫生。

(访谈时间地点:2017年1月14日,于村委会办公室)

对QB村村委委员张××(57岁)的访谈:
问:现在乡镇政府和村庄有没有一些业务上的联系?具体如何管理村庄?
答:就是传达为主,他们从上头开会后,回来又召集各村干部开会传达精神、意见,还有监督各村的情况。

(访谈时间地点:2018年2月21日,于受访者家中)

从访谈片段看,乡镇政府与村庄在业务对接上功能甚为稀薄。不过,调查发现,在乡镇政府与村庄对接层面,管理人员却有膨胀的趋势。2019年1月10日,课题组成员访问唐山H镇政府民政办工作人员邢××(39岁),她就说:"各村都有2—3名乡镇政府包村干部,负责上传下达。另外,还有大学生村官,大学毕业或者研究生毕业报考村官,合格后分到乡镇,再下派到各村,驻村工作,他们是事业编,享受公务员待遇。"2019年1月,课题组成员到贵州黔东南TG村调查,发现村委会办公室里除村干部外,还有四五名政府派驻的"网格员"(县里的派出工作人员)在协助工作。乡镇政府改制为乡(镇)公所,更有利于控制机构膨胀。改制为乡(镇)公所后,作为派出机构预算全部纳入县一级,由县政府安排人事与财政,做到事权与财权的统一。如此一来,乡公所也容易与村委会真正建立指导与被指导的关系,从而有力推动乡村社区自治的开展。乡镇将以服务导向,革新乡村治理模式,以乡公所的形式和更为精干的队伍提供更良好的服务,实现市场、自治与政府的共同治理[①]。

再看行政村层面,行政村的组织建构,既有"权力机关"(村民会议),又有"权力机关的常设机关"(村民代表会议),还有"元老院"(红白理事会,或老年协会);既有"行政机关"(村委会),也有"监察机关"(村务监督委员会),当然更有"领导机关"(党支部);更有甚者,村委会不但是政治组织(行政机关),而且是集体经济组织,有权依法办理财产性事务方案。村级层面的法定常设管理人员非常多,以浙江台州WT村(行政村,人口1 462人,2016年调查)为例,有"两委"干部13人(其中支委7人,村委7人,村支书兼村委委员),村民小组长12人,村民代表38人,监督委员会5人,共计68人(兼职4人)。再看山东潍坊K村(行政村,人口845人,2017年调查)的情况,该村有"两委"干部6人(会计与邻村合用1人),村民代表30人,监督委员会3人,共计39人(兼职2人)。虽然不需全部给予补贴,但仍有六七位干部需要发放工资(其中三四位政府财政解决,另有两三位需村里自筹)。当前行政村层面面临的重大问题是,村级组织的功能空心化与组织建构的庞杂不相称。当然,K村一带村民小组长由"两委"委员兼着,加之村民会议与村民代表会议没有真正运转起来,如果依法实质性运行起来,那么成本还要更高。调查发现,个别村甚至事实上取消了"村委会",只维持村支部委员会三干部的结构。下面是对山东日照

[①] 朱新山:《中国乡村社会组织重构研究》,《毛泽东邓小平理论研究》,2006年第12期。

LD村(行政村,人口953人,2016年调查)会计徐某的访谈片段:

> 问:咱们村的领导班子情况是怎样的?
> 答:咱们这里就是三至五名干部,两套班子。村委会事实上取消了,只有党支部,成立社区,五个村一个大社区。咱们村就是一名村书记和两名委员。
>
> (访谈时间地点:2016年1月7日,于受访者家中)

可见,村庄公共组织功能稀少,村干部无所事事,两三名干部就足以应付村级事务。课题组入村调查,许多村干部也反映现在所做工作比以前大为减少。下面是2018年2月课题组成员对河南安阳MP村(人口1 150人)村主任张××(54岁)的访谈片段,有代表性。

> 问:现在村干部的工作不好做吧?
> 答:现在需要村干部做的工作比以前少了很多,百姓需要用到村干部的时候少了,很多事情国家就直接处理了。但现在村干部工作还很不好做,有的时候你帮村民办了九件事情,可能就一件没有办,可能还是违法乱纪的事情,到换届的时候,他就记住你了。
>
> (访谈时间地点:2018年2月2日,于村委会办公室)

鉴于村庄公共组织功能大为减少的实际,村级层面应该积极探索实行"新村治"(根据农村实际,治理形式更为灵活多元)。村级治理既可采取民选村主任模式,也可采用村民议事会聘请村董或经理的模式,也可探索实行无薪志愿服务的贤能治理模式,等等。表82是2016年课题组就"村庄管理模式"进行的全国问卷调查。

表82 您认为村庄采取什么样的管理模式较为理想?(2016年)

选项	人数(人)	比例(%)
由村民民主选举的村干部管理	238	44.8
由上级派下来的驻村干部管理	105	19.8

续 表

选 项	人数（人）	比例（%）
由不领报酬、愿为村民服务的贤能之人管理	83	15.7
由大学生村官管理	74	13.9
其他	31	5.8

资料来源：课题组2016年问卷调查

从表82可看出，由于制度演进有路径依赖性质，44.8%的受访者仍认为村庄管理应由"村民民主选举的村干部管理"。不过，回答应"由不领报酬、愿为村民服务的贤能之人管理"的"新村治"模式的也占15.7%，说明村民对更为灵活、更合实际的"新村治"模式探索持开放态度。2018年1—2月，课题组就两种"新村治"模式的村民意向进行了全国问卷调查（表83、表84）。

表83　关于村庄管理，除了现在的"村支书+（民选）村主任"模式外，您认为由村民议事会从社会上聘请经理的模式是否可行？（2018年）

选 项	人数（人）	比例（%）
可行	86	21.7
可以试试	181	45.7
不可行	74	18.7
不清楚	55	13.9

资料来源：课题组2018年问卷调查

表84　过去的村庄管理，曾经由读书识字且有家底的贤能之人管理，他们不领报酬。今天的村庄管理，请经济成功的有德之人提供无薪志愿服务，是否可行？（2018年）

选 项	人数（人）	比例（%）
可行	98	24.7
可以试试	167	42.2
不可行	93	23.5
不清楚	38	9.6

资料来源：课题组2018年问卷调查

从表83与表84可看出,受访者对"新村治"模式探索的开放度很高,认为第一种模式(由村民议事会从社会上聘请经理)"可行"的占受访者的21.7%,认为"可以试试"的高达45.7%;认为第二种模式(请经济成功的有德之人提供无薪志愿服务)"可行"的占24.7%,认为"可以试试"的达42.2%。而明确认为两种模式"不可行"的则显属少数,分别为18.7%与23.5%。

2019年2月,课题组就村干部表现与村治模式问题,对江苏扬州SJ村(行政村,人口4 580人,党员109人)进行了重点调查。课题组成员访问了普通村民20人,发现大多数村民对村干部表现不太满意,认为干部"工作懒散,对集体事务不上心","要找他们一定要上午去,下午基本找不到人,估计打牌去了";"干部办事效率低下,一村民盖房与邻居有纠纷,请他们调解,两年无进展,房子始终盖不起来";"村干部年龄偏大,会计70多岁了还在坚持"(该村外出务工人口超过2 900人,留村人口老化严重,进而影响到干部的年龄结构)。受访村民对突破"村域"限制,从更大范围选择村干部持开放态度,超过2/3的受访者认为可以试试从社会上聘请经理的模式,甚至认为该模式可行。

总之,"新村治"上接传统,下合实际,更为灵活,更富弹性(包括干部规模),可能是更为合理的乡村基层治理发展方向。

四、民间治理资源的启动与利用

中国乡村社会治理,要充分注意民间自组织资源的启动与利用问题[①]。俞可平曾分析指出:"善治"实际上是国家权力向社会的回归,是表示国家与社会、政府与公民之间的良好合作。善治有赖于公民自愿的合作和对权威的自觉认同,没有公民的积极参与和合作,至多有善政而不会有善治。所以,善治的基础与其说在政府或国家,还不如说是在公民或民间社会。从这个意义上来说,民间社会是善治的现实基础,没有一个健全和发达的民间社会,就不可能有真正的善治[②]。

毋庸置疑,在经历过"阶级斗争"打击传统认同以强化国家控制和实行市场改革弱化国家责任这两个阶段的历史变迁之后,中国农村确实空前缺乏组

---

① 朱新山:《中国乡村社会组织重构研究》,《毛泽东邓小平理论研究》,2006年第12期。
② 俞可平:《权利政治与公益政治》,社会科学文献出版社2003年版,第139页。

织资源①。而乡村民间组织、自助组织缺乏的后果之一,就是农民农闲之余无所事事,甚至可能赌博盛行,也就谈不上乡村的有效治理。

表85　您的大部分空闲时间是如何度过的?（2016年）

选　项	人数（人）	比例（%）
看电视	181	34.1
打扑克	21	4.0
搓麻将	32	6.0
串门闲聊	76	14.3
赌博	14	2.6
读书	72	13.6
睡懒觉	12	2.2
玩手机（游戏）	72	13.6
其他	51	9.6

资料来源：课题组2016年问卷调查

从表85可看出,受访者在回答"大部分空闲时间是如何度过的"问题时,排第一的是"看电视"（占34.1%）,排第二的是"串门闲聊"（占14.3%）,而"打扑克""搓麻将""赌博""玩手机（游戏）"四者合占26.2%（调查发现村民玩的"打扑克""搓麻将"一般都稍微带点钱）。从"社会资本"角度看,这样的乡村精神文化状态,是传统社会资本普遍稀释而新社会资本严重缺乏的生动写照。

民间组织、合作组织的不断发育、发展,可增稠社会资本,改善社会治理。帕特南指出:"社会资本指的是社会组织的特征,例如信任、规范和网络,它们能够通过推动协调的行动来提高社会的效率。"②农村民间组织发展,有助于拓展社会信任范围与强度③,增进社会合作空间。民间组织发育发展,治理主

---

① 秦晖:《农民需要怎样的"集体主义"》,《东南学术》,2007年第1期。
② 帕特南:《使民主运转起来》,江西人民出版社2001年版,第10页。
③ 张春华:《农村民间组织参与乡村治理的解释路径与工具选择》,《理论与改革》,2016年第4期。

体多元化,还可抑制单一主体治理下易于产生的自利倾向,推动基层治理往善治方向发展。同时,还有助于形成遇事大家商量着办的氛围,推动协商民主发展。协商民主的本质体现在公共决策是通过公开讨论作出的,每个参与者能够自由表达、同样愿意倾听并考虑相反的意见。乡村利益多元化、社会组织分化,甚至多元派系势力的存在,尤其是均衡派系的存在,易使协商成为一种大家在理性支配下的最优选择。这种协商的方式比其他任何方式都更容易达成利益的妥协①。

农村民间组织尤其是合作组织发展加速,是基层政府大力推动的结果。2018年8月,课题组成员访问山东Q市(县级市,人口95万人),该市主要领导就提出,要"培育新型农村经营主体,(全市一年)新增农民合作社、家庭农场110家以上"。当然,政府扶持建立的农民合作组织往往有较强的行政依赖性,自主性不足。因此,如何提高合作组织的造血功能与自主运行机制,是下一步应该着力解决的问题。不过,政府强力推动、扶持发展,也说明基层政府对民间组织、合作组织的认识定位已经提升到新高度。

表86 您对本村的公共事务(如兴办集体事业、修路等)关心吗?(2016年)

选项	人数(人)	比例(%)
非常关心	166	31.3
比较关心	261	49.1
不太关心	96	18.1
从不关心	8	1.5

资料来源:课题组2016年问卷调查

表87 您愿意在村庄事务中与人合作吗?(2016年)

选项	人数(人)	比例(%)
愿意	294	55.4
不愿意	53	9.9

---

① 孙琼欢:《派系政治——村庄治理的隐秘机制》,中国社会科学出版社2012年版,第131页。

续 表

选　项	人数（人）	比例（％）
随大流	121	22.8
说不清楚	63	11.9

资料来源：课题组2016年问卷调查

课题组的全国问卷调查显示（表86、表87），受访者对"公共事务"的"关心度"（回答"非常关心"与"比较关心"的占80.4%）及与人"合作"的意愿（回答"愿意"的占55.4%）已有较大提升，可以预见，假以时日并积极创造条件，中国民间治理资源将有很大发展空间并可发挥更大作用。民间组织尤其专业合作组织的发展，将为乡村治理体系结构分化（分工发展）与功能专门化提供更有效的支撑。

五、推进乡村基层治理制度化

"制度化"是治理现代化的基本特征之一。亨廷顿指出："制度就是稳定的、受珍重的和周期性发生的行为模式。"[1] "制度化"是指组织与程序"被接受"与"稳定性"的程度。"制度化"能够带来行为的可预见性，而可预见性能够增强对行为主体的监督和行为主体之间的相互信任，从而实现社会治理的秩序[2]。由于"在现代化政治中，农村扮演着关键性的'钟摆'角色"[3]，因此，将农民与农村治理主体纳入政治制度进而实现治理制度化，对整个国家的治理现代化至为关键。调查发现，农民对村级干部的满意程度要高于对乡镇干部的满意程度。重要原因即在于，村级治理的制度化水平大于乡镇治理的制度化水平（村级有直接民主制度与以"村务监督委员会"为框架的监督制度）。从某种意义上说，这也提示了乡村基层治理推进的方向。

关于乡村基层治理制度化，可从如下三个方面考虑：

第一，基层治理主体权力清单化与公共服务责任制度化。中国最基层的

---

[1] 亨廷顿：《变化社会中的政治秩序》，上海人民出版社2015年版，第10页。
[2] 赵树凯：《乡镇治理与政府制度化》，商务印书馆2010年版，第60—61页。
[3] 亨廷顿：《变化社会中的政治秩序》，上海人民出版社2015年版，第241页。

乡镇政府在权力配置与问责方向方面已发生双重错位。从权力体系看,乡镇整体权力残缺但内部高度集权。从问责体系看,也发生了扭曲错位,本是为基层社会和农民需求服务的一级政府,农民却不能参与、不能问责,而只能自上而下考核、问责,结果造成乡镇政府为考核而工作[①]。由于公共服务是政府的基本职责,因此基层政府要紧紧围绕公共服务配置权力与设置责任,要有明晰的权力清单与责任清单,建立以公共服务为中心的制度体系与制度化的责任体系。

第二,治理主体社会嵌入制度化与治理民主化。基层政府的权力既很难受到国家政权体制的约束,也很难受到基层社会的制约,越来越游离于社会需要之外,成为社会公共利益的竞争者[②]。基层政府与基层社会割裂的严重后果,是最终形成基层权力场域中少数富豪与主职官员一起结成上层网络共同分享权力的格局,也可称为农村地区权力寡头化格局[③]。其破解之道,在于加强治理主体社会嵌入的制度化建设。而治理主体社会嵌入的基本机制,则是不断推进与提升基层民主,在政府与社会之间形成良性互动机制。与此同时,加强基层政府的社会回应性建设,提升基层政府的社会回应能力。众所周知,传统治理是主体一元化,现代治理是主体多元化;传统治理是自上而下的管制,而现代治理则要求尽可能地平等参与和协商沟通。因此,治理民主化是治理现代化的本质特征,也是治理主体社会嵌入的基本机制,必须积极稳妥推进。

第三,基层权力运行制度化、规范化、程序化。传统治理是人治政治,不讲规则,不讲程序。因此,治理法治化,也是乡村基层治理的基本方向。应当推进乡村基层民主决策、依法决策、依法办事及办事公开制度建设,规范权力运行流程,有效抑制腐败。

---

① 赵树凯:《乡镇治理与政府制度化》,商务印书馆2010年版,第160—163页。
② 赵树凯:《乡镇治理与政府制度化》,商务印书馆2010年版,第297页。
③ 袁松:《富人治村——城市化进程中的乡村权力结构转型》,中国社会科学出版社2015年版,第261页。

第六章
政党组织与乡村治理体系现代化

在当代中国,政党组织与乡村治理体系之间具有密切的联系。政党组织是乡村社会动员与组织的基本力量并形成乡村治理体系的基本骨架,反过来讲,乡村治理体系现代化的政治前提则是政党组织及其行为模式的现代化。

一、政党本身即作为"现代化组织"出现

政党既是现代化过程的产物,又是现代化的推进工具。20世纪50年代初,法国政治学家迪韦尔热就写道:"事实上,真正的政党存在至今还不足一个世纪。在1850年(除美国外),还没有一个国家有现代意义的政党。我们可以找到各种思潮、大众俱乐部、学术团体、议员集团等,但仍然找不到真正的政党。到了1950年,政党却已在大部分文明国家中活动了。"①美国社会学家奥罗姆也指出:"现代政党最早形成于19世纪。现代政党的发源地在美国。各种党派恰好是出现在1800年的总统选举之前,但现代政党完整的标志——组织的加强和公众的参与,则是在19世纪20—30年代才完全形成。在英国,19世纪政党产生之前,各类政治俱乐部和小集团就早已存在,但只是在1832年通过选举制度改革,特别是在1867年以后,政党才发展到有些类似于美国当代政体的程度。"②当然,与欧美相比,世界其他地方的政党发展进程更为缓慢。可见,现代政党的出现时间很短,传统社会无政党,也不需要政党。美国政治学家亨廷顿更是明确指出:"政党是一种现代化组织。"③政党是因应现代化与

---

① J. Lapalombara and M. Weiner (eds.), Political Parties and Political Development, Princeton: Princeton University Press, 1966, p.6.
② 奥罗姆:《政治社会学》,上海人民出版社1989年版,第236—237页。
③ 亨廷顿:《变化社会中的政治秩序》,上海人民出版社2015年版,第361页。

社会参与扩大的产物。而传统社会结构相对简单、社会势力不活跃,不需要政党之类的组织来沟通、维系人民和政府。

"党"在中国古代类似"宗派"(即"朋党"),很多时候是一个贬义词。正如孔子所云:"君子群而不党。"① 也就是说,君子讲"群"(整体)而不讲"党"(小团体),不搞"结党营私"。然而,在西方世界,"党"(政党,party)虽然是"宗派"(faction)的一个近义词,但从一开始就具有比"宗派"更少的贬义内涵。意大利政党研究专家萨托利就此指出:"宗派,是一个古老得多且更为确定的术语,来源于拉丁动词'facere'(做,行动),用拉丁文写作的学者不久就开始用'factio'指从事干扰和有害的facere、从事'极端行为'的政治集团。因此,拉丁词源所表达的原始含义是一种自大的、极端的、冷酷无情的、因而是有害的行为的意思。"② 而"'政党'一词也是源自拉丁语,来自动词'partire',其含义是'分开'。然而,在17世纪之前这一词并没有以任何重要方式进入政治语汇,也就是说,它并不是直接从拉丁文进入政治语汇的。其历史悠久的前身是差不多具有同样词源学含义的词'sect',该词源于拉丁单词'secare',其含义是割断、切开,也即分裂。由于'sect'这个词已经存在了,而且作为表达严格意义上的partire(政党)而存在,party(党)本身只是在更为宽泛和模糊的意义上被使用的。"因此,从词源学上讲政党派生于partire即"分开","政党从根本上讲所含的意思是'部分',而就其本身而言,部分并不是一个贬义词"③。可见,在西方,"政党"不仅在词源学上无贬义,而且是作为一种社会的正面、积极现象应运而生,发挥着重要的历史功用。

关于"政党"的功能,萨托利明确指出:"政党是社会和政府之间的核心中介组织。"④ "政党是表达渠道",是"使人民和政府连接起来"的"功能性的机构(服务于目的并担当角色)"⑤。当然,在西方古典时代,由于实行城邦制度,是小国寡民、直接民主,因而不需政党沟通上下。在中世纪,社会结构亦简单,是各级领主分而治之的等级特权社会,亦不需要政党来承担相关使命。况且,从本性上看,作为"沟通上下"的政党,也与等级制度难以相容。亨廷顿就指

---

① 《论语·卫灵公》。
② 萨托利:《政党与政党体制》,商务印书馆2006年版,第12—13页。
③ 萨托利:《政党与政党体制》,商务印书馆2006年版,第13页。
④ 萨托利:《政党与政党体制》,商务印书馆2006年版,第2页。
⑤ 萨托利:《政党与政党体制》,商务印书馆2006年版,第52—53页。

出:"政党是一大发明,对于建立在世袭制、社会地位或土地占用基础上的特权阶层的政治权力来说,它生来就是一种威胁。"① 因此,所有这些因素加在一起,就造成古代与中世纪是无政党的社会。但进入近代以来,社会与政治变得日益复杂,则需创造新的社会机构即政党来引导。英国政治学家密尔就讲过:"在面积和人口超过一个小市镇的社会里,除公共事务的某些极次要的部分外所有人参加公共事务是不可能的。"② 因而新起的民族国家(超越了"小国寡民"状态)就需构建"代议"政治及连接政府与社会的上下沟通机制。亨廷顿也指出:"由于动员新人物来担任新角色,现代化就引导得社会更加广阔、更具多样化,然而这样的社会也就缺乏大家庭、村庄、民族或者部落原有的那种'自然的'共同体。"这样日益复杂的社会,"应当在'横向'上能将社会群体加以融合,在'纵向'上能把社会和经济阶级加以同化"③。这种能够发挥"横向融合"与"纵向同化"作用的机构,自然是政党。萨托利就此指出:"如果说现代政治有什么特别'现代'的东西,那就是一个政治上活跃的或政治上流动的社会,这是一个新资源,同时也是复杂性的一个新的源泉。如果是这样的话,现代政治需要政党的引导,在不存在多个政党的时间和地点,也需要一个单一的政党。"④ 因此,近代以来,进入社会转型与现代化进程的国家与地区,纷纷建立起政党与政党体制,绝不是偶然的。

关于现代政党的功能结构的形成,有学者分析指出,现代政党是在"社会试图争取民族地位"时面临三大"历史性危机",进而在求解过程中形成其主体性功能结构的。这三大"历史性危机"是,"新的社会政治秩序的合法化危机""新秩序的一体化危机""新秩序的民众参政危机"⑤。"三大危机"为现代政党形成提供核心动力,反过来讲,现代政党则为危机解决提供基本途径。现代政党的政治沟通、政治同化与政治参与功能,就是在这一过程中形成的。

政党作为"现代化组织",肩负着推动国家与民族的现代化(包括推动政治现代化)的重任,包括形成现代经济、现代化社会结构、国家一体化、权威合理化、政治参与扩大等。

---

① 亨廷顿:《变化社会中的政治秩序》,上海人民出版社2015年版,第337页。
② 密尔:《代议制政府》,商务印书馆1982年版,第55页。
③ 亨廷顿:《变化社会中的政治秩序》,上海人民出版社2015年版,第332页。
④ 萨托利:《政党与政党体制》,商务印书馆2006年版,第5页。
⑤ 奥罗姆:《政治社会学》,上海人民出版社1989年版,第238—239页。

同样，政党在近代中国的萌生，也是时势需要并承担推动中国社会现代化的使命。很清楚，近代以来中国的社会转型是全面的整体性的社会大转型，包括经济体制、社会结构、政治模式、行为规范，等等。当然，中国的社会转型过程，也是中国走向现代化的过程。由于现代化内源于且萌生于西方，故而西方的社会转型较为顺畅。而中国是后发现代化国家，其现代化的动力不是社会内生的，中国的社会转型与现代化要走有领导有推动的道路，也就是说，需要支撑社会转型的有效载体。但是中国近代以来的历史表明，传统的既有社会阶层无一能肩负起支撑中国社会转型的历史重任。应该指出的是，两千多年来，中国社会一直有一轴心领导力量，就是士人阶层。士人阶层的高稳定和常规继替保证了中国社会的长期稳定。然而近代以来，外来力量的逼迫以及内部作为轴心力量的士人阶层的蜕变和瓦解，则使传统中国陷入旷古未有的整体性危机中。因此，将中国重新组织起来，是中国走向现代、摆脱困局的根本之路。以孙中山为代表的国民党和以毛泽东为代表的共产党，对重组中国和推动中国现代化都做了探索，历史最终选择了中国共产党。中国共产党适应了中国需要重新组织起来的时代要求，肩负起推动中国社会转型与现代化的艰巨使命[1]。

另外，从理论上讲，政党源自"部分"，因而需要研究与考虑的问题是"部分"与"整体"的关系。政党研究专家萨托利认为，政党是代表整体的"部分"并试图服务于"整体"的目的，而宗派仅仅是代表其自身的"部分"。政党和宗派的"区别在于，政党是服务于集体的福祉的，是服务于不仅仅是竞争者个人的福利这一目的的"[2]。如果政党是一个不能为整体而执政（也就是考虑到普遍的利益）的部分，那么它就和宗派无异。尽管政党仅仅代表一部分，但是这个部分必须对整体采取非偏私的立场[3]。也就是说，政党源自"部分"，但应该超越"部分"。应该说，共产党人的实践是对政党原理中"部分"与"整体"关系的经典诠释。毫无疑问，共产党也源自"部分"（是无产阶级政党），但着眼于服务人类整体利益。正如马克思与恩格斯所说："共产党人为工人阶级的最近目的和利益而斗争，但是他们在当前的运动中同时代表运动的未来。"[4] 共产

---

[1] 朱新山：《中国社会政治分析》，复旦大学出版社2013年版，第204—205页。
[2] 萨托利：《政党与政党体制》，商务印书馆2006年版，第52—53页。
[3] 萨托利：《政党与政党体制》，商务印书馆2006年版，第54页。
[4] 马克思、恩格斯：《共产党宣言》，人民出版社2014年版，第64页。

党人的终极目标是解放全人类,最终建成的"将是这样一个联合体,在那里,每个人的自由发展是一切人自由发展的条件"①。

当然,现实中,政党也可能出现退化与功能失灵问题,"这就是为什么政党也会受到强烈的批评,但是这种批评和对宗派的批评不同,宗派缺乏功能上的正当性(宗派表达的仅仅是个人的钩心斗角,关心私利而不是公益的行为)"②。萨托利就此指出,一个结论性警示是,虽然"政党不是宗派",但"政党很可能和类似宗派的事物重叠。在这个意义上,派性(factionalism)是政党安排中一直要面对的诱惑,是政党一直要面对的可能退化方向"③。从这个角度来讲,"党要管党""从严治党",锤炼和彰显"党性",始终是共产党人永恒的命题。为此,党十九届四中全会决定指出,"建立不忘初心、牢记使命的制度",强调要"把不忘初心、牢记使命作为加强党的建设的永恒课题和全体党员、干部的终身课题,形成长效机制,坚持不懈锤炼党员、干部忠诚干净担当的政治品格"④。

二、政党组织形成中国乡村治理体系的基本骨架

梳理政党理论,是为了说明和阐释中国问题。作为现代化组织,现代政党自然体现现代性,传播现代观念并按现代规则动员、整合社会。亨廷顿指出,"苏联试图按照城市的形象来改造农村,摧毁其传统生活方式,并通过集体化和共产党组织扩展到整个农村的办法来强迫农民接受现代观念",当然,这种做法带有较大的强制性质,"在政治和经济上付出的代价巨大"。相比,土耳其通过政党对农村的整合更为柔和、富有弹性,虽然"现代化进程较为缓慢,但其政治同化进程却较为顺利"⑤。在中国,国民党率先开启了通过政党整合中国社会的尝试,黄仁宇指出:"国民党和蒋介石(为中国社会)制造了一个新的高层机构。"但国民党的重大缺陷是与中国社会下层气脉不通。重整社会下层的任务最终由中国共产党来肩负,"中共和毛泽东创造了一个新的低层机构,

---

① 马克思、恩格斯:《共产党宣言》,人民出版社2014年版,第51页。
② 萨托利:《政党与政党体制》,商务印书馆2006年版,第52—53页。
③ 萨托利:《政党与政党体制》,商务印书馆2006年版,第53页。
④ 《中共中央关于坚持和完善中国特色社会主义制度 推进国家治理体系和治理能力现代化若干重大问题的决定》,《人民日报》,2019年11月6日。
⑤ 亨廷顿:《变化社会中的政治秩序》,上海人民出版社2015年版,第362页。

并将之突出于蒋之高层机构之前。现今领导人物继承者的任务则是在上下之间敷设法制性的联系,使整个系统发挥功效"①。

新中国成立前,中国共产党人深入农村,发动群众,向农民宣传"翻身""解放"与"当家作主"的新理念,是第一次将人民民主的现代观念带到中国社会最底层,发挥了巨大的启蒙作用。正是通过组织农民、组织农村,中国共产党由下到上逐步完成了对中国社会进行重组、改造的任务。

可见,政党能够进行社会整合的秘密在于"组织",这也是中国共产党最终胜出的关键所在。政党正是通过自身的组织建设及对社会进行组织"渗透",并以自身的力量为基础实现对社会的动员、整合甚至重组的。

(一)组织是政党的力量源泉与社会整合的基础

当然,政党由于类型不同,其动员与整合社会的方式也就有所不同。德国政治学家纽曼把政党分为两类:一是代表制政党,二是一体化政党。前者将其功能主要看作是在选举中获得选票;后者所关心的是改造世界,使之符合其基本哲学②。西方发达国家的政党多属代表制政党,它们只有在运作现代民主中才能掌握权力、实现执政;发展中国家中带有社会主义性质的政党(共产主义政党最为典型)则属一体化政党,一般肩负改造社会、实现理想目标的使命。

"代表制政党"是随着代议民主制的发展而产生的,其在政权运作中核心地位的确立,则是由普选所形成的大众民主推动的。"大众选举权从根本上改变了政治生活的动力,把政党放到了政治事务的中心。"③这种地位的变化在提高政党对现代国家与现代政治的影响力的同时,也使得政党全面置于社会的直接作用和决定之下。政党如何赢得社会的有效支持直接决定政党执政的可能与基础。为此,进入20世纪后,它们就逐渐从传统的精英型政党向大众型政党转化,从体制内政党向社会型政党转化。扩大并密切政党与社会的关系,增强政党对社会的影响力、号召力,成为各个政党共同努力的方向④。就是这类较为松散的所谓"代表制政党",为了赢得支持,也需深入社会进行动员,并

---

① 黄仁宇:《中国大历史》,生活·读书·新知三联书店1997年版,第295页。
② 利普塞特:《政治人——政治的社会基础》,商务印书馆1993年版,第61页。
③ 赫尔德:《民主的模式》,中央编译出版社1998年版,第214页。
④ 林尚立:《执政的逻辑:政党、国家与社会》,载《执政的逻辑:政党、国家与社会——复旦政治学评论第3辑》,上海辞书出版社2005年版,第11页。

建立自上而下的组织机构。美国的制度架构与权力架构使得美国的政党组织体制成为世界上最为松散的体制,但并不意味着美国政党不依靠党的组织来聚合组织力量,实际上美国的两大政党都有全国、州和地方的组织,它们几乎遍布美国各界[①]。

"一体化政党",由于肩负社会改造使命,其组织构造就更为严整,有较为严格的纪律,也更为强势。"一体化政党"的极致形态,是"以党治国"的"党国体制"("党治国家"),斯大林时期的苏联最为典型。"党治国家"是20世纪不发达国家共产主义革命的产物。它发源和成形于苏俄,后来扩散到其他地区,但作为一个特定概念,其发明权可能要归功于同属共产主义革命运动谱系中的中国国民党及其创立者孙中山[②]。孙中山虽最早提出"以党建国""以党治国",他说"先由党造出一个国来",然后"将党放在国上","完全以党治(实行之)"[③],但其努力不甚成功。第一个在"党治国家"实践上取得突破的则是列宁。列宁领导的苏俄革命的经验是党创制国家,定党义于一尊,以党领政,以党治军,实行一党独掌政权,不和其他政党分享政治权力。孙中山受列宁实践启发,1924年开始"以俄为师",对国民党进行改组,创建"革命党"与"革命军"(黄埔军校)。孙中山之后,国民党的"以党治国"发展成为一党专政,进而成为领袖独裁的排斥性体制。在这种情况下,其他政党只好另寻出路。而中国共产党领导的革命和建设,在某种意义上就是要创造全新的"党治国家"形式来推进中国的现代化[④]。

传统中国是伦理本位的社会,处于低组织状态,统治当局开创治局与维系社会更多依靠伦理纲常而非正规组织,统治取向是维持性的而非变革性的(统治者以"天下太平"为目标,而不以"发展"为目标),因此"中国社会的主导组织原则是分散化而不是动员化"。正如现代化研究专家罗兹曼所说:"中国人有时能在重大问题上成功地动员起来,但国家却从未认真地建立起组织架构,以便持久地积聚资源。"[⑤]因而,中国进行现代国家建设可资利用的组织

---

① 戈斯内尔、斯莫尔卡:《美国政党和选举》,上海译文出版社1980年版,第28页。
② 陈明明:《党治国家的理由、形态与限度》,载《共和国制度成长的政治基础——复旦政治学评论第7辑》,上海人民出版社2009年版,第192页。
③ 《孙中山全集》第8卷,中华书局1986年版,第268页。
④ 陈明明:《党治国家的理由、形态与限度》,载《共和国制度成长的政治基础——复旦政治学评论第7辑》,上海人民出版社2009年版,第194页。
⑤ 罗兹曼:《中国的现代化》,江苏人民出版社1988年版,第228页。

资源相当匮乏。为摆脱后发现代化国家面临的内外困局,中国需要发动一场"组织革命"。而组织化最直接、最有效、最能代表中国人学习西方民族国家建设经验的努力、因而也最具"现代化"的方式就是组织政党[①]。而社会危机越严重,越需要更强大的政党与政党体制。近代以来,中国面临的是整体性危机与整体性社会大转型,而既有社会力量(无论是士绅、官僚,还是小农、商贾)无一能够肩负支撑中国社会转型的使命,因此中国需要强大政党作为支撑社会转型的有效载体。无论是国民党还是共产党,党治作为一种方略,都是对治国资源匮乏(尤其是组织资源严重不足)的反映,都表达了运用现代政治的基本要件即政党来克服中国的低组织化或无组织化的现状,以完成现代民族国家建设任务的强烈意向[②]。不过,由于国民党在组织构造上存在重大缺陷即与中国社会下层(尤其是乡村)气脉不通,因而改造中国社会、推动中国社会现代化的重任就落到了中国共产党身上。

(二)动员与组织农村是政党成败和强弱的关键

由于农村人口占大多数且相对保守的倾向,亨廷顿就此指出:"政治现代化的源泉在城市,而政治稳定的源泉却在农村。""一个政党如果想成为群众性组织,进而成为政府的稳固基础,那它就必须把自己的组织扩展到农村地区。"[③]毛泽东曾明确指出:"农民问题乃国民革命的中心问题,农民不起来参加并拥护国民革命,国民革命不会成功;农民运动不赶速地做起来,农民问题不会解决;农民问题不在现在的革命运动中得到相当的解决,农民不会拥护这个革命。"[④]动员农民必须与农民的利益关切结合起来,而党和政党体制的一个关键作用,就是为乡村的政治动员提供制度化构架。

经验证明,及早重视政治组织(政党就是国家中最为重要的政治组织)和现代政治制度的创建等问题,可使现代化进程较为顺利而稳妥。从后发国家的横向比较来看,社会主义国家在建立政治秩序方面的相对成功,在很大程度

---

① 陈明明:《党治国家的理由、形态与限度》,载《共和国制度成长的政治基础——复旦政治学评论第7辑》,上海人民出版社2009年版,第217、219页。
② 陈明明:《党治国家的理由、形态与限度》,载《共和国制度成长的政治基础——复旦政治学评论第7辑》,上海人民出版社2009年版,第223页。
③ 亨廷顿:《变化社会中的政治秩序》,上海人民出版社2015年版,第361页。
④ 《毛泽东文集》第1卷,人民出版社1993年版,第37页。

上就是由于它们自觉地把建立政治组织一事摆在优先地位。在苏联,新经济政策的作用之一就是要赶在20世纪30年代大力推行工业化和农业集体化之前,首先重建党的组织,加强党的力量,整训党的干部。从1923年到20年代末,在苏共中央对党组织机构的控制逐步强化的同时,党对工业和文化的控制也扩大了①。亨廷顿指出,中国共产党在1949年以后,也走过了相同的道路。中国共产党深知第一步就需要将党的力量扩展到全中国(尤其是乡村基层),并整顿党的组织。直到20世纪50年代后期,经济发展才列为党的首要目标②。根据乡村调查,大体言之,党在乡村的党员发展与组织建制,一般是伴随着(首先是党员进村发动群众并物色土改积极分子)土地改革(北方的老解放区土改较早,南方新解放区稍迟,而1950—1952年则在全国普遍推行)和其后的农业集体化(1953—1956年)展开的,到1958年随着人民公社运动的推进,基本完成"支部建在村上",保证了党对乡村社会的有效动员与管理(即党在乡村的组织建构与改变生产关系同步进行)。直至今天,村建支部仍是中国乡村治理的基本制度构造。

而国民党组织构造的重大缺陷是无力将其组织触角深入中国乡村基层。国民党政权是一个都市性、口岸性的政权,国民党起家的组织成员和经济来源具有鲜明的城市地缘政治性③。国民党在生存的财源上严重依赖江浙财团,费正清就指出:在南京政府的十年期间,其税收的大约85%来自商业和制造业等经济部门,其中大部分集中于上海地区。政府财政的生存,在很大程度上依靠贷款,而这些贷款的绝大部分,也来自上海的资本家。能够开发中国最大和最现代化城市的财富,使蒋拥有令人羡慕的优于其对手的条件④。不过,国民党虽在都市建成其"党国体制",但这一"党国体制"是严重跛足的,其在都市的发展与在乡村的凋敝形成强烈的反差⑤。国民党员能够下乡的很少,金观涛和刘青峰有一个统计:内战前国民党有100万名党员,剔除2/3的军人外,非军事人员只有40—60万人,这个数字只是维护乡村传统秩序的士绅人数的1/3,而

---

① 亨廷顿:《变化社会中的政治秩序》,上海人民出版社2015年版,第334—335页。
② 亨廷顿:《变化社会中的政治秩序》,上海人民出版社2015年版,第335页。
③ 陈明明:《党治国家的理由、形态与限度》,载《共和国制度成长的政治基础——复旦政治学评论第7辑》,上海人民出版社2009年版,第227页。
④ 费正清:《剑桥中华民国史》(第2部),上海人民出版社1992年版,第146—148页。
⑤ 陈明明:《党治国家的理由、形态与限度》,载《共和国制度成长的政治基础——复旦政治学评论第7辑》,上海人民出版社2009年版,第228页。

且这些人大多数在城市里,以农村人口占89%的山东为例,每5 000人中才有1名国民党员。他们的结论是:"这种分布无法为县以下农村提供足够的干部","国民党的基层组织是区分部,……但是,国民党在农村党员稀少,使得区分部在农村形同虚设,以党治国在农村根本没有实行者"①。可见,国民党组织结构头重脚轻,漂浮在广大农村之上,根本深入不了农村。

相反,中国共产党是无产阶级政党,天然同情穷人;相比城市,中国农村更为贫困,因而就有更好的动员与发展基础。中国共产党虽在城市建立,但在农村发展壮大,农民党员也占了多数,因而共产党组织农民与农村就有天然优势。正因为深入农村发动群众,共产党的组织不断壮大;反过来讲,共产党组织不断壮大也会进一步推动群众运动发展。亨廷顿就此指出:"'动员'与'组织',这两个共产党政治行动的孪生口号,精确地指明了增强政党力量之路。"②毛泽东在其著名的《组织起来》一文中明确指出,在农民群众方面,几千年来都是个体经济,一家一户就是一个生产单位,这种分散的个体生产,就是封建统治的经济基础,而使农民自己陷于永远的穷苦。克服这种状况的唯一办法,就是逐渐地集体化;而达到集体化的唯一道路,依据列宁所说,就是经过合作社。这是人民群众得到解放的必由之路,由穷苦变富裕的必由之路,也是抗战胜利的必由之路③。人民群众正是通过组织起来,才走向了革命胜利的道路。如此,就在动员农民与党组织壮大方面,形成了互为强化的最佳效果。时至今日,动员与组织仍是基层党组织的基本功能。《中国共产党农村基层组织工作条例》(2018年修订)第二十九条即规定:"全面加强农村基层组织体系建设,建强战斗堡垒,把党员组织起来,把人才凝聚起来,把群众动员起来,合力推动新时代乡村全面振兴。"

(三) 以党组织为中心的中国乡村治理体系

当代中国的国家治理体系(包括乡村治理体系)构建,遵循三大原则,一是"以党领政"原则,二是"以上统下"原则,三是党组织"嵌入社会"原则(形成社会治理的基本骨架)。"以党领政",处理横向的党与政府(以及社会)关

---

① 金观涛、刘青峰:《开放中的变迁》,法律出版社2011年版,第282页。
② 亨廷顿:《变化社会中的政治秩序》,上海人民出版社2015年版,第336页。
③《毛泽东选集》第3卷,人民出版社1991年版,第931页。

系,也就是党委领导政府;"以上统下",处理纵向的上下级关系,也就是"下级服从上级,全党服从中央";"嵌入社会",则形成以党组织为主体的治理骨架。

按照列宁主义处理党政关系的理论,"党是直接执政的无产阶级先锋队,是领导者"[①],"直接执政"是"把苏维埃的'上层'和党的'上层'融为一体"[②]。同样,在地方层面,"直接执政"是将党组织的主要干部与地方政府的主要干部融为一体。根据列宁所说的"融为一体"与"直接执政",必然导致党的高度集权,党变成政府本身,直接行使政府的行政职能。在新中国成立初期,中国共产党有两项重要决定对党政关系的形塑产生深刻影响,一项是在中央政府内组织党委,另一项是在中央政府内组建党组。两者都规定中央政府内的党委会和政务院内的党组直属中央政治局,直接受中央政治局领导,凡中共中央有关政府工作的决定,必须保证执行,行政中的重大问题通过党组报告中央,接受指令[③]。1953年3月10日,中共中央发出《关于加强中央人民政府系统各部门向中央请示报告制度及加强中央对于政府工作领导的决定(草案)》,更是对党政关系予以明确。该文件开头就明确规定:"为了使政府工作避免脱离党中央领导的危险","今后政府工作中一切主要的和重要的方针、政策、计划和重大事项,均须事先请示中央,并经中央讨论和决定或批准以后,始得执行。政府各部门对于中央的决议和指示的执行情况及工作中重大问题,均须定期地和及时地向中央报告或请示,以便能取得中央经常的、直接的领导"[④]。1954年5月19日,《人民日报》发表了题为《健全请示报告制度》的社论,强调认真贯彻党的请示报告制度。这样,通过国家机关向党委的请示报告制度,就使党委与政府之间形成了事实上的"上下级"关系。此后,中央进一步强化了党对政府的统合机制。1958年6月,毛泽东强调指出:"大政方针在政治局,具体部署在书记处。只有一个'政治设计院',没有两个'政治设计院'。大政方针和具体部署,都是一元化,党政不分。具体执行和细节决策属政府机构及其党组。"[⑤]这样,毛泽东实际上明确了党政之间的三层关系:党是国家的决策

---

① 《列宁选集》第4卷,人民出版社1995年版,第423页。
② 《列宁全集》第41卷,人民出版社1986年版,第11页。
③ 陈明明:《党治国家的理由、形态与限度》,载《共和国制度成长的政治基础——复旦政治学评论第7辑》,上海人民出版社2009年版,第234页。
④ 《建国以来重要文献选编》第4卷,中央文献出版社1992年版,第67—72页。
⑤ 薄一波:《若干重大决策与事件的回顾》下卷,中共中央党校出版社1991年版,第650页。

中心,大政方针在政治局,具体部署在书记处;政府中的党组成为与政府共同承担政府功能的组织,并有参与制定政府具体政策的权力;政府不仅要受到其组织内的党组的领导,而且要受到其组织外相应党委的领导,政府完全成了党的组织体系内的一个部分①。随后,中央确立的这种"党委集权"与"党政不分"的领导体制,很快就在地方各级(包括乡村基层)全面铺开。

从治理形态、结构看,党的组织体系通过嵌入社会进而形成中国社会治理的基本骨架。而党的组织嵌入社会的主要方式则是秉承"支部建在连上"的传统。基层党组织的建置原则遵循"单位"和"地区"原则,即按照生产或者工作单位和地域设立党的基层组织,使党组织嵌入到每个社会基层组织中。党的基层组织作为组织力量和领导力量布局于各行各业、城市乡村、党政军各个部门。在这些组织中,党组织既是党的领导体系,也是党的工作体系;既是国家各个体系、机构的组织核心,同时也是运作国家各体系、机构的主体力量②。

从乡村基层看,中国乡村治理体系的构建,也是围绕毛泽东强调的"党治"原则和"嵌入社会"原则展开的(典型表现是"支部建在村上")。在乡镇层面,就是以乡(镇)党委(或先前的公社党委)为中心,由乡镇党委(公社党委)统领乡镇政府(或公社社委会);在村庄层面,则是以村党支部(或先前的大队党支部)为中心,由村(大队)支部委员会统领村委会(或大队队委会)。毛泽东所强调的"大政方针和具体部署一元化",在中央是落实在党的政治局,在地方与基层则落实在党的各级委员会(在乡村最基层则是村支部委员会),也就是说,地方与基层的各级政府(最基层的村委会可视为准政府)必定成为同级党委(或支委)的执行机构。对中国社会从上到下的治理体系的构建原则,毛泽东曾形象地概括为八句歌谣:"大权独揽,小权分散。党委决定,政府去办。办也有决,不离原则。工作检察,党委有责。"③也就是,高度突出党委集权与以上统下原则,各级党委是决策核心,政府是执行主体;下级服从上级,全党服从中央。具体来看,在乡镇层面,就以乡镇党委为领导中心,形成党委领导下的组织与治理网络。根据《中国共产党农村基层组织工作条例》的

---

① 林尚立:《当代中国政治形态研究》,天津人民出版社2000年版,第320—321页。
② 林尚立:《当代中国政治:基础与发展》,中国大百科全书出版社2017年版,第244页。
③ 《建国以来毛泽东文稿》第7卷,中央文献出版社1993年版,第57页。

规定,"乡镇党委的主要职责"包括:"讨论和决定本乡镇经济建设、政治建设、文化建设、社会建设、生态文明建设和党的建设以及乡村振兴中的重大问题。需由乡镇政权机关或者集体经济组织决定的重要事项,经乡镇党委研究讨论后,由乡镇政权机关或者集体经济组织依照法律和有关规定作出决定。"(第九条第二款)"领导乡镇政权机关、群团组织和其他各类组织,加强指导和规范,支持和保证这些机关和组织依照国家法律法规以及各自章程履行职责。"(第九条第三款)"领导本乡镇的基层治理,加强社会主义民主法治建设和精神文明建设,加强社会治安综合治理,做好生态环保、美丽乡村建设、民生保障、脱贫致富、民族宗教等工作。"(第九条第六款)乡镇党委领导政府及其他组织,讨论和决定本区域内的重大事项,并形成以其为中心的治理格局。同样,在村庄层面,则以村党支部为领导中心,形成支部领导下的组织与治理网络。根据《中国共产党农村基层组织工作条例》的规定,"村党组织的主要职责"包括:"讨论和决定本村经济建设、政治建设、文化建设、社会建设、生态文明建设和党的建设以及乡村振兴中的重要问题并及时向乡镇党委报告。"(第十条第二款)"领导村民委员会以及村务监督委员会、村集体经济组织、群团组织和其他经济组织、社会组织,加强指导和规范,支持和保证这些组织依照国家法律法规以及各自章程履行职责。"(第十条第三款)村党支部领导村委会,并形成以党支部为中心的村庄治理结构。

如此一来,乡、村两级党组织(即"支部建在村上"与"党委建在乡上")就成为中国乡村治理体系构铸的两大核心支点与决策中枢。当然,当代中国乡村治理体系构铸经历了两个阶段(改革前后)。新中国成立后,通过高度集中的计划经济体制和乡村管理模式,人民政权得到有效巩固,国家资源得以快速集中,国民经济实现迅速恢复和发展。经由"将党组织建在生产单位"的方式(即支部建在大队与党委建在公社上),实现了党组织在乡村的全覆盖,亿万家庭成为集体的一分子,克服了农民结构上的分散性,使农民与国家的有效联系不断加强。在这一阶段,党通过基层组织的延伸更进一步扎根于乡村社会,实现了乡村社会的纵向统合[①]。同时,通过党组织并以党组织为中心,形成党组织领导统合的横向治理网络。比如,村庄层面,大队党支部全面领导大队队委会、民兵连、妇联、贫协、共青团等组织,并通过它们进行动员、组织工作及完成

---

① 蒲实:《加快构建中国特色乡村治理体系》,《光明日报》,2019年10月14日。

相关任务。

不过,党的组织性统合虽然实现了乡村动员有力、组织有效,维持了稳定和公平,但(权力过于集中)也在一定程度上造成了发展效率的损失。结果,人民公社体制最终解体。家庭承包制改革的推行,在尊重农户效率价值的同时,却在一定程度上弱化了党在乡村的统合性治理结构。以行政村为单位的村民自治,与自上而下的行政治理需要形成新的对接机制,从而逐渐催生了党领导下的"乡政村治"治理模式。然而,"乡政村治"架构中,上级行政性事务通过村党组织成为村委会任务,村集体事务却因其复杂性和微观性难以得到县乡政府重视,处在中间节点的村党组织难以调和政府和农民之间的紧张关系,不仅影响了党的领导作用的充分发挥,也一定程度上造成了基层党组织弱化、虚化等问题[1]。因此,本来作为中心与关键支撑的基层党组织的弱化、虚化与边缘化,就使时下中国的乡村治理体系存在潜在危机,治理效能下降。

三、乡村治理体系现代化的政治前提

鉴于基层党组织在中国乡村治理体系中处于核心地位,发挥主导作用,形成乡村治理体系的基本骨架,因此,如果党组织本身不能做到现代化及推进自身执政模式的现代转型,那么,所谓乡村治理体系现代化就失去了基本依托与动力。正如有学者指出的:虽然从根本上说来,"乡政村治"治理结构是一种分权和限权性体制。但是,"由于这种分权和限权原则并没有相应的法律和制度作为支撑,致使乡镇政权仍然延续着人民公社的全权全能体制,全面直接管理农村社会生活各个方面,无所不包、无所不能"[2]。因此,乡村基层的突出问题是,"党政越位销蚀多元参与,社会协同治理格局的发育被迟滞"[3]。同时,在当代中国,是以党领政,党和政府主导社会。因此,很清楚,政党组织现代化是中国乡村治理体系现代化的政治前提与基础。

基层党组织是中国乡村社会的领导者,其本身只有首先现代化,才能带动中国乡村治理体系现代化。《中国共产党农村基层组织工作条例》第二条即规

---

[1] 蒲实:《加快构建中国特色乡村治理体系》,《光明日报》,2019年10月14日。
[2] 徐勇:《乡村治理与中国政治》,中国社会科学出版社2003年版,第117页。
[3] 兰凯军:《当代中国乡村治理体系现代化路径研究》,《知与行》,2015年第1期。

定:"乡镇党的委员会(简称乡镇党委)和村党组织(村指行政村)是党在农村的基层组织,是党在农村全部工作和战斗力的基础,全面领导乡镇、村的各类组织和各项工作。必须坚持党的农村基层组织领导地位不动摇。"该条例第十九条则规定:"党的农村基层组织应当加强对各类组织的统一领导,打造充满活力、和谐有序的善治乡村,形成共建共治共享的乡村治理格局。"可见,乡村治理现代格局的形成,要求作为领导者的基层党组织率先进入状态,进而发挥领导、带动作用。

党内民主带动人民民主。如果没有基层党组织内部民主(党内民主在基层的具体表现)的发展,那么就没有乡村治理体系的民主化。也就是说,所谓基层民主治理的"游戏"可能就是空的。课题组调查发现,村民自治普遍发展,村民欲做村民委员会主任皆需通过选举关,而且竞争激烈。无疑,从行政村层面看,党内民主发展相对滞后于村民民主的发展。当前需着力推进基层党内民主发展及其民主制度建设,并创造条件将村民自治民主与基层党内民主发展衔接起来,否则村民自治的效果会大打折扣进而影响乡村基层治理的绩效。

同样,没有基层党组织内部协商精神与协商机制的建设发展,乡村治理体系往多元合作共治的现代格局发展就缺乏相应基础。现代治理理论反对传统的政府中心论的视角,主张从政府、市场、企业、公民和社会的多维度来观察问题,以克服市场局限和政府局限;认为治理是一个互动过程,通过合作、协商、伙伴关系与确立认同等方式实施对公共事务的管理;主张建立与市场、社会自治组织、社会中介组织、社会独立组织等的多元合作关系。中国乡村治理体系现代化的基本方向,就是要逐步增加治理体系的多元要素、民主要素与合作要素,提高乡村治理的弹性与绩效。作为乡村治理体系主导与支撑力量的基层党组织,应在合作、协商的目标与动力建设方面发挥带动作用。

基层党组织是乡村治理体系运作的发动机,其如果熄火或动力不足(瘫痪、半瘫痪;虚化、弱化、边缘化),那么将直接影响乡村治理体系的运作与现代转型进程。课题组调查发现,一些地方的基层治理结构处于瘫痪、半瘫痪状态(村干部平常不见踪影),根本原因在于作为骨架支撑的党组织瘫痪、半瘫痪了。因此,农村基层党组织是否有创新力、执行力和凝聚力,将直接关系着党在农村的领导能力和执政能力,更关系着农村基层发展水平和农民群众的切身利益及乡村治理体系的运作状态。

第七章
乡村治理体系现代化的前提与基础

中国乡村治理体系现代化的政治前提与基础是政党的现代化。目前中国乡村基层党组织(尤其是村级组织)出现了较为严重的"弱化、虚化、边缘化"现象(也即"空转""停转")。出现这种异化现象的根本原因,是中国乡村在治理模式上长期把基层党组织作为权力单位来运作,而权力化(国家化)的基层党组织没有伴随改革引发的社会转型,及时完成自身结构和功能的调整,结果基层党组织的传统功能(动员与组织)被颠覆而新功能尚未形成。农村基层党组织的去功能化和社会转型的不适应,必然带来其组织结构的虚化与运转形态的异化。走出困境的根本之路在于,积极推动农村基层党组织的现代转型。

一、乡村基层党组织"弱化、虚化、边缘化"

《中国共产党农村基层组织工作条例》第二条明确规定:"乡镇党的委员会(乡镇党委)和村党组织(村指行政村)是党在农村的基层组织,是党在农村全部工作和战斗力的基础,全面领导乡镇、村的各类组织和各项工作。"基层党组织是中国共产党整个大厦的根基,其运转状况如何直接影响整个大厦的稳固与以其为支撑的基层治理体系之绩效。关于基层党组织存在的突出问题,党的十九大报告曾有一生动、准确的描述,即"基层党组织弱化、虚化、边缘化"[①]。调查发现,此类"三化"(弱化、虚化、边缘化)或曰"空转"与"停转"现象,当代中国农村确实比较突出。曾为"三农"问题敢于上书朱镕基总理的李昌平就指出:"农村集体经济解体了,土地制度实际上已经完成了'去集体

---

① 习近平:《决胜全面建成小康社会 夺取新时代中国特色社会主义伟大胜利》,人民日报,2017年10月19日。

化'改革,绝大多数的村委会和党支部,已经是有心无力了,乡村共青团和妇联会等群团组织更是难以起到作用了。"①

乡村基层党组织的"弱化、虚化、边缘化"现象,在社会转型相对较慢和干群冲突较多的农村社区最为突出(尤其是村庄缺乏非农产业基础的地区)。正因为社会转型慢(仍陷于"无工不富"状态),这类社区的党组织基本没有组织工商经营的功能,早在土地家庭承包之初,其就面临巨大挑战,开始迈向"空转"的边缘(组织农业生产的功能因土地承包已被剥离),其功能也就仅限"催粮派款"与"刮宫引产"而已。土地承包到户和无集体收入来源,更是加剧了这类社区干部的寄生性。随着集资摊派的加重,干群冲突就更加激烈,这类社区的党组织很容易由"空转"到"停转"。到2006年,国家取消全部农业税费,更是这类社区党组织剩余功能("催粮派款"等)的釜底抽薪。固然,乡村干部原有的纯粹"资源提取"的形象因之大有改观,然而,这类社区的党组织由于功能更加空心,"空转"症状就更加严重,主要表现在如下几个方面:一是村干部由税改前的上级认同(乡镇干部要靠村干部收取税费)村民不认同,到税改后的上下"两不认同",村级组织的地位更加脆弱。二是村干部手中掌控的资源更少,村中追随者更少,"面子"和权威更弱。三是村级组织成为夹在国家与农民之间的空壳子,基本上已没有实在的功能②,村干部既不为上干事,也不为下干事,干拿工资(比以前更高),精神无所寄托,已不能从职务工作中获得肯定和体验意义。"没事干,干领工资",正是基层党组织"空转"现象的形象说明和典型表现③。2018年2月,课题组就以党支部为核心的村级组织运转状况做了深度调查。下面是对山西忻州QB村(行政村,人口1 821人,党员55人)村干部郭××(48岁,支委委员,原村主任)的访谈片段,有代表性。

问:去年一年党支部搞过哪些活动?
答:一般也不搞活动。
问:村党支部在村里具体有什么功能?
答:就组织党员,指导村民。

---

① 李昌平:《虽有喜讯,但存隐忧》,《三农中国》,2007年第2期。
② 杨华:《为什么会兴起一股村干部辞职风潮》,《三农中国》,2007年第2期。
③ 朱新山:《新时期农村基层党组织的运转现状与执政转型研究》,《毛泽东邓小平理论研究》,2010年第8期。

问：现在乡镇政府和村庄有没有一些业务上的联系？

答：没有了。

问：具体如何管理村庄？

答：有事开会传达一下指导意见。我上一届是村长，平时有什么事就叫去开会，再回来传达。

（访谈时间地点：2018年2月21日，于受访者家中）

从访谈片段看，农村基层党组织原先掌握的资源控制与分配权外移后（土地承包到户与乡镇企业改制为标志），其直接组织农业生产与发展经济的职能被剥离，因而作为权力单位的角色（党组织曾长期作为权力单位来运作）就大为弱化，甚至沦为一个空壳子。

再看课题组成员对吉林省吉林市CJ村（行政村，人口2 179人）村民李××（46岁，小组长）的访谈片段：

问：我们村干部有没有引进项目呢？

答：没有，要钱没钱，要啥没啥。

问：村里党员发展情况怎样，党员起到什么作用吗？

答：不能说党组织瘫痪，但是没怎么发展。党员带头作用，我是没看出来。

（访谈时间地点：2018年1月24日，于受访者家中）

可见基层组织的"虚化"与"去功能化"紧密联系，互为因果。农村基层党组织存在的突出问题，从组织形态看是"弱化、虚化、边缘化"，从运转形态看是"空转"与"停转"。当然，出现这些突出问题的根本原因是，中国农村在治理模式上长期把基层党组织作为权力单位来运作，而权力化的基层党组织（政党国家化）没有伴随改革引发的社会转型，及时完成自身结构和功能的调整，结果基层党组织的传统功能（动员与组织）被颠覆而新功能尚未形成。农村基层党组织的去功能化和社会转型的不适应，必然带来其组织结构上的虚化与运转形态上的空转、停转甚至反转[①]。改革不断往纵深推进，中国农村形

---

① 朱新山：《新时期农村基层党组织的运转现状与执政转型研究》，《毛泽东邓小平理论研究》，2010年第8期。

成了分户单干与自主经营的市场化大环境,因而农民群众对基层党组织的依赖性大大减少,反过来讲,基层党组织对农民的组织力和影响力也急遽下降[①],组织软弱涣散问题进而凸显。

改革开放启动前,中国实行党政合一体制(政党国家化),中国共产党以党的基层组织为核心,以生产单位为基础,以国家全面主导社会为动力,将社会生产和生活全部组织进各种各样的单位组织,从而形成以集政治、经济和社会功能为一体的单位组织为基本构成要素的社会结构形式。这是一种党组织主导社会资源分配的体制与社会结构,党通过单位制使社会每个成员都有所属,而党的组织又遍布每个单位,所以党组织在领导所在单位的时候,就已经领导着整个社会。用林尚立的话来讲就是:"在改革开放前的中国社会和中国政治形态中,党、国家与社会的基本关系是:党领导国家,国家主导社会,党通过国家或自身组织主导社会。"[②]党、国家与社会的界限已经不大清楚了,整个社会变得高度政治化[③]。在这种党政合一的全能政治下,基层党组织的基本功能就是围绕革命或生产而进行的政治动员与组织。当然,基层党组织之所以形成这种功能结构,不仅与计划经济体制有关,而且与整个社会发展方式相关。新中国成立后,中国在社会发展战略上打破了马克思设计的社会主义发展的常规,不是先工业化,在生产大发展的基础上转上社会主义,而是先建立社会主义生产关系(通过三大改造),后发展生产,推进工业化,以此巩固和扩大社会主义的基础。然而,通过社会革命最终确立的社会主义生产关系,完全超越了当时中国社会发展的实际要求,无法直接有效地引发新的生产力发展,所以,希望新的生产关系带来新的生产力发展,就必须借助外部的力量,这就是国家政权及其所进行的政治动员[④]。因而,政治动员和政治组织在相当长的时间内成为中国共产党推动社会,实现发展目标的动力机制,也是党的基层组织的最为核心的基本功能。农村基层党组织的政治动员和组织功能表现为,将土地为核心的一切生产资源集中到党政干部管理的集体(社队体制)手里,动员一切力量,进行农业生产和工业经营(从最初的社队企业到以后的乡镇企业),并

---

① 刘佩锋:《农村基层党组织功能缘何弱化》,《人民论坛》,2019年7月(下)。
② 林尚立:《当代中国政治形态研究》,天津人民出版社2000版,第322页。
③ 陈明明:《党治国家的理由、形态与限度》,载《共和国制度成长的政治基础——复旦政治学评论第7辑》,上海人民出版社2009年版,第239页。
④ 林尚立:《当代中国政治形态研究》,天津人民出版社2000版,第276—277页。

落实上级党政组织下达的其他各项政治任务①。

随着改革开放的推进以及国家发展模式的转型,中国的国家与社会关系发生重大变化。市场机制和社会的自主性在不断增强,而国家的活动空间在压缩、活动方式在调整,这种变化和调整,就不能不对国家化的基层党组织产生深刻影响。这种变化就从根本上动摇了党的基层组织功能定位的传统基础,并在客观上使其发生功能萎缩②。由于基层党组织传统的政治动员与组织的功能,是建立在党组织通过单位制对社会资源的全面掌握和权威分配的基础上,因此,随着土地家庭承包制的推行和资源不断由国家向农户回流,农村基层党组织的传统功能也就逐渐弱化甚至被彻底剥离。首先,由于家庭承包经营机制的推行,农民分户经营,现有村级组织(以党支部为核心)控制和组织农业生产的功能已经剥离;其次,乡镇企业经过一段繁荣后,由于存在激励不足,早已全面转制,因而村级组织也不再具有操控乡镇企业运转的功能;再次,随着农村税费的全部减免,现有村级组织完成税费上缴的功能也不复存在;最后,近年全国人口开始净减少,农民的生育观念也发生重大改变(育龄夫妇少生不生,开始成为值得忧虑的问题),现有村级组织负责计划生育的功能就大为弱化并正在进行相应调整。因此,总体看,党的基层组织传统的动员与组织的功能已大大弱化,而适应市场和社会需要的新功能尚未形成,其在功能上就出现较为严重的空心化现象③。基层党组织传统功能的萎缩和空心化,必然带来组织形态的"弱化、虚化、边缘化"及运转形态上的"空转"与"停转"。

另外,农村基层党组织日常运转过程中,更是存在组织建设规范化不够;党员流动性大(大量外出务工经商),组织活动参与不足,基层党组织凝聚力下降,甚至逐渐被边缘化④;"基层党组织建设工作存在着:说起来很重要,做起来却次要,忙起来可不要的现象"⑤。因此,党的基层组织在引领和服务基层社

---

① 朱新山:《新时期农村基层党组织的运转现状与执政转型研究》,《毛泽东邓小平理论研究》,2010年第8期。
② 林尚立:《基层组织:执政能力与和谐社会建设的战略资源》,《理论前沿》,2006年第9期。
③ 朱新山:《新时期农村基层党组织的运转现状与执政转型研究》,《毛泽东邓小平理论研究》,2010年第8期。
④ 宋梦可:《从国家建构到推进基层治理现代化》,《甘肃理论学刊》,2019年第3期。
⑤ 李冰、岳春宇:《基于社会治理创新模式建构的基层党组织作用研究》,中国社会科学出版社2017年版,第107页。

会中依然存在较为突出的组织涣散、功能缺位和治理失效等问题。

二、现代化中的乡村基层党组织建设

近年,在上级的推动、督促下,一些地方的农村基层党组织在组织建设方面主要采取了两项改进措施:一是严把党员发展入口关,二是党员活动定期化,每月固定一天作为"党员活动日",增加党员碰头学习机会。调查发现,现在农村支部的"入党标准越来越严,村民入党越来越难"。2018年1月25日,安徽芜湖GT村(人口近7 000人,党员137人)退休干部穆×(66岁,党员)受访时介绍说:"我们村子这么大,人口近7 000人,每年发展党员2个都不到。每年我们都跟镇党委吵,要求给2个入党名额。现在入党比过去难多了,标准很严!第一个,要高中以上文化程度;还有一个,要对集体做出突出贡献。现在要求入党的多,我们这儿缴申请书的已有一百多人!但是按计划,一年有两个最多了,他们排队也来不及,大概要排到十年以后。"针对"党员活动日"措施,2018年2月22日,课题组成员访问了山东潍坊GH村(人口1 580人,党员54人),村支书兼村主任刘×(63岁)说:"我们的'党员阳光学习日'定在了每月下旬的星期三,主题是学习党的精神和传达上级对下面的要求。每次开会,都要求签到。一开始党员们的积极性是不高的,四五年前,叫他们都不来。但现在不一样了,积极性挺高了,出勤率能达到84%,剩下没来的也都是一些老人不方便走动的,或者是那些在外面干活回不来的。"不过,调查也发现,两项常规措施,对基层党组织及党员作用弱化问题的提振效果仍不明显。下面是就该问题对安徽芜湖GT村退休干部穆×的访谈片段:

> 问:现在老百姓对于党员的作用怎么看?
> 答:现在,甚至觉得,还没什么样子。
> 　　　　　　　(访谈时间地点:2018年1月25日,于受访者家中)

可见,基层党组织及党员作用弱化问题要有治本措施,必须在组织形态、功能转换、活动转型、运转流程诸方面,与时俱进地推动农村基层党组织的现代转型。要将基层组织的建筑支点由权力转移到服务上来。

（一）政党组织与党的外围组织建设并重：有效提高基层党组织的社会整合力

如前所述，组织形态上呈现"弱化、虚化、边缘化"及运转形态上的"空转"与"停转"，是中国农村基层党组织面临的突出问题。而问题的关键是如何解决。关于政党如何发展壮大，亨廷顿曾指出："处于现代化之中的政治体系，其稳定取决于其政党的力量，而政党强大与否又要视其制度化群众支持的情况，其力量正好反映了这种支持的规模及制度化的程度。"[①]也就是说，政党及政党体系的稳定与强大，取决于其制度化水平和政治参与水平。强大的政党要求有高水平的政治制度化和高水平的群众支持[②]。这在某种程度上揭示了现代政党发展之路。

一般说来，现代政党发展往往面临两大选择：要么扩大组织的规模；要么增强社会联络，扩大党的外围组织，使政党的组织属性日益社会化（同时尽量将组织扩大制度化）。相对来说，前者是有限的，而后者则有无限的空间，这使得许多政党走以后者为主的道路。但是，不管是不断扩大党的组织，还是不断拓展党的社会联络网络，这些力量要成为政党执政的积极资源，就必须在一定的体制、组织或权威下整合成为一个有机的整体[③]。目前，中国农村基层党组织，在自身组织建设与拓展党的外围组织方面均较薄弱。

调查发现，一些地方的农村基层党组织长期不发展党员，村里的党员就是"那几个人"。比如，2017年初课题组成员调查的河北石家庄K村（行政村，人口6 202人）就是这种情况。该村党员有110人（基本都是老党员，年轻党员甚少），党员占比（占村庄人口比例）仅为1.8%。贵州毕节NG村（行政村，人口1 901人，省级贫困村）更是长期不发展党员，2017年1月课题组成员入村调查时，该村仅有党员21人，党员占比仅为1.1%。因此，包括村支书在内的党的干部选择，选来选去，就在"那几个老党员"里物色，选择空间极为有限，直接影响支部建设质量与村庄治理绩效。调查时发现，该村村支书一家甚至都领着低保。可见，村支书一家自己都发展不起来，想通过其发挥带动全村致富奔小

[①] 亨廷顿：《变化社会中的政治秩序》，上海人民出版社2015年版，第341页。
[②] 亨廷顿：《变化社会中的政治秩序》，上海人民出版社2015年版，第336页。
[③] 林尚立：《执政的逻辑：政党、国家与社会》，载《执政的逻辑：政党、国家与社会——复旦政治学评论第3辑》，上海辞书出版社2005年版，第11—12页。

康的作用更是难以想象。课题组调查的河北石家庄K村治理更是混乱,该村"村霸"现象问题突出,甚至还发生针对村支书的重大刑事案件。"没有组织的参与堕落为群众运动,而缺乏群众参与的组织就堕落为个人宗派。"[1]实证调查发现,部分地方基层党组织涣散、个别地方的村庄党政干部出现黑恶化,这与村庄长期不发展党员、支部书记选择局限在狭小圈子里有一定关系。解决问题的针对性措施是:一是要进一步开阔选人视野,拓宽用人渠道,支持鼓励返乡务工能人、回村的大学生、合作组织负责人参与村庄干部竞争;二是增强基层组织吸引力,把有能力的致富能手、办事干练的先进分子发展成党员,再把党员中的致富能手、干练分子培养成村干部,不断改善村干部队伍结构,增强农村基层党组织和干部队伍活力。

相比起来,党的外围组织建设更是薄弱。衡量政党力量强弱的一个重要方面是"组织的复杂性和深度,特别是体现在党与工会和农民协会这样一些社会——经济组织的联系方面"。也就是说,党与工会、农民协会这类党的外围组织要有对接机制,即"建立起组织化和制度化的构架来组织民众支持"[2]。在中国乡村,党的传统外围组织有共青团、妇联、民兵连、贫协(曾存在)等。在改革前的"革命化"年代,这些组织带有动员、保卫(革命果实)的功能。土地承包到户改革后,这些组织衰退得非常厉害,贫协取消,(村庄里的)共青团、民兵连几无踪影,妇联由于长期肩负计划生育的职能而得以勉强维持(行政村里一般尚设妇联主任或曰妇女主任的职位)。当然,由于农村基层党组织的"弱化、虚化、边缘化"问题已很突出,因此基层干部更不会把共青团、妇联等组织当回事。调查发现,许多村庄里共青团组织事实上已不存在,比如,山东潍坊K村(行政村,人口845人,2017年调查),既无团支书,又无团活动(包产到户改革以来已很多年无活动了)。因此,农村的共青团、妇联组织如何围绕青年和妇女的需要与发展,进行功能再造及寻找有效的发展支点,是今后需着力考虑解决的问题。

调查发现,农民合作组织总体发育迟缓,不过,在基层政府的大力扶持下,包括农民专业合作组织以及"老年协会""红白理事会"等民间组织正在呈现加速发展的趋势。相对来说,这类组织较为灵活,最终可能会有较强的生命

---

[1] 亨廷顿:《变化社会中的政治秩序》,上海人民出版社2015年版,第336页。
[2] 亨廷顿:《变化社会中的政治秩序》,上海人民出版社2015年版,第342页。

力。因此,基层党组织要加强引导帮扶,使之成为拓展党的社会联系网络的有效凭借。

组织化是政党的本质特征,是政党形成组织力量的基础。政党的组织力量主要体现为两个方面:一是对党员的组织,二是对社会的组织。对党员的组织,在农村基层,首先要把农村最优秀、有担当的人才吸纳进党组织;其次要通过对党员的组织与整合,不断提高基层党组织的向心力、凝聚力与战斗力。对社会的组织,则表现为基层党组织通过自身及外围组织,来动员、整合和协调乡村社会。基层党组织的组织力与整合力,是党在乡村有效治理的基础和关键。

(二) 功能的结构性转换与内聚力、行动力提升

伴随计划经济的式微,党的农村基层组织的传统功能在萎缩,而市场经济的深入发展与和谐社会建设的推进则对党的基层组织提出新的迫切的功能要求,这就是要承载起协调社会、整合社会、服务社会的使命,只有如此,党才能在新的形势下赢得社会,凝聚群众。农村基层党组织的功能转换是一种结构性的转变,即从以组织或动员革命与生产为轴心的功能结构,转变为以社会关怀、利益协调与社会服务为轴心的功能结构。社会关怀包括方方面面,有精神关怀(思想工作)、利益关怀(群体关怀)、政治关怀(参与自治)、生活关怀(参与社会生活)等,党组织应该有意识地通过这些关怀去把握和占领社会空间,从而在新的社会结构和新的社会生活中实现对社会的有效整合。利益协调,主要协调国家、市场和社会的利益关系,协调不同阶层和群体的利益关系。在这种协调中,基层组织的功能是表达利益、沟通信息、协调关系、化解矛盾、促进发展,从而在不断变化和发展的过程中保持社会的和谐[①]。社会服务,则包括协助村民群众解决生产生活中遇到的困难,理顺社会关系,排解社会矛盾,改善生活方式等。2009年9月,中共中央通过的《关于加强和改进新形势下党的建设若干重大问题的决定》,对党的基层组织曾有明确的功能定位,就是要"使党的基层组织充分发挥推动发展、服务群众、凝聚人心、促进和谐的作用"[②]。

[①] 林尚立:《基层组织:执政能力与和谐社会建设的战略资源》,《理论前沿》,2006年第9期。
[②]《中共中央关于加强和改进新形势下党的建设若干重大问题的决定》,中国新闻网,2009年9月27日。

农村基层党组织,将通过党员和党员干部"先富带后富"和向村民提供帮助的先锋模范作用"推动发展",而不是通过直接掌握村庄的稀缺资源甚至创办企业(充当"足球比赛"的"球员")的形式来"营造发展"[①]。农村基层党组织最为基本的功能将是社会关怀、利益协调与社会服务,以聚合利益,凝聚人心。

2018年1—2月,课题组就农村基层党组织的功能转换趋向问题进行了全国问卷调查(表88)。

表88　村党支部有动员群众与服务群众的功能,您认为在当前发展市场经济和各户单干的情况下,您村的党支部应该如何发挥作用?(2018年)

选　项	人数(人)	比例(%)
仍以过去的动员与组织群众为主	23	5.8
应该为群众的生产、生活提供服务	186	46.9
服务为主、动员为辅	87	22.0
动员为主、服务为辅	55	13.9
不清楚	45	11.4

资料来源:课题组2018年问卷调查

从表88可看出,46.9%的受访者认为基层党组织的功能调整方向是"应该为群众的生产、生活提供服务",回答基层党组织应是"服务为主、动员为辅"的也占22.0%,两者合占68.9%,代表了基层大多数农民的希求与期盼,也表明了基层党组织以服务为支点的转型方向。

因此,新形势下,农村基层党组织的功能转换是一种结构性的转变,即从以组织或动员革命与生产为轴心的功能结构,转变为以社会关怀、利益协调与社会服务为轴心的功能结构。基层党组织在"乡村治理中要超越各种具体利益纷争,扮演好政治方向引导者角色、社会利益协调者角色和村庄秩序守护者角色"[②]。

[①] 朱新山:《新时期农村基层党组织的运转现状与执政转型研究》,《毛泽东邓小平理论研究》,2010年第8期。
[②] 戴玉琴:《基于乡村治理现代化的三维权力运行体系分析》,《教学与研究》,2015年第9期。

由于政党是社会政治组织,因而基层党组织对自己的作用与角色发挥必须科学定位,要突出自身的政治功能与服务功能特点,加强对群众的组织引导,通过各种宣讲、教育、服务等实践活动,使群众的认识与党组织保持基本一致,以吸引更多的村民参与到农村公共事务治理当中[1]。当然,农村基层党组织要建立高效的公共事务交流平台,提升党组织的活动时效性,并使党员干部以更多的精力投入到农村管理和服务之中。

同时,与时俱进创新基层党组织的事务管理与活动方式。鉴于党的先锋队性质和党员的先锋模范作用定位,结合农村党组织虚化、弱化及功能空心化问题突出的态势,农村基层党组织和村庄公共事务管理适时向"志愿化""服务化"方向发展[2],可能是解决问题的正确思路与方向。按党章规定,党员在基层社会要"发挥先锋模范作用",是"吃苦在前,享受在后",因此,如果党员和党员干部在党的事务中以不取报酬的志愿者身份出现并做好服务工作,那就更能体现和保持党的先进性,也能更好地印证"共产党员是用特殊材料做成的",从而赢得群众信服。党国英曾提出在民主选择基础上的村级"两委合一"和村级干部向志愿化发展的改革思路,具有一定启发性。他说:"加强民选村委会主任和村民代表会议的权力,由他们依法承担社区公共事务的管理工作。""鼓励共产党员竞选村委会主任,一旦竞选成功,可成为社区党支部书记(为此要修改党章)。非共产党员被选为村委会主任后,发展其入党,并担任党支部书记。"[3]应该讲,这一思路很有创意,可以解决当前的"两委"矛盾和政党国家化的困境,同时,还将现代民主选择机制引入政党与政府组织。但是,其中有一点必须强调,就是党员一旦通过选举途径进入政府体制(村委会是政府体制的最末端),行使公权力,就应该以公职人员的身份出现,而不能以党员或书记身份在村庄公务中直接发号施令,而且为了保持党的先进性,必须以不取报酬的志愿者身份做好服务工作[4]。"村党支部的委员会成员发扬共产党员的楷模作用,在党的事务工作中不取报酬,以志愿者身份做好服务工作。"同

---

[1] 刘佩锋:《农村基层党组织功能缘何弱化》,《人民论坛》,2019年7月(下)。
[2] 朱新山:《中国乡村治理体系现代化研究》,《毛泽东邓小平理论研究》,2018年第4期。
[3] 党国英:《农村改革攻坚》,中国水利水电出版社2005版,第243页。
[4] 朱新山:《新时期农村基层党组织的运转现状与执政转型研究》,《毛泽东邓小平理论研究》,2010年第8期。

时,"鼓励村委会干部不拿工资,做志愿者"①。村级干部向志愿化方向发展,是解决税费改革后村级组织功能缺失和运转困境的根本性措施。如果村级党政干部真正实现向志愿化方向发展,那么这些党政职务就不再是人们奋力追逐的"肥差"。在这些职位上有所担当,必须要有牺牲和奉献精神。这是对乡村干部向赢利型经纪人发展的釜底抽薪,是对传统中国乡村领袖自愿性服务、保护型角色等宝贵治理资源的复活和创造性转化,也是乡村基层治理模式的巨大变迁。

鉴于信息化是当今社会发展的重要特征、趋势,"互联网+"日益与广大人民群众的生产生活深度融合,农村基层党组织必须因时而变、顺势而为,充分利用好信息化条件,不断优化和提升组织功能,尽快探索适合时代特点、符合时代要求的工作范式、活动方式,以满足提升组织力与行动力的需要。农村基层党组织可探索通过微信公众号等数字平台,将工作状态、工作进度实时、动态呈现,将党务工作信息及时公布更新、精准推送,让线上线下功能互补,数据多"跑路",让党员少"跑腿"②。也就是说,技术日新月异、社会千变万化,基层党组织只有依托新一代信息技术,利用好网络技术平台积极构建开放的活动阵地和载体,才能不断强化和拓展智能化服务功能,从而更好地回应基层社会的现实要求,更好地满足党员与农民群众的服务需求。

三、深化乡村改革与作为"权力单位"的基层组织转型

长期以来,乡村基层党组织是作为"权力单位"来运作的。也就是说,乡村基层党组织的建筑支点,是建立在资源的掌控与权威分配上(而土地是乡村最为重要的资源),也即建立在权力基础上。然而,中国共产党作为社会政治组织的特性,决定了它把优势建筑在权力之上是靠不住的,而真正的优势表现在群众拥护上(有效赢得群众的支持与认同)。因此,只有深化乡村改革(尤其地权改革),才能真正扭转基层党组织的权力属性,将其有效支点建筑在先进性、纯洁性与代表性上。

---

① 党国英:《农村改革攻坚》,中国水利水电出版社2005版,第243页。
② 李少斐:《信息化条件下农村基层党组织的功能拓展》,《理论与现代化》,2019年第4期。

农村土地承包到户后,"政社分开"改革在乡镇层面得到有效实施(重建的乡镇政府不再是一级经济组织),但在村级层面改革却迟迟未到位。乡村基层的实际是,在土地产权方面留下一条集体大锅饭的尾巴,在村庄管理方面则留下一条"政社合一"的尾巴[①]。正是因为这两条相互缠绕的尾巴的存在,造成以支部书记为代表的村级干部权力过大(享有对土地分配和流转的控制权),且始终摆脱不了经济角色的困扰和借助集体资源寻租的冲动;也导致农民的土地财产权利难以顺畅流转,进而把农民从小块土地引向土地以外的广阔空间,促进城乡融合发展;并且造成农民长期以"承包制小农"形式存在,耕作地块细碎化,难以产生实质性的合作需求,真正属于农民的服务合作组织就缺乏适宜生长的土壤[②];直接掌控土地等稀缺资源,还易造成村级党政干部往赢利性经纪人方向发展,妨碍基层党组织的有效转型。

调查发现,最不希望触动乡村土地产权结构的是乡村干部阶层。中国在农村土地问题上实行所有权与使用权分离制度,集体组织拥有所有权,农户享受使用权。作为集体所有者的代表,乡村干部对土地拥有强势话语权,依法享有制定"土地承包经营""宅基地使用"与"征地补偿费分配"等财产性事务方案的权力。也就是说,目前的土地产权结构是最有利于乡村干部借以提取资源的制度安排。如前所述(表68),山东潍坊K村的征地(采取了"以租代征"的形式)补偿费分配,2/3归乡村两级政府(其中镇政府占57.2%、村委会占8.4%),而100多户征地农民仅得到1/3(34.4%)左右。2016年2月,课题组调查的山西忻州S村(行政村,人口2 400人)的征地补偿费分配,乡村两级政府的提取比例虽然相比山东潍坊K村要少,但也达20%。退休老支书张××(66岁)说:"因修铁路,S村前后两次共征过30亩土地,每亩补偿3.8万元。镇政府扣了20%(其中给了村委总款的5.6%,自留13.4%),剩下的80%分发给农民。"可以想象,如果土地确权登记到户,坚定落实"耕者有其田",那么乡村干部借助集体土地寻租的尾巴将被彻底斩断。

而农民对土地的权利,是希望在现有承包格局的基础上稳定下来并长久不变,还是希望根据人口变动等情况进行周期性调整?对此问题,2009年和2016年课题组进行了两次全国范围的大规模乡村问卷调查(表89、表90)。

---

① 周其仁:《城乡中国》(下),中信出版社2014年版,第7页。
② 朱新山:《中国乡村治理体系现代化研究》,《毛泽东邓小平理论研究》,2018年第4期。

表89 关于现行土地承包制度,您是希望?(2016年)

选 项	人数(人)	比例(%)
在现有承包格局不变的基础上,使现有土地承包关系长久不变	191	36.0
土地要根据人口变动情况(如生子、娶媳妇)进行周期性调整	306	57.6
土地的相对价值在降低,变不变都不要紧	34	6.4

资料来源:课题组2016年问卷调查

表90 关于现行土地承包制度,您是希望?(2009年)

选 项	人数(人)	比例(%)
现有土地承包格局和承包关系长久不变	128	34.9
土地要根据人口变动情况进行周期性调整	201	54.8
土地的相对价值在降低,变不变都不要紧	38	10.3

资料来源:"农民权益保护与乡村组织调查"课题组2009年调查[①]

调查显示,两次问卷均有超过50%的受访者希望"土地要根据人口变动情况进行周期性调整",说明"不患寡而患不均"仍是大多数农民的普遍心理,尽管其未必理性。两表(表89、表90)对比显示,七八年过后,希望"土地要根据人口变动情况进行周期性调整"的比重增长了2.8个百分点(从54.8%到57.6%),而希望"现有土地承包格局和承包关系长久不变"的比重仅增长1.1个百分点。可以看到,随着时间的流逝,全国乡村土地面临着日益增长的要求按人口均分的压力。下面是就此问题对安徽淮北LZ村(人口3 500人)村民丁××(35岁,大部分时间在上海打工)的访谈片段:

[①] 朱新山:《中国农民权益保护与乡村组织建构》,上海大学出版社2011年版,第27页。

问：你家几口人？主要干什么活儿？

答：我家4口人，妻子、儿子上小学和一个刚出生的女儿。妻子在家带小孩，我在上海打工，一年能挣差不多6万元吧。

问：土地确权登记了吗？是不是希望土地就此固定下来，不再动了？

答：村里土地早些时候登记过了，但到现在证还没有发下来。1994年的时候，村里土地按户口登记情况调整过一次。20多年过去了，再没动过。我家现在有4口人，只有我一人有地，其他人都没有地。有的家庭只一人，却有好几口人的地。有的五保户死了，地就被干部包去了。

问：家里感觉比较愁的事是什么？

答：还是地太少，收入不稳定。我家4口人只有一人有地，光靠这点地根本无法生存，只得外出打工。一旦打工有变故，生活就无法保障。土地长期不动，很不合理，还是希望能调整土地啊。

（访谈时间地点：2016年2月9日，于受访者家中）

案例表明，该访谈对象一家4口人只有一人有地，其盼望土地再调整的心情非常迫切。再如，甘肃白银ED村（人口885人，2018年2月调查）村民田××（47岁）一家5口人（夫妇与两女一儿），也只有1个人有地（1.8亩）。田××受访时说："两个女儿正读大学，儿子读高中，费钱得很，家里压力大得不得了。就这一点儿地，维持一家生活太难了，根本不敢种粮食，只得种蔬菜，春季冬季没菜卖的时候还得照相、摄影补贴家用。"另外，伴随捆绑在土地上的纳税、摊派等负担的解除，今天农民种地不仅无任何负担，还能享受农业直补，因此持有土地完全成为"有利可图"的事情。问卷中认为"土地的相对价值在降低，变不变都不要紧"的比重（表89、表90），七八年过后下降了3.9个百分点，就能充分说明问题。

可见，土地的重要性未降低，而且还面临着日益增长的要求均分的压力，就把"土地确权"问题摆上了议事日程。应该说，在这个问题上，中央的决策是果断的明智的，就是要通过土地的"确权颁证"闯出一条新路，不再重蹈均分土地的集体大锅饭老路。

调查发现，由于中国农村土地经历了两轮发包，不少地方中间还调过地，加之一些地方还存在隐性土地（没有记入台账，甚至没有承包给农户），因此在第二轮承包的基础上把农村现有土地权属理清楚，任务非常艰巨，实属不易。

2018年2月，课题组成员调查的山西忻州QB村（行政村，人口1821人）在土地确权问题上就陷入了困境（引发了村民上访）。

QB村实有耕地5 600亩，其中计税耕地5 150亩（人民公社时代，村干部为了少缴公粮，村庄在耕地亩数上就对上面隐藏一点）。1983年，村里进行了第一轮土地发包，全部土地都分给了村民。按政策，1998年到期后，再延期展开第二轮承包。"（第一个）三十年不变，指的是1998年到2027年。"2018年2月24日，村支书张××（46岁）受访时说："现在要确权的土地，就是在二轮承包的时候上了村集体台账的地（再延长三十年），不上台账的不能确。"问题是，到1992年的时候，村里出现了新情况，张××介绍说："1992年就对土地重新调整了一次，以劳分的地叫责任田，按人头分的地是口粮田（每人1亩），同时，村集体抽回400亩地对外喊价发包（每亩100元）。这空下的400亩地，最初集体还收发包费，以后慢慢就不要钱了。由于空下的地不在第二轮发包的台账上，按政策不能确给老百姓，但现在耕种的村民强烈要求确给个人，一些人还去上访。""由于村民抵触情绪很大，同时，考虑到这些地大部分家庭都有，最后，乡村两级权衡后拿出一个相对可行的方案（把这些地确给现耕种者）。但是，还有部分老百姓不同意、不答应，所以只能再反映到上头。目前，上头还没有给出答复。"另外，该村还存在"边子地"能否确权的问题，如村委委员张××（57岁，2018年2月21日访谈）所说："当初分地的时候，为方便耕种、走动，每户多给数米（算下来每户大半亩）。但'边子地'不在台账上，不能确。为此，一些村民也去上访。"当然，对这些不在台账上的地是不是应该确权给老百姓，干部与村民有不同的考虑。调查来看，村干部持否定态度。正如村小学教师张×（40岁，2018年2月16日访谈）所说："地都给个人，村干部担心将来就没有生财之道了。要搞什么集体设施建设的时候，也不方便弄了。"再者，部分村民对土地确权还有些"私人性的考虑"，比如，老父户头上有8亩地（其与小儿子一个户口簿），其去世后，大儿子一家（分地时单独立户）也想继承属于老父名下的土地。但根据现有政策，小儿子可继承，但大儿子无权，因而意见就很大。因此，由于各种原因，QB村的耕地确权矛盾重重、争议颇大，到2018年2月课题组调查时止，始终没有理出头绪。该村的宅基地确权工作，更是因为相当数量农户的实际使用面积大于按政策所批面积（一户三分地），而尚未实质性开展起来。

土地产权问题理不清楚，还往往使基层政府直接卷入社会利益冲突中（如征地),成为冲突过程中的利益相关者甚至是冲突发生的根源[1]。毫无疑问,在乡村地权改革问题上,必须抓住时机,坚定地沿确权之路往前走。不能再拖泥带水,犹豫彷徨,拖得越久,积压的问题就越多,必将遗患无穷。

从包产到户开启的乡村改革已经证明,中国乡村问题的根本与农民活力释放的源泉,就在于集体制下的农民产权再界定[2]。关于产权改革的行动方向,党的十九大报告明确指出:"经济体制改革必须以完善产权制度和要素市场化配置为重点,实现产权有效激励、要素自由流动。"因此,借助承包地"三权分置"改革,可望最终做到土地确权到户,并长久不变。这将彻底斩断基层公共组织(以基层政府为代表、村委会可视为准政府)经营角色的尾巴,从而真正回归提供公共产品与公共服务的公共本性;同时,将加快基层党组织与生产资源(尤其是土地)控制角色脱钩,从而真正彰显其先进性与代表性。根据现代治理理论,"治理"是作为配置社会资源的新方式出现的。乡村基层政府和基层党组织只有把本不属自己控制的资源和权力放还社会,让市场在中国乡村资源配置中真正发挥决定性作用,才能真正启动治理体系的现代化建设。

---

[1] 赵树凯:《地方政府公司化:体制优势还是劣势?》,《文化纵横》,2012年第2期。
[2] 朱新山:《中国乡村治理体系现代化研究》,《毛泽东邓小平理论研究》,2018年第4期。

第八章
研究发现与建议

中国乡村通过"乡镇建政制度""村民自治制度""分片管理制度""村财乡管制度""下渗服务制度（七站八所）""村建支部制度"等，已经形成乡村治理的基本机制与流程。本来，制度设计的初衷是以"乡镇建政制度"与"村民自治制度"两大制度为支撑，形成"自治"（村民自治为基础）与"行政"相结合的乡村治理结构。不过，由于是从社队体制演化而来，行政本属强势，加之，体制运行中衍生出"分片管理"与"村财乡管"等次生制度，乡村治理结构中的"行政逻辑"就压过了"自治逻辑"，结果中国乡村治理体系仍为行政主导模式。

调查发现，中国乡村民间组织尤其是农民合作组织发育迟缓、作用微弱，乡村基层社会治理的基本格局仍是以党政组织为主体的单中心治理。动员与组织功能仍是时下基层政府（村委会可视为准政府）的基本功能，其向公共服务功能的转型普遍滞后。动员与组织农民收缴各种保险费（达八九种之多），成了乡镇尤其是社区（片区）及行政村层面干部的中心工作（压倒了计划生育并取代了先前的收缴税费）。用受访社区（片区）干部的话说："我们一年到头都在做这种工作，成了收缴保险的机器了。"各种保险费的收缴方式，政府采取的是自上而下逐层推动、考核的办法。

调查发现，政府层级中对村民影响最大的是"村级政权"（村支部与村委），接下来依次是中央政府、县级政府、乡镇政府、省政府。难怪，访谈中部分村民说"村委会就是农村中的国务院"，村干部掌握集体资源的发包权、拥有村中大事的决定权，有很大的自由裁量空间。而中央政府则对农村政策定基调，譬如，决定"土地承包关系稳定并长久不变"、取消农业税、农民也享有养老金等。但中央政策能否落实好，关键则在县级政权的态度与作为（由于缺乏公共收入来源，村级公共组织对基层政府的依赖性在增大）。

乡村治理体系的状况与绩效如何，最终要看体系输入与输出过程，尤其是看体系输出的结果（公共产品供给）。为此，本书课题组对中国乡村治理体系的输入与输出过程进行了重点调查。调查发现，农民的需求与体系输入存在脱节现象。更为严重的问题是，由于各种原因，村庄治理日益变为"难以产出的治理"。因此，为保证一定的产出，政府就必须对村庄进行注资与工作推动，遂形成政府驱动型治理。乡村治理体系的输出（公共产品供给）则为最薄弱环节，包括"乡村基础设施建设""乡村秩序与公共安全""乡村社会保障与公共服务""乡村发展扶助"等公共产品的供给，政府应该承担起主体责任，但现实是仍在相当程度上依靠村民出资、出劳进行责任分担。虽然乡村公共产品的供给水平也有一定的提升，但与广大农民的殷切期待之间尚有不少距离。由于基层政府与基层社会之间缺乏有效互动，基层社会与公众的需求难以直接传递到政府内部，遂造成基层政府的实际运作有与基层社会及农民的需求割裂的倾向。

中国乡村治理体系存在一系列突出问题主要包括：治理结构中自治逻辑与行政逻辑（自治权与行政权）的冲突；基层政权经济角色与政治角色的冲突（与民争利及公共服务职能弱化）；基层公共组织运作形态呈耗散结构（产出小消耗大）；基层党组织传统功能弱化而新功能尚未形成（"空转"现象较为严重）；村民的自治权利落实不到位、村民自治走向形式化；合作组织等发育迟缓致农民组织化程度低、权益易受损；等等。其中，"自治逻辑与行政逻辑冲突"更为核心与关键。行政是"决策的执行"，行政逻辑要求将权力机关及政府的决策在乡村贯彻到底，必然要变对村委会的"指导"为"领导"，形成事实上的上下级关系。行政逻辑压倒自治逻辑，就使政府的行政权侵入了村庄的自治权领域，进而在村级层面形成大而无当的"官制"结构（村级组织"官僚化"及村干部"公务员化"）。

以"乡政村治"为主轴的乡村治理体系定型于20世纪80年代初期，当时的中国乡村是缺乏流动、普遍村居的静态社会结构。然而，40多年过去了，中国农村已经高度融入市场，乡村社会结构也发生历史性变化。中国乡村治理已是"流动中的治理""非农化中的治理""村庄空心化中的治理""个人自主化中的治理"。概而言之，乡村治理体系变革滞后于社会结构转型，原来静态结构下形成的治理体系遇到了重大挑战。比如，村庄空心化（青壮年村民长年在外务工）态势下，村委会如何组织、村民自治如何开展就是重大问题。农民大规模流动化与非农化，其需求与满足需求的市场越来越外在化（远离所在乡村），而本地乡村公共组织的公共服务就丧失了存在支点与服务对象。农民常年外出务工，还造成其与户籍所在的乡村社区日渐疏离，乡村社区认同度与凝聚力下降。

乡村基层公共组织（以村委会为代表）运行成本高，而实质功能薄弱；基层党组织弱化、虚化、边缘化现象较为突出；村民重新回归原子化状态，乡村基层存在一定程度的混乱与无序，也就是说，中国乡村基层原有治理机制与治理模式面临失灵的问题，因此，中国乡村治理体系现代重铸的时机已经成熟。

现代治理理论反对传统的政府中心论视角，主张从政府、市场、企业、公民和社会的多维度来观察问题，认为治理是一个多元合作的互动过程。党的十九大报告指出："加强农村基层基础工作，健全自治、法治、德治相结合的乡村治理体系。"法治是运用国家力量，自治体现群众力量，德治则发挥贤能力量，三者相结合体现了增强治理体系的民主要素与合作要素，代表乡村治理体系建构的正确方向。

由于主导中国乡村发展的是县而不是乡镇，因此要从整个县政层面考虑中国乡村治理体系的建构，要根据市场经济发展形态重新确定县级政府的功能，再确定乡、村组织的功能。乡村政权组织的改革定位是"县政、乡派、新村治"。"县政"改革，要处理好县域政府与市场及社会的关系，使市场在县域资源配置中起决定性作用；加快实施政社分开，推进社会组织依法自治，适合由社会组织解决的事项，交由社会组织承担。要从全县（市）层面规划并进行基础设施建设，以县级政府为主体提供公共服务，实现县域公共服务均等化。

鉴于功能稀薄的实际，乡镇政府的发展趋向是改制为乡（镇）公所，作为县的派出机构；并以公共服务为中心（乡镇政府承担了过多的经济职能），进行结构与功能重铸。如此一来，也容易与村委会真正建立指导与被指导关系，从而推动乡村社区自治的开展，进而实现市场、自治与政府的共同治理。

行政村的组织建构，既有"权力机关"（村民会议），又有"权力机关的常设机关"（村民代表会议），还有"元老院"（老年协会或红白理事会）；既有"行政机关"（村委会），也有"监察机关"（村务监督委员会），当然更有"领导机关"（党支部）；更为厉害的是，村委会不但是政治组织（行政机关），而且是集体经济组织，有权依法办理财产性事务方案。行政村层面的重大问题是，村级公共组织的功能空心化与组织建构的"庞杂"不相称。土地确权到户后，村级公共组织的空壳化将更为突出(当然也为其转型创造条件)。调查发现,个别地方的村庄甚至事实上取消了"村委会",只维持村支部三干部结构。可见,村庄公共组织功能稀少(土地确权到户后功能会更少),两三名干部就可应付村级事务。鉴此,在村级层面,应该积极探索实行"新村治"(治理形式更为灵活多元)。村级治理既可采取民选村主任模式,也可采用村民议事会聘请村董或经理的模式,也可探索实行无薪志愿服务的贤能治理模式,等等。"新村治"上接传统,下合实际,更为灵活,更富弹性,可能是更为合理的发展方向。

长期以来,农村基层党组织的建筑支点,是建立在资源的掌控与权威分配上,也即建立在权力基础上。随着改革推进,农村基层党组织掌握的资源控制和分配权不断外移,其传统功能(动员与组织)渐被颠覆,而适应市场与社会需要的新功能却尚未形成,由此造成相当数量的农村基层党组织出现"空转"与"停转"现象。鉴于基层党组织在中国乡村治理体系中处于核心地位,发挥主导作用,形成乡村治理体系的基本骨架,因此,政党组织现代化是中国乡村治理体系现代化的政治前提与基础。党的基层组织建设必须与时俱进,进行功能转换与再造[①](从以动员与组织为轴心转到以社会关怀与社会服务为轴心),要将其建筑支点由权力转移到保持先进性、纯洁性与代表性上来。

由于资源的掌控与权威分配(而土地是乡村最为重要的资源)本身即是公共权力,因此深化乡村改革尤其是地权改革,将推动作为"权力单位"的基层党组织的现代转型,并有助于推动基层政权的角色调整与民间组织的发育。包产到户开启的地权改革第一步,就成功地从集体土地的"权利束"中给农民分割出土地的使用权与经营权,结果是中止了乡村干部直接组织农业生产的权力与职能。可以预见,地权改革进展到"确权颁证"阶段,再配之以有效的监督措施,必将限制乡村党政干部的土地调整权与寻租权,可望终结乡村资源的权力配置机制(真正实现让市场在资源配置中起决定性作用),为基层党组织的现代转型与基层政权的公共服务角色转变创造基础性条件。

---

① 朱新山:《中国乡村治理体系现代化研究》,《毛泽东邓小平理论研究》,2018年第4期。

参考文献

一、著作部分

[1] 韦伯:《经济与社会》,商务印书馆1997年版。
[2] 韦伯:《儒教与道教》,江苏人民出版社1995年版。
[3] 托克维尔:《旧制度与大革命》,商务印书馆1992年版。
[4] 密尔:《代议制政府》,商务印书馆1982年版。
[5] 林德布洛姆:《政治与市场:世界的政治—经济制度》,上海三联书店1992年版。
[6] 亨廷顿:《变化社会中的政治秩序》,上海人民出版社2015年版。
[7] 亨廷顿等:《现代化:理论与历史经验的再探讨》,上海译文出版社1993年版。
[8] 艾森斯塔得:《帝国的政治体系》,贵州人民出版社1992年版。
[9] 杜赞奇:《文化、权力与国家》,江苏人民出版社1994年版。
[10] 罗兹曼:《中国的现代化》,江苏人民出版社1988年版。
[11] 吉登斯:《第三条道路及其批评》,中共中央党校出版社2000年版。
[12] 梁漱溟:《中国文化要义》,学林出版社1987年版。
[13] 梁漱溟:《乡村建设理论》,上海人民出版社2011年版。
[14] 费孝通:《乡村中国 生育制度》,北京大学出版社1998年版。
[15] 钱穆:《中国历代政治得失》,生活·读书·新知三联书店2001年版。
[16] 黄仁宇:《中国大历史》,生活·读书·新知三联书店1997年版。
[17] 薄一波:《若干重大决策与事件的回顾》,中共中央党校出版社1991年版。
[18] 费正清:《美国与中国》,世界知识出版社1999年版。
[19] 费正清、刘广京:《剑桥中国晚清史(下卷)》,中国社会科学出版社1993年版。

［20］费正清:《剑桥中华民国史(第二部)》,上海人民出版社1992年版。
［21］费正清、麦克法夸尔:《剑桥中华人民共和国史(1949—1965)》,上海人民出版社1991年版。
［22］斯科特:《农民的道义经济学:东南亚的反抗与生存》,译林出版社2001年版。
［23］恰亚诺夫:《农民经济组织》,中央编译出版社1996年版。
［24］孙达人:《中国农民变迁论》,中央编译出版社1996年版。
［25］舒尔茨:《改造传统农业》,商务印书馆1987年版。
［26］秦晖:《问题与主义》,长春出版社1999年版。
［27］金观涛、刘青峰:《兴盛与危机》,法律出版社2011年版。
［28］金观涛、刘青峰:《开放中的变迁》,法律出版社2011年版。
［29］吴稼祥:《公天下》,广西师范大学出版社2013年版。
［30］萨托利:《政党与政党体制》,商务印书馆2006年版。
［31］奥罗姆:《政治社会学》,上海人民出版社1989年版。
［32］利普塞特:《政治人——政治的社会基础》,商务印书馆1993年版。
［33］茅海建:《天朝的崩溃:鸦片战争再研究》,生活·读书·新知三联书店2005年版。
［34］赵树凯:《农民的政治》,商务印书馆2011年版。
［35］赵树凯:《乡镇治理与政府制度化》,商务印书馆2010年版。
［36］周其仁:《城乡中国》,中信出版社2014年版。
［37］温铁军:《"三农问题"与制度变迁》,中国经济出版社2009版。
［38］潘维:《农民与市场》,商务印书馆2003年版。
［39］徐勇:《中国农村村民自治》,华中师范大学出版社1997年版。
［40］徐勇:《乡村治理与中国政治》,中国社会科学出版社2003年版。
［41］徐勇:《农民改变中国》,中国社会科学出版社2012年版。
［42］曹锦清:《黄河边的中国》,上海文艺出版社2000年版。
［43］曹锦清:《如何研究中国》,上海人民出版社2010年版。
［44］黄宗智:《华北的小农经济与社会变迁》,中华书局2000年版。
［45］黄宗智:《长江三角洲小农家庭与乡村发展》,中华书局2000年版。
［46］荣敬本等:《从压力型体制向民主合作体制的转变》,中央编译出版社1998年版。

[47] 韩俊:《中国农民专业合作社调查》,上海远东出版社2007年版。
[48] 林毅夫:《再论制度、技术与中国农业发展》,北京大学出版社2000年版。
[49] 苏力:《送法下乡》,中国政法大学出版社2000年版。
[50] 王沪宁:《当代中国村落家族文化》,上海人民出版社1991年版。
[51] 张乐天:《告别理想:人民公社制度研究》,东方出版中心1998年版。
[52] 李培林:《农民工:中国进城农民工的经济社会分析》,社会科学文献出版社2003年版。
[53] 李培林:《村落的终结》,商务印书馆2004年版。
[54] 于建嵘:《岳村政治》,商务印书馆2001年版。
[55] 于建嵘:《抗争性政治:中国政治社会学基本问题》,人民出版社2010年版。
[56] 周怡:《中国第一村》,牛津大学出版社2006年版。
[57] 郑欣:《乡村政治中的博弈生存》,中国社会科学出版社2005年版。
[58] 周红云:《社会资本与中国农村治理改革》,中央编译出版社2007年版。
[59] 刘伟:《难以产出的村落政治——对村民群体性活动的中观透视》,中国社会科学出版社2010年版。
[60] 胡荣:《理性选择与制度实施》,上海远东出版社2001年版。
[61] 邓正来:《国家与市民社会》,中央编译出版社1999年版。
[62] 张静:《基层政权——乡村制度诸问题》,浙江人民出版社2000年版。
[63] 张晓山:《连接农户和市场——中国农民中介组织探究》,中国社会科学出版社2002年版。
[64] 赖海榕:《中国农村政治体制改革——乡镇半竞争性选举研究》,中央编译出版社2009年版。
[65] 党国英:《农村改革攻坚》,中国水利水电出版社2005年版。
[66] 郑永年:《中国模式:经验与困局》,浙江人民出版社2010年版。
[67] 郑永年:《未竟的变革》,浙江人民出版社2011年版。
[68] 黄卫平、邹树彬:《乡镇长选举方式改革:案例研究》,社会科学文献出版社2003年版。
[69] 项继权:《集体经济背景下的乡村治理》,华中师范大学出版社2002年版。
[70] 邓大才:《小农政治:社会化小农与乡村治理》,中国社会科学出版社2013年版。

［71］李祖佩:《分利秩序——鸽镇的项目运作与乡村治理》,社会科学文献出版社2016年版。

［72］李冰、岳春宇:《基于社会治理创新模式建构的基层党组织作用研究》,中国社会科学出版社2017年版。

［73］施远涛:《历史、制度与乡村治理现代化转型——基于中国家户制与印度村社制的比较研究》,中国社会科学出版社2017年版。

［74］冯俊锋:《乡村振兴与中国乡村治理》,西南财经大学出版社2017年版。

［75］贺雪峰:《村治模式——若干案例研究》,山东人民出版社2009年版。

［76］袁松:《富人治村——城市化进程中的乡村权力结构转型》,中国社会科学出版社2015年版。

［77］雷志宇:《中国县乡政府间关系研究》,上海人民出版社2011年版。

［78］徐秀丽:《中国农村治理的历史与现状:以定县、邹平和江宁为例》,社会科学文献出版社2004年版。

［79］马德勇:《中国乡镇治理创新》,南开大学出版社2014年版。

［80］李昌平、董磊明:《税费改革背景下的乡镇体制研究》,湖北人民出版社2004年版。

［81］景跃进:《当代中国农村"两委关系"的微观解析与宏观透视》,中央文献出版社2004年版。

［82］杨菊平:《非正式制度与乡村治理研究》,上海交通大学出版社2016年版。

［83］金太军:《村庄治理与权力结构》,广东人民出版社2008年版。

［84］孙秀林:《当代中国的村庄治理与绩效分析》,广西师范大学出版社2015年版。

［85］肖唐镖:《宗族政治》,商务印书馆2010年版。

［86］肖唐镖、史天健:《当代中国农村宗族与乡村治理》,西北大学出版社2002年版。

［87］王习明:《川西平原的村社治理》,山东人民出版社2009年版。

［88］仝志辉:《农村民间组织与中国农村发展》,社会科学文献出版社2005年版。

［89］魏丽莉:《农民组织化理论流派及其比较》,社会科学文献出版社2014年版。

［90］程同顺:《中国农民组织化研究初探》,天津人民出版社2003年版。

［91］丁卫:《复杂社会的简约治理》,山东人民出版社2009年版。

［92］孙琼欢:《派系政治——村庄治理的隐秘机制》,中国社会科学出版社2012年版。

［93］刘世军、刘建军:《大国的复兴:国家治理体系与治理能力现代化》,上海人民出版社2014年版。

［94］许耀桐:《中国国家治理体系现代化总论》,国家行政学院出版社2016年版。

［95］卢福营等:《当代浙江乡村治理研究》,科学出版社2009年版。

［96］俞可平:《治理与善治》,社会科学文学出版社2000年版。

［97］俞可平:《权利政治与公益政治》,社会科学文献出版社2003年版。

［98］寇延丁、袁天鹏:《可操作的民主——罗伯特议事规则下乡全纪录》,浙江大学出版社2012年版。

［99］吴新叶:《转型农村的政治空间研究》,中央编译出版社2008年版。

［100］文贯中:《吾民无地——城市化、土地制度与户籍制度的内在逻辑》,东方出版社2014年版。

［101］王长江、姜跃等:《现代政党执政方式比较研究》,上海人民出版社2002年版。

［102］林尚立:《中国共产党执政方略》,上海社会科学院出版社2002年版。

［103］林尚立:《社区民主与治理:案例研究》,社会科学文献出版社2003年版。

［104］徐湘林:《渐进政治改革中的政党、政府与社会》,中信出版社2004年版。

［105］吕增奎:《执政的转型——海外学者论中国共产党建设的建设》,中央编译出版社2011年版。

［106］戈斯内尔、斯莫尔卡:《美国政党和选举》,上海译文出版社1980年版。

［107］易中天:《帝国的终结》,复旦大学出版社2007年版。

［108］周振鹤:《体国经野之道——中国行政区划沿革》,上海书店出版社2009年版。

［109］帕特南:《使民主运转起来》,江西人民出版社2001年版。

［110］孔飞力:《中国现代国家的起源》,三联书店2013年版。

［111］李侃如:《治理中国——从革命到改革》,中国社会科学出版社2011年版。

[112] 墨菲:《农民工改变中国农村》,浙江人民出版社2009年版。

[113] 江必新等:《国家治理现代化比较研究》,中国法制出版社2016年版。

[114] 本尼迪克特:《菊与刀》,商务印书馆1990年版。

[115] 李国庆:《日本农村的社会变迁》,中国社会科学出版社1999年版。

[116] 李熠煜:《印度社会治理研究》,湘潭大学出版社2016年版。

[117] Merle Goldman. *From Comrade to Citizen*, Cambridge: Harvard University Press, 2007.

[118] Lucien Bianco. *Peasant without Party: Grassroots Movements in Twenties Century China*, Armonk: M. E. Sharpe, 2001.

[119] J. Lapalombara and M. Weiner (eds.). *Political Parties and Political Development*, Princeton: Princeton University Press, 1966.

[120] Jude Howell. *Governance in China*, Lanham: Rowman & littlefield, 2003.

[121] Elizabeth J. Perry. *Grassroots Political Reform in Contemporary China*, Cambridge: Harvard University Press, 2007.

[122] Sukai Zhao. *Rural Governance in the Midst of Underfunding, Deception and Mistrust*, Armonk: M. E. Sharpe, 2006.

二、论文部分

[1] 邓大才:《走向善治之路:自治、法治与德治的选择与组合——以乡村治理体系为研究对象》,《社会科学研究》,2018年第4期。

[2] 林尚立:《基层组织:执政能力与和谐社会建设的战略资源》,《理论前沿》,2006年第9期。

[3] 黄卫平、涂谦:《国外长期执政政党的比较分析——执政方式、现实困境与转型》,《学术前沿》,2013年第6期。

[4] 赖海榕:《乡村治理的国际比较》,《经济社会体制比较》,2006年1期。

[5] 沈延生:《村政的兴衰与重建》,《战略与管理》,1998年第6期。

[6] 沈延生:《中国乡治的回顾与展望》,《战略与管理》,2003年第1期。

[7] 徐勇:《县政、乡派、村治》,《江苏社会科学》,2002年第2期。

[8] 于建嵘:《乡镇自治:根据和路径》,《战略与管理》,2002年第6期。

[9] 贺雪峰:《中国乡村治理:结构与类型》,《经济社会体制比较》,2005年第3期。

［10］袁方成、杨灿：《从分治到融合：中国乡村治理体系之变》，《中央社会主义学院学报》，2018年第10期。

［11］兰凯军：《当代中国乡村治理体系现代化路径研究》，《知与行》，2015年第1期。

［12］刘佩锋：《农村基层党组织功能缘何弱化》，《人民论坛》，2019年7月（下）。

［13］戴玉琴：《基于乡村治理现代化的三维权力运行体系分析》，《教学与研究》，2015年第9期。

［14］董磊明、郭俊霞：《乡土社会中的面子观与乡村治理》，《中国社会科学》，2017年第8期。

［15］王景新、李林林：《中国乡村社会结构变动与治理体系创新》，《教学与研究》，2018年第8期。

［16］李少斐：《信息化条件下农村基层党组织的功能拓展》，《理论与现代化》，2019年第4期。

［17］陈松友、卢亮亮：《自治、法治与德治：中国乡村治理体系的内在逻辑与实践指向》，《行政论坛》，2020年第1期。

［18］Kostka & Nahm. *Central-Local Relations: Recentralization and Environmental Governance in China*, The China Quarterly, vol. 231, 2017.

［19］Jean C. Oi. *The Role of Local State in China's Transitional Economy*, The China Quarterly, vol. 144, 1995.

［20］Ma Deyong and Szu-chien Hsu. *The Political Consequences of Deliberative Democracy and Electoral Democracy in China,* China Review, vol. 18, no. 2, 2018.

附　录

附录1　2016年调查问卷

一、个人基本情况

1. 您的性别：
   A. 男　　　　　　　B. 女
2. 您的居住地：(　　　)省(　　　)县(市)
3. 您的年龄：(　　　)周岁
4. 您的文化程度：
   A. 大专以上　　　　B. 高中　　　　　　C. 初中
   D. 小学　　　　　　E. 文盲半文盲
5. 您的职业是：
   A. 务农　　　　　　B. 大部分时间打工　C. 个体户
   D. 经商　　　　　　E. 教师　　　　　　F. 村干部
   G. 学生　　　　　　H. 其他
6. 您的政治面貌：
   A. 中共党员　　　　B. 共青团员　　　　C. 民主党派
   D. 群众
7. 您的宗教信仰：
   A. 基督教(含天主教等)　　　　　　　　B. 伊斯兰教
   C. 佛教　　　　　　D. 道教　　　　　　E. 民间信仰(如信鬼神)
   F. 其他宗教　　　　G. 无宗教信仰

8. 您家共（　　）口人,您家全年的总收入（　　　　）元。
9. 您觉得您的家庭经济状况在当地算什么档次:

  A. 下层   B. 中等偏下   C. 中等

  D. 中等偏上   E. 上层

10. 您的家庭经济收入的主要来源(只选最主要的一项):

  A. 种植农作物或养殖   B. 外出打工收入

  C. 在本地企业上班的工资   D. 开店、经商

  E. 自己开公司或办厂   F. 在本地政府或教育机构上班

  G. 放贷收息   H. 无收入靠政府救济

  I. 其他

二、乡村社会治理调查

1. 您对目前的生活状况满意吗?

  A. 非常满意   B. 比较满意   C. 不太满意   D. 很不满意

2. 您认为通过个人奋斗能改变生存现状吗?

  A. 完全能够   B. 有可能   C. 不太可能   D. 不确定

3. 您的大部分空闲时间是如何度过的?

  A. 看电视   B. 打扑克   C. 搓麻将   D. 读书

  E. 串门闲聊   F. 赌博   G. 睡懒觉   H. 玩手机(游戏)

  I. 其他

4. 您认为对发家致富影响最大的是:

  A. 国家政策   B. 市场变动

  C. 地方政府的扶助   D. 村干部的帮扶

  E. 个人的眼光与选择   F. 其他

5. 您感觉哪级政府对村民影响最大?

  A. 中央政府   B. 省政府   C. 县(市)政府   D. 乡镇政府

  E. 村级政权(村支部与村委)

6. 总体来讲,您对本地乡(镇)政府的工作满意吗?

  A. 非常满意   B. 比较满意   C. 不太满意   D. 很不满意

7. 您认为本地乡(镇)政府与老百姓的关系怎么样?

  A. 很好   B. 比较好   C. 不太好   D. 很不好

8. 您觉得现在去乡（镇）政府办事（如办手续、开证明等），乡镇干部的态度怎么样？

　　A. 很好　　　　　B. 比较好　　　　C. 比较差　　　　D. 很差

9. 在关系老百姓的生产生活的重大事情上，比如征地，您认为当地政府重视村民的意见吗？

　　A. 很重视　　　　　　　　　　　B. 比较重视

　　C. 不太重视　　　　　　　　　　D. 根本不在乎村民怎么想

10. 您认为本地的地痞流氓、黑恶势力、偷鸡摸狗等扰民事件严重不严重？

　　A. 非常严重　　　　　　　　　　B. 比较严重

　　C. 不太严重　　　　　　　　　　D. 几乎没有

11. 您觉得村里的人大部分可以信任吗？

　　A. 可以信任　　　　　　　　　　B. 还是小心为好

　　C. 不可信

12. 总体看，您对目前本村的村委会工作满意吗？

　　A. 非常满意　　　B. 比较满意　　　C. 不太满意　　　D. 很不满意

13. 您对本村的公共事务（如兴办集体事业、修路等）关心吗？

　　A. 非常关心　　　B. 比较关心　　　C. 不太关心　　　D. 从不关心

14. 您觉得选举权（投票选举村主任或人大代表）对您来说是不是很重要？

　　A. 非常重要　　　　　　　　　　B. 比较重要

　　C. 可投可不投（票）　　　　　　D. 完全不重要

15. 您参加最近的村委会主任选举投票了吗？

　　A. 参加了　　　　　　　　　　　B. 没参加

16. 您认为村委会主任选举公平吗？

　　A. 非常公平　　　B. 比较公平　　　C. 不太公平　　　D. 完全不公平

17. 通过选举上来的村委会主任在处理村庄公务时，您觉得怎么样？

　　A. 能够维护大多数村民的利益

　　B. 基本上按上级政府的意思办事

　　C. 考虑自己或家族、朋友的利益更多，考虑一般村民的利益较少

　　D. 还看不出来

18. 您认为能不能当上村干部最终由谁决定？

　　A. 村民选举　　　B. 乡镇任命　　　C. 村支书决定　　　D. 其他

19. 村里是否成立村民代表会议组织?
    A. 有   B. 无
20. 村民代表是怎样产生的?
    A. 竞争性选举   B. 干部指派
    C. 在一定围内协商   D. 选举只是走形式
21. 村民代表会议在监督村委会干部方面作用怎样?
    A. 作用很大   B. 有一定作用   C. 作用较小   D. 没作用
22. 在您眼里村民自治是什么?
    A. 农民群众自己当家作主   B. 走过场、搞形式
    C. 村干部的事情,与我无关   D. 其他
23. 您认为本村的村务公开情况如何?
    A. 及时规范   B. 公开较少且较笼统
    C. 很少公开   D. 无公开
24. 您了解本村村务(财务等)的渠道:
    A. 村民大会或村民小组会议   B. 村中公告栏
    C. 村干部私下讲解   D. 亲友讲述
    E. 村民私下议论   F. 村里喇叭广播
    G. 农业协会等农民组织   H. 其他
25. 您认为村庄采取什么样的管理模式较为理想?
    A. 由村民民主选举的村干部管理
    B. 由上级派下来的驻村干部管理
    C. 由不领报酬、愿为村民服务的贤能之人管理
    D. 由大学生村官管理
    E. 其他
26. 您村在基本的公共产品,如供水(生活用水)、修路、灌渠维护等方面,状况如何?
    A. 供给良好   B. 勉强应付   C. 供给很差
27. 您觉得村里目前最大的问题是什么?
    A. 土地问题(包括征地)
    B. 发展经济帮助村民致富
    C. 完善村民自治、推进村级民主

D. 留守老人妇女儿童的帮扶问题

E. 村民的养老保障及医疗保险问题

F. 供水、修路、修塘等村庄公共产品及公共服务问题

G. 办庙会等丰富农民的文化生活

H. 赌博盛行

I. 其他

28. 国家取消全部税费以后,您感觉当前农民的最大负担是什么?
    A. 农业生产资料价格上涨太快　　B. 农产品销售形势不好
    C. 子女教育费用支出大　　　　　D. 看病难看病贵
    E. 其他

29. 关于现行土地承包制度,您是希望:
    A. 在现有承包格局不变的基础上,使现有土地承包关系长久不变
    B. 土地要根据人口变动情况(如生子、娶媳妇)进行周期性调整
    C. 土地的相对价值在降低,变不变都不要紧

30. 如果您认为村委会干部不公正,您会用什么方式表达您的意见(可多选):
    A. 下次不选他(她)　　　　　　B. 写信向上级反映情况
    C. 直接找村委会诉说　　　　　　D. 到法院去告他(她)
    E. 什么也不说　　　　　　　　　F. 与村干部对着干
    G. 找机会报复　　　　　　　　　H. 联合上访把他(她)搞下台
    I. 其他

31. 您感觉农民哪些权益最容易被忽视和损害?
    A. 税费问题
    B. 土地问题
    C. 知情权(财务、政务)
    D. 诉讼权
    E. 村民自治和村民参与决策的权利
    F. 生产资料质量问题
    G. 农产品销售中的问题
    H. 政府部门对反映的问题不予理睬
    I. 土地以外的自然资源问题
    J. 其他

32. 您认为农民权益被忽略和侵害的主要原因是:
    A. 产权不明　　　　　　　　　　B. 农民不知情
    C. 干部使用权力不当　　　　　　D. 政策、法律需要完善
    E. 农民受教育程度低　　　　　　F. 其他

33. 当您和周围一部分人的合法权益无法保障或受到侵犯时,您愿否积极联合大家共同主张合法的利益?
    A. 积极联合　　　　　　　　　　B. 等别人联合
    C. 无行动

34. 您在外地务工经商时,是否有过"有话没处说,有苦没处讲"的感觉:
    A. 经常有　　　　　　　　　　　B. 有过,但次数不多
    C. 基本没有　　　　　　　　　　D. 不清楚

35. 您在外地务工经商期间,有无被歧视的感觉:
    A. 有　　　　B. 无　　　　C. 感觉不明显

36. 您想迁往城市吗?
    A. 想　　　　B. 不想　　　　C. 拿不定主意　　　　D. 无所谓

37. 您认为与您的经济收入最相关的因素是:
    A. 党和国家的政策　　　　　　　B. 地方的规章制度
    C. 基层干部的作为　　　　　　　D. 个人努力
    E. 其他

38. 您愿意在村庄事务中与人合作吗?
    A. 愿意　　　　B. 不愿意　　　　C. 随大流　　　　D. 说不清楚

39. 您经常收看时事或政治方面的新闻(如中央电视台新闻联播)吗?
    A. 几乎天天看　　B. 一周看几次　　C. 偶尔看　　D. 几乎不看

40. 您认为中央政府的政策和活动对您的日常生活有影响吗?
    A. 非常大　　　B. 有一些　　　C. 基本没有　　　D. 完全没有

41. 您认为当地政府(如乡镇政府)的政策和活动对您的日常生活有影响吗?
    A. 非常大　　　B. 有一些　　　C. 基本没有　　　D. 完全没有

42. 您认为村党支部在带领村民奔小康过程中的"战斗堡垒"作用发挥如何?
    A. 发挥很好　　B. 发挥一般　　C. 发挥较差　　D. 没发挥出

43. 您认为本村的大多数党员的"先锋模范"作用发挥如何?
    A. 发挥很好　　B. 发挥一般　　C. 发挥较差　　D. 没发挥出

附录2 2017年调查问卷

一、个人基本情况

1. 您的性别：
   A. 男　　　　　　B. 女
2. 您的居住地：(　　　　)省(市)(　　　　)县(市、区)
3. 您的年龄：
   A. 20岁以下　　B. 21—40岁　　C. 41—60岁　　D. 61岁以上
4. 您的文化程度：
   A. 大专以上　　B. 高中　　　　C. 初中　　　　D. 小学及以下
5. 您的家庭人口：
   A. 1人独居　　　B. 2人　　　　C. 3人　　　　　D. 4人
   E. 5人　　　　　F. 5人以上
6. 您的家庭由几代人组成：
   A. 1代　　　　　B. 2代　　　　C. 3代及以上
7. 您的职业是：
   A. 务农　　　　　　　　　　　B. 大部分时间打工
   C. 个体户　　　　　　　　　　D. 经商
   E. 教师　　　　　　　　　　　F. 医生
   G. 村干部　　　　　　　　　　H. 学生
   I. 其他
8. 您家全年的总收入是(　　　)
   A. 5 000元以下　　　　　　　B. 5 000—10 000元
   C. 1万—3万元　　　　　　　　D. 3万—5万元
   E. 5万—10万元　　　　　　　 F. 10万—20万元
   G. 20万元以上

二、乡村公共事务与社会治理调查

1. 您村的村容村貌,您感觉如何?
   A. 很好　　　　B. 较好　　　　C. 一般　　　　D. 不好
2. 您觉得党支部是不是村里的领导核心?
   A. 是　　　　B. 可能是　　　　C. 好像不是　　　　D. 不是
   E. 不清楚
3. 如今在村里影响最大、最有发言权的是哪些人?(可多选)
   A. 村书记、主任　　　　　　　B. 退休老干部
   C. 乡村教师　　　　　　　　　D. 退伍军人
   E. 族中德高望重的老人　　　　F. 经济成功的能人
   G. 回村大学生　　　　　　　　H. 其他
4. 近五年,您家享受到的政府福利或补贴有哪些?(可多选)
   A. 粮食生产、良种、农业机械、综合农资等四项补贴
   B. 新农合(医保)　　　　　　　C. 养老金
   D. 孩子学杂费减免　　　　　　E. 涉农经营税费减免
   F. 村村通、电网、自来水等补贴　G. 其他
5. 以下政策中,您最满意的是?
   A. 取消农业税并有种粮等补贴　B. 新农合
   C. 养老金　　　　　　　　　　D. 学杂费减免
   E. 乡村道路、村村通、自来水、电网等改造与建设
   F. 乡村卫生室、文化室建设、　　G. 其他
6. 就您知道的来说,乡镇政府委托村干部协助开展的工作主要有哪些?
   A. 落实计划生育　　　　　　　B. 收缴医疗保险、养老等保费
   C. 维护社会治安　　　　　　　D. 发放优抚、救灾、扶贫等款物
   E. 维护公共卫生　　　　　　　F. 落实建设项目
   G. 其他　　　　　　　　　　　H. 不清楚
7. 您信任县、乡两级政府吗?
   A. 非常信任　　B. 比较信任　　C. 一般　　D. 不信任
   E. 不清楚
8. 对村党支部、村委会,您信任吗?
   A. 非常信任　　B. 比较信任　　C. 一般　　D. 不信任

E. 不清楚

9. 最近三年,您家在以下几方面得到过村委会的直接帮助吗?
   A. 生产经营 B. 获取银行贷款
   C. 获得救济款物 D. 治病就医
   E. 婚丧嫁娶 F. 调解邻里纠纷
   G. 调解家庭或家族纠纷 H. 审批宅基地或兴建房屋
   I. 其他 J. 没有得到帮助

10. 您认为村庄采取什么样的管理模式较为理想?
    A. 由村民民主选举的村干部管理
    B. 由上级派下来的驻村干部管理
    C. 由不领报酬、愿为村民服务的贤能之人管理
    D. 由大学生村官管理
    E. 由经济能人管理
    F. 其他

11. 近五年,您参加过的投票有哪些?(可多选)
    A. 村主任选举 B. 乡镇人大代表选举
    C. 村土地征用决策 D. 村集体资产处置
    E. 村文化室、卫生室建设等 F. 村庄道路、水渠等公共项目决策
    G. 没参加任何投票

12. 村议事会或重大事情的协商,您愿意参加吗?
    A. 非常愿意 B. 找到我,我就去
    C. 不愿去 D. 跟自家利益相关,我愿参加

13. 您找村里(或乡镇)办事,答复或办理完结一般需要多长时间?
    A. 当天办结 B. 两三天 C. 4—9天 D. 十天半个月
    E. 一个月及以上

14. 村中大事是如何决定的?
    A. 村支书个人说了算 B. 村干部决定
    C. 召开村民代表会议协商决定 D. 全体村民投票
    E. 不清楚

15. 您村现在有哪些农民组织?(可多选)
    A. 合作社 B. 农技、养殖等专业协会

C. 娱乐型民间组织 　　　　　D. 老年协会

E. 红白事理事会 　　　　　　F. 基督教组织

G. 佛教组织 　　　　　　　　H. 其他

I. 不清楚

16. 您村公共收入的来源有哪些？（可多选）

　　A. 上级政府拨款 　　　　　B. 土地发包收入

　　C. 村办企业交款 　　　　　D. 土地、厂房租金

　　E. 集体矿藏、林地、大型果木等发包收入

　　F. 其他 　　　　　　　　　G. 不清楚

17. 您村的公共资金主要投入哪些方面？（可多选）

　　A. 招待乡镇干部 　　　　　B. 村干部的人头费及吃喝

　　C. 村庄低保户补助 　　　　D. 村庄基础设施建设

　　E. 其他 　　　　　　　　　F. 不清楚

18. 自2006年取消农业税以来，您村发生过如下哪些事件？（可多选）

　　A. 上访 　　　　　　　　　B. 多人集体上访

　　C. 众人聚集抗议、示威 　　D. 村干部家庭遭报复

　　E. 村里不间断发生大的失窃事件　F. 发生重大刑事及治安案件

　　G. 发生过火灾等人为事件

19. 您家生产的农副产品，通过什么途径走向市场？（可多选）

　　A. 到附近集市去卖 　　　　B. 通过成立的合作社销售

　　C. 通过亲戚、朋友帮助 　　D. 寻求村委会帮助

　　E. 寻求政府帮助 　　　　　F. 通过报纸、网络寻找销售门路

　　G. 商贩上门收购 　　　　　H. 很难走向市场

　　I. 其他 　　　　　　　　　J. 不生产农副产品

20. 您认为，村庄道路、文化室、健身设施等，应该由谁出钱建设？

　　A. 上级政府　　B. 村民自己　　C. 村办企业　　D. 村干部想办法

　　E. 政府出一点村民出一点

21. 如果您的子女在城市工作，您希望他（她）以后回到农村，还是在城市定居？

　　A. 希望他们在城市定居，不要回到农村

　　B. 希望他们回到农村

C. 回不回来,由孩子自己决定

D. 我希望他们回来,但孩子自己不愿意

22. 您村党组织和党员在群众中的威信怎么样?

  A. 很高   B. 高   C. 一般   D. 较低

  E. 很低

23. 如果您遇到重大矛盾纠纷,一般会找谁来调解、解决?

  A. 村干部   B. 村调解委员会

  C. 德高望重的族人   D. 找乡镇政府

  E. 找法院   F. 其他

24. 村里组织的公共文化活动(如秧歌队、戏曲表演等)的经费来源:

  A. 村委会出钱   B. 村民凑钱

  C. 上级政府拨款   D. 村里有钱人捐款

  E. 村里能人拉的赞助   F. 其他

  G. 我村无公共文化活动

25. 您村的村干部,为村里拉来了哪些公共项目?(可多选)

  A. 村庄道路建设项目   B. 卫生室、文化室建设项目

  C. 低保补助项目   D. 村庄经济开发项目

  E. 其他   F. 没有项目

26. 您认为,目前乡、村干部的服务能力能否满足群众的需要?

  A. 能很好满足   B. 能较好满足

  C. 勉强能应付   D. 不能满足

  E. 严重落后于群众需要

附录3 2018—2019年调查问卷

1. 您的居住地位于：（　　　　）省（市）（　　　　）县（市、区）
2. 您村在基本的公共产品，如供生活水、修路、灌渠维护等方面，状况如何？（单选）
   A. 供给良好　　　B. 供给一般　　　C. 勉强应付　　　D. 供给很差
3. 您所在的村庄（社区）比较突出的问题是什么？（可多选）
   A. 农民收入太少、就业不足　　　B. 农产品销售不好
   C. 社会治安不好　　　　　　　　D. 环境污染
   E. 农村道路、供水问题　　　　　F. 种养殖技术落后
   G. 村干部素质问题　　　　　　　H. 看病难、看病贵
   I. 养老保障问题　　　　　　　　J. 赌博问题
   K. 业余文化生活缺乏　　　　　　L. 教育质量和条件太差
   M. 征地问题　　　　　　　　　　N. 其他
4. 对您村的干部，您如何评价？（单选）
   A. 非常满意　　　B. 比较满意　　　C. 不太满意　　　D. 很不满意
   E. 不清楚
5. 本地乡镇政府的下列工作，您认为哪些做得很好？（可多选）
   A. 发展本地经济　　　　　　　　B. 维护本地治安
   C. 改善乡村道路等基础设施　　　D. 对老弱病残的救助
   E. 解决村民医疗问题　　　　　　F. 提供农产品信息及农业技术指导
   G. 政府人员服务态度　　　　　　H. 政府工作的透明度
   I. 改善本地办学条件　　　　　　J. 保护本地环境
   K. 对村委工作的监督　　　　　　L. 其他
6. 对本地乡镇政府的工作，您如何评价？（单选）
   A. 非常满意　　　B. 比较满意　　　C. 不太满意　　　D. 很不满意

E. 不清楚

7. 本地县(市、区)政府的下列工作,您认为哪些做得很好?(可多选)
   A. 本地建设规划　　　　　　B. 发展本地经济
   C. 维护本地治安　　　　　　D. 改善本地基础设施
   E. 对老弱病残的救助　　　　F. 保护本地环境
   G. 便民服务(证照办理等)　　H. 完善本地医疗与社会保障
   I. 改善本地办学条件　　　　J. 提供农产品信息及农业技术指导
   K. 其他

8. 对本地县(市、区)政府的工作,您如何评价?(单选)
   A. 非常满意　　B. 比较满意　　C. 不太满意　　D. 很不满意
   E. 不清楚

9. 村中哪些人最有可能成为村干部(书记、主任)?(可多选)
   A. 经济成功的能人　　　　　B. 村中德高望重的人
   C. 与政府有人脉关系之人　　D. 不事农业有空闲之人
   E. 退伍军人　　　　　　　　F. 乡村教师
   G. 回村大学生　　　　　　　H. 其他

10. 村党支部有动员群众与服务群众的功能,您认为在当前发展市场经济和各户单干的情况下,您村的党支部应该如何发挥作用?(单选)
    A. 仍以过去的动员与组织群众为主
    B. 应该为群众的生产、生活提供服务
    C. 服务为主、动员为辅
    D. 动员为主、服务为辅
    E. 不清楚

11. 关于村庄管理,除了现在的"村支书+(民选)村主任"模式外,您认为由村民议事会从社会上聘请经理的模式是否可行?(单选)
    A. 可行　　　　B. 可以试试　　C. 不可行　　D. 不清楚

12. 过去的村庄管理,曾经由读书识字且有家底的贤能之人管理,他们不领报酬。今天的村庄管理,请经济成功的有德之人提供无薪志愿服务,是否可行?(单选)
    A. 可行　　　　B. 可以试试　　C. 不可行　　D. 不清楚

13. 对您村党支部发挥的作用,您如何评价?(单选)

A. 作用发挥很好　　　　　　　B. 发挥一般

C. 发挥较差　　　　　　　　　D. 没发挥出

E. 发挥副作用

14. 对您村的大多数党员,您如何评价？（单选）

A. 能发挥先锋模范作用　　　　B. 作用发挥一般

C. 与一般群众无异　　　　　　D. 没看出发挥什么作用

15. 村民就困难之事找村干部（或乡镇）求助,他们能及时回应并处理吗？（单选）

A. 能及时回应与处理　　　　　B. 勉强能回应与处理

C. 不冷不热、能拖就拖　　　　D. 找了等于白找

16. 您认为通过个人奋斗能改变生存现状吗？（单选）

A. 完全能够　　B. 有可能　　C. 不太可能　　D. 不确定

17. 您认为对发家致富影响最大的是（单选）：

A. 国家政策　　　　　　　　　B. 市场变动

C. 地方政府的扶助　　　　　　D. 村干部的帮扶

E. 个人的眼光与选择　　　　　F. 其他

18. 您感觉哪级政府对村民影响最大？（单选）

A. 中央政府　　　　　　　　　B. 省级政府

C. 地级市（区、盟）政府　　　　D. 县（市）政府

E. 乡镇政府　　　　　　　　　F. 村级政权（村支部与村委）

19. 您对哪级政府的工作评价最高？（单选）

A. 中央政府　　　　　　　　　B. 省级政府

C. 地级市（区、盟）政府　　　　D. 县（市）政府

E. 乡镇政府　　　　　　　　　F. 村级政权（村支部与村委）

20. 在关系生产生活的重大事情上,比如征地,您认为当地政府重视村民的意见吗？（单选）

A. 很重视　　　　　　　　　　B. 比较重视

C. 不太重视　　　　　　　　　D. 根本不在乎村民怎么想

21. 您对本村的公共事务（如兴办集体事业、修路等）关心吗？（单选）

A. 非常关心　　B. 比较关心　　C. 不太关心　　D. 从不关心

22. 您认为能不能当上村干部最终由谁决定？（单选）

A. 村民选举　　B. 乡镇任命　　C. 村支书决定　　D. 其他

23. 您认为本村的村务公开情况如何？（单选）
    A. 及时规范　　　　　　　　B. 公开较少且较笼统
    C. 很少公开　　　　　　　　D. 无公开

24. 如果您认为村委会干部不公正，您会用什么方式表达您的意见：（可多选）
    A. 下次不选他（她）　　　　B. 写信向上级反映情况
    C. 直接找村委会诉说　　　　D. 到法院去告他（她）
    E. 什么也不说　　　　　　　F. 与村干部对着干
    G. 找机会报复　　　　　　　H. 联合上访把他（她）搞下台
    I. 其他

25. 您家生产的农副产品，通过什么途径走向市场？（可多选）
    A. 到附近集市去卖　　　　　B. 通过成立的合作社销售
    C. 通过亲戚、朋友帮助　　　D. 寻求村委会帮助
    E. 寻求政府帮助　　　　　　F. 通过报纸、网络寻找销售门路
    G. 商贩上门收购　　　　　　H. 很难走向市场
    I. 其他　　　　　　　　　　J. 不生产农副产品

26. 当您和周围一部分人的合法权益无法保障或受到侵犯时，您愿否积极联合大家共同主张合法的利益？（单选）
    A. 积极联合　　B. 等别人联合　　C. 无行动

27. 您想迁往城市吗？（单选）
    A. 想　　　　　B. 不想　　　　C. 拿不定主意　　　D. 无所谓

28. 您经常收看时事或政治方面的新闻（如中央电视台新闻联播）吗？（单选）
    A. 几乎天天看　B. 一周看几次　C. 偶尔看　　　　　D. 几乎不看

29. 您认为中央政府的政策和活动对您的日常生活有影响吗？（单选）
    A. 非常大　　　B. 有一些　　　C. 基本没有　　　　D. 完全没有

30. 您认为当地政府（如乡镇政府）的政策和活动对您的日常生活有影响吗？（单选）
    A. 非常大　　　B. 有一些　　　C. 基本没有　　　　D. 完全没有

后 记

本书课题组组织了四轮全国大规模乡村调查,共跨越了中国东中西部的19个省、直辖市、自治区,覆盖了全国90多个县(市)的共计103个村庄。同时,课题组还重点对上海、山东、河南、安徽的4个乡镇与2个县(市),进行了乡镇与县政层面的重点调查。

为完成艰巨的调研任务,笔者牵头组织了上海政法学院国际事务与公共管理学院2015至2018级共四级100余位同学,他们克服重重困难,分期奔赴全国各地乡村展开了系统而深入的调查。参与调查的同学包括:向燕、陈相羽、白娜、朱永明、仲新宇、康泽纬、王瑞霞、刘香君、刘叶叶、陈韵、李枭瑞、张威波、周伊文、彭惠蓉、杨茜、杨靖新、郭芷柔、张昕芮、李高楠、张玙、潘春鸳、齐红丽、胡宇衡、张华吉、孙红霞、李红岩、李杏、刘佳文、唐凡懿、王建奇、卫凯迪、程海楠、薛李月、张宁、阿尔达克、董文凯、李帅武、刘天一、张文、黄启粉、吕婕、裴昕、尚超伟、时梦蕾、邓晓天、王帅、王旭鑫、项宏伟、杨青宇、翟子劼、张启航、张昱荣、张云林、朱娅妮、陈至欣、邓徐、关俊宇、李林峰、吕一彤、马勋梅、莫静妍、王秀月、徐璐璐、徐圣杰、晏玉彬、岳萌萌、张峰、钟瑞欣、周怡妮、李容幸、李瞳、时海霞、韦之、吴俊萱、武宣霖、向一铖、杨嘉晨、姚英宇、陈泓宇、侯锦潇、吴彦晨、王煜栋、易愉快、李彦昭、贾小萱、姜越、张雯婷、刘殊彤,等等。鉴于前后参与调研人数太多,过百人,恕不能一一明列。从某种程度上说,本书成果是集体智慧的结晶。笔者对参与调研的全体同学的认真负责与艰辛付出深表感谢。

朱新山
2024年3月于东华大学松江校区